Wissenschaftliche Monographien zum Alten und Neuen Testament

Begründet von
Günther Bornkamm und Gerhard von Rad

In Verbindung mit
Erich Gräßer und Hans-Jürgen Hermisson
herausgegeben von
Ferdinand Hahn und Odil Hannes Steck

51. Band
Erhard S. Gerstenberger
Der bittende Mensch

Erhard S. Gerstenberger

Der bittende Mensch

Bittritual und Klagelied des Einzelnen
im Alten Testament

WIPF & STOCK · Eugene, Oregon

Wipf and Stock Publishers
199 W 8th Ave, Suite 3
Eugene, OR 97401

Der bittende Mensch
Bittritual und Klagelied des Einzelnen im Alten Testament
By Gerstenberger, Erhard S.
Copyright©1980 by Gerstenberger, Erhard S.
ISBN 13: 978-1-60899-341-3
Publication date 12/14/2009
Previously published by Neukirchener Verlag, 1980

Für Rita, Björn, Dennis und Debora

Vorwort

Die Überarbeitung einer Studie, die einige Jahre in der Schublade gelegen hat, ist eine zweischneidige Angelegenheit. Einerseits freut sich der Autor über gelungene Formulierungen, die er in seinem opus wiederentdeckt. Andererseits stolpert er über allerlei Mängel. So ist es auch mir ergangen. Die vorliegende Arbeit hat 1970 unter demselben Titel »Der bittende Mensch« der Theologischen Fakultät in Heidelberg als Habilitationsschrift vorgelegen. Erst nachdem ich Anfang 1975 aus der Gemeindearbeit ausgeschieden war, um in Brasilien Studenten auf den Pfarrdienst vorzubereiten, konnte ich ernsthaft an die Revisionsarbeit denken. Sie war recht mühsam, aber – so hoffe ich – nicht erfolglos. Ohne die anregende Kritik der Fachkollegen wäre sie wahrscheinlich gar nicht zustandegekommen. An erster Stelle sind in dieser Hinsicht die drei Gutachter zu nennen, die damals der Heidelberger Fakultät die Annahme der Habilitationsschrift empfohlen haben: die Herren Professoren H. W. Wolff, C. Westermann und K. H. Deller (Fakultät für Altertumswissenschaft und Orientalistik). Ihre freundliche Kritik leistete nicht nur diagnostische Hilfe bei der Fahndung nach Lücken und Mängeln, sondern bot darüber hinaus therapeutische Anleitungen. Ich bin sehr dankbar für alle Anregungen, die ich von ihnen empfangen habe. In den folgenden Jahren haben ferner, sei es mündlich, schriftlich oder in der wissenschaftlichen Literatur, folgende Herren auf meine Arbeit reagiert: K. Seybold, W. Mayer, H.-J. Hermisson, O. H. Steck, H. P. Müller, Chr. Hardmeier, H. J. Boecker, W. Brueggemann, R. Knierim, R. Albertz, G. M. Tucker, R. Murphy. Auch ihnen einen ganz herzlichen Dank! Die Wissenschaft ist ein endloser Kommunikationsprozeß, in dem jeder Beteiligte einmal die Rolle des Gebenden, dann wieder des Bittenden und Empfangenden spielt. Für die Überarbeitung dieser Arbeit habe ich überwiegend empfangen.

Die Grundfrage, die mich bei der Beschäftigung mit den Psalmen bewegt, ist: Wie weit dürfen, können, sollen zur Erhellung des »Sitzes im Leben« jener alten Gebete sozialwissenschaftliche Kategorien von heute herangezogen werden? Je mehr ich der Sache nachdenke, desto verzwickter erscheint die Lage. Welcher Alttestamentler hätte noch nie geseufzt: »Was sollen wir noch alles berücksichtigen und studieren?« Sicher, zahllose – auch konkurrierende und kollidierende »Rand«- und »Hilfs«wissenschaften erheben Anspruch auf Anerkennung. Sie scheinen aber von Voraussetzungen auszugehen und Denkmodelle anzuwenden, die zum Grund der Theologie in Spannung stehen. Aber andererseits kann die Theologie nicht auf die Erkenntnis der aktuellen Wirklichkeit verzichten. Sie muß sich innerhalb und nicht über oder neben den Erfahrungswissenschaften definieren.

Denn der Glaube geschieht nicht im luftleeren Raum einer angeblich keim-
freien theologischen Begrifflichkeit, sondern im menschlichen und sozialen
Kontext. Darum ist die Konsultation der Sozialwissenschaften auch bei der
Bibelexegese notwendig. Und je stärker die Verflechtung aller Theologie in
Geschichte, Kultur und Gesellschaft sichtbar wird, desto weniger wird man
einzelne Konzeptionen, und seien es die liebsten Schoßkinder einer Epoche,
absolut setzen dürfen.

Danken muß ich zum Schluß auch für weitreichende technische und
menschliche Hilfe, ohne die jedes wissenschaftliche Arbeiten zum Scheitern
verurteilt wäre. Die Deutsche Forschungsgemeinschaft hat mir 1969/70 ein
Habilitationsstipendium gewährt. Meine Kirchenleitung in Düsseldorf hat
mich in der Annahme, daß ein Habilitierter nicht mehr ins Pfarramt zurück
wolle, im Juni 1969 in den Wartestand entlassen. Meine Essener Gemeinde,
der ich die Rückkehr versprochen hatte, wählte mich im Juli 1970 erneut
zum Pfarrer. Diese Gemeinde Essen-Frohnhausen schließlich und meine
damaligen Kollegen und Mitarbeiter hatten es auf sich genommen, während
meiner Abwesenheit meine Arbeit mit zu tun. Wer unsere Gemeindestruk-
turen kennt, weiß, daß das ein Opfer war. Die Heidelberger Fakultät, allen
voran H. W. Wolff, und die Handschuhsheimer Gemeinde, allen voran
Frau L. von Rad, haben mir und meiner Frau dann ein neues Heimatgefühl
vermittelt. Es war eine schöne Zeit! Meine Frau schließlich hat nicht nur in
jenem Heidelberger Herbst, sozusagen beim Duft von Zwiebelkuchen und
Federweißem, das Originalmanuskript der Habilitationsschrift getippt,
sondern auch hier in der neuen brasilianischen Umgebung dafür gesorgt,
daß Leib und Seele beieinanderblieben und daß die nun vorhandenen Söhne
Björn und Dennis, seit 1977 verstärkt durch ihre streitbare Schwester Debora, nicht zu häufig auf meinem Rücken herumkletterten, wenn ich an meinem Schreibtisch saß. Diesen Vieren sei darum das Buch gewidmet.

São Leopoldo, RS, Juli 1979   Erhard S. Gerstenberger

Inhalt

1
Ausgangspunkt und Ziel
der Untersuchung

1.1

Die individuellen Klagelieder und der Kult

1.1.1

Wichtigstes Ergebnis der gattungs- und kultgeschichtlichen Psalmenforschung[1] ist die Erkenntnis, daß die überwiegende Mehrzahl der alttestamentlichen Psalmen in den verschiedenen gottesdienstlichen Begehungen Israels verwurzelt ist. *HGunkels* und *SMowinckels* Thesen vom kultischen Ursprung der Psalmen sind heute weitgehend auch für die Klagelieder des Einzelnen akzeptiert, obwohl sich naturgemäß bei dieser Gattung die individualistische Interpretation am längsten halten konnte[2]. Wir haben also auch bei den ›individuellen‹ Klagegebeten davon auszugehen: Diese Psalmen sind nie als geistlicher Privatbesitz angesehen worden. Sie waren viel eher kultisches Gebrauchsgut; sie sind die verdichtete Glaubenserfahrung einer Gruppe von Menschen, deren Gott Jahwe war. Die Psalmen sind nicht von den Bedürfnissen, Ansichten und Fähigkeiten eines möglichen Dichter-Urhebers geprägt, sondern von den Ängsten und Erwartungen der Kultgemeinschaft, welche sich durch sie mit ihrem Gott in Verbindung setzte. Der Schatz der festformulierten Gebete und Lieder war der Kode für den kultischen Verkehr der Gemeinschaft mit Gott. Das gilt auch dann, wenn der vermeintliche oder tatsächliche ›Dichter‹ eines Psalms der Tradition bekannt geblieben sein sollte[3].

1 Vgl. z.B. die Literaturberichte von *JJStamm*, ThR NS 23 (1955) 1–69; *ASKapelrud*, VF 11 (1966) 62–93; *DJAClines*, TynB 18 (1967) 103–126; 20 (1969) 105–125, sowie die grundsätzlichen Erwägungen von *WKlatt*, 218ff und *FCrüsemann*, 1ff (Literatur!). Es kann hier unmöglich eine erschöpfende Darstellung der Forschungslage geboten werden; vgl. dazu *meine* Beiträge in: TUMSR 2, 179–223; VF 17 (1972/1) 82–99; 19 (1974/2) 22–45.
2 Vgl. *WKlatt*, 237f.256ff. Die überhöhte Ansicht feiert bei *LDelekat* Urständ. Nach seiner Meinung sollen die Klagelieder des Einzelnen aus Klage- und Erhörungsinschriften bestehen, die von Asylsuchenden im Tempelbezirk angebracht wurden. »Der Beter schrieb ursprünglich, etwa am Abend seiner Ankunft, seinen kurzen Gebetsruf an die Tempelmauer und fügte, nachdem er die Gewißheit seiner Erhörung erhalten hatte, eine entsprechende Notiz hinzu« (a.a.O. 18). »Wie die Feindklagepsalmen selber haben sie (d.h. die Erhörungsbekenntnisse) als poetische Gattung keinen Sitz im Leben: keinen Ort, wo sich beim dichterischen Vortrag ihre Formen herausbildeten« (a.a.O. 268). Darauf läßt sich nur sagen: Die Indizien – z.B. die enge Verwandtschaft der Klagelieder mit der allgemeinen Bittrede und mit manchen Gebeten Babyloniens – beweisen, daß das Klagelied des Einzelnen eine Redegattung kultischen Ursprungs war. Vgl. jetzt auch *WBeyerlin*, Rettung 44ff; *KSeybold*, 97f. Stimmen wie die von *ASzörényi*, die die unverlierbare Individualität der Psalmisten hervorheben, sind nur der Nachhall einer vergangenen Literaturbetrachtung, deren Wahrheitsgehalt darin zu suchen ist, daß auch in der Antike Texte von einzelnen formuliert und tradiert werden mußten. Das geschah aber im Spannungsfeld und unter der Prägewirkung der Gemeinschaft. Bis heute, also auch noch nach der Emanzipation des Individuums, sind die allermeisten Textproduktionen kulturell und gesellschaftlich konventioniert.
3 Vgl. im AT das Mirjam-, Mose- oder Deboralied oder die David zugeschriebenen Psalmen. In der Namensangabe kommt die Tatsache zum Ausdruck, daß Einzelpersonen zwar die Hersteller bestimmter Dichtungen sein können; doch werden Kompositionstechnik, Form, Inhalt von der Gemeinschaft bestimmt. Das Dichtwerk ist in einem bestimmten Sinn Gemeineigentum. »Primitive song . . . is a communal activity« (*CMBowra*, 32). Bewußtseins- und Sprach-

Wir müssen also bei der Interpretation der Psalmen vor allem auf die Phase ihres lebendigen, gottesdienstlichen Gebrauchs achten. Im kultischen Leben Israels haben sie sich über Generationen hin geformt, hier entschied sich, welche Sprache gegenüber Gott möglich, welche Ziele vor Jahwe erstrebenswert waren. Selbstverständlich darf man nach anderen Aspekten der Psalmenentstehung und -überlieferung fragen. Das sollte aber tunlichst an zweiter oder dritter Stelle oder in deutlicher Abgrenzung von der gattungsgeschichtlichen Erklärung geschehen. Die ›private‹ Entstehungssituation eines Gebets, von der manche Psalmenexegeten träumen, wird doch in die folgenden ›Gebrauchssituationen‹ aufgesogen wie ein Samenkorn in die wachsende Pflanze. Mehr noch: In den allermeisten Fällen vernachlässigt der Psalmist bewußt die konkreten Ereignisse, die den Hintergrund zu seinem Lied abgeben. Ansporn und Maßstab scheinen ihm lediglich kultische Regeln und typische Verhaltensweisen zu sein, wie sie in seiner Gemeinschaft vorgegeben sind. Die spätere Sammlung und Kommentierung der Psalmen unterliegt dann anderen, aber ebenfalls gesellschaftlichen (!) Gesetzen. Jetzt wird an den überkommenen Texten archivierend, konservierend kurz: literarisch gearbeitet. Die gattungs- und kultgeschichtliche Forschung hat die entscheidende, gestaltgebende Phase der alttestamentlichen Psalmenüberlieferung zum Hauptgegenstand wissenschaftlicher Untersuchung gemacht; darin liegt ihr großes Verdienst[4].

1.1.2

Nach den befreienden Anfängen, die durch die Namen *Gunkel* und *Mowinckel* bezeichnet sind, hat sich die Psalmenforschung dann in fleißiger Kleinarbeit zahlreicher Einzelfragen angenommen. Man fand die Grundeinsichten der beiden Altmeister wieder und wieder bestätigt; der auf der gemeinsamen Grundlage ausgetragene, begrenzte Konflikt konnte weitergehen und das System der Psalmengattungen an vielen Stellen verfeinert werden. Im Laufe dieser Weiterarbeit auf gelegten Fundamenten kam es jedoch auch zu nicht unerheblichen Veränderungen in der Bauplanung. Die Gattungs-

---

bildung sind gesellschaftliche Prozesse (vgl. *HHaferkamp*, KZS 27, 1975, 249f; so schon *EDurkheim*; *GHMead*; *ThAdorno* u.a.). »So wie sich der Trieb zum Sprechen . . . auskristallisiert in Artikulationen, die ihm von außen zugeworfen werden, so kristallisieren sich unsere Antriebe in den Figuren aus, die das gesellschaftliche Leben vorzeichnet« (*AGehlen*, Forschung 58).
4   Die neuere Literatur zur form- und gattungsgeschichtlichen Methode zeigt z.B. eine selbstquälerische Unsicherheit in der Frage, was denn eigentlich exegesiert werden soll (vgl. *RKnierim*, Interp. 27, 1973, 435–468; *WRichter*; *ChHardmeier*). Grundbegriffe wie ›Gattung‹, ›Form‹, ›Text‹ werden sehr verschieden definiert; der »Texterzeugungsprozeß« (*Hardmeier*) erscheint äußerst kompliziert. Man wird darum Hardmeier gern zustimmen, wenn er eine fundierte Texttheorie als Vorbedingung für die biblische Exegese fordert. Seine Kritik an der vorschnellen Adaption literaturwissenschaftlicher und linguistischer Schemata wird man besonders an der Stelle unterstreichen, wo er den Handlungscharakter des Sprechaktes betont. Wenn die Linguistik zur Erforschung der at.en Gattungen herangezogen werden soll, dann sollte es die soziolinguistische Spielart sein (vgl. beispielhaft *LvFerber*, KZS 27, 1975, 86–96).

forschung war auf religionsgeschichtliche Weite angelegt; die neu auf-
kommende Theologie des Wortes drängte vor allem auf intensive Beschäftigung mit den biblischen Schriften und auf Berücksichtigung auch der kleinsten Sprachelemente[5]. In der form- und gattungsgeschichtlichen Exegese
entstand eine gewisse Spannung zwischen dem methodischen Wollen und
dem tatsächlichen Vollbringen.
Sicher, schon in den Arbeiten der ersten Generation lassen sich Widersprüche zwischen Theorie und Praxis nachweisen. Der sich gelegentlich mel-
dende Anspruch, die literarischen Formen und Gattungen Israels seien im
Alten Orient unerreicht oder einzigartig gewesen[6], war von den Voraussetzungen der Gattungsforschung her ungedeckt. Die hier und da noch durch-
schlagende Ansicht, Frömmigkeit und Erlebnistiefe des Einzelnen seien die
treibenden Kräfte der Psalmdichtung[7], ist eher Nachhall der individualisti-
schen Interpretation als Resultat gattungsgeschichtlicher Überlegungen.
Die vorschnelle Rekonstruktion eines israelitischen Kultfestes, das vielen
Psalmen Heimat sein könnte, verführte manchmal zu einseitigen oder ge-
waltsamen Texterklärungen[8]. Zu starker Verlaß auf das gerade herrschende
Bild vom ›primitiven‹ oder ›religiösen‹ Menschen[9] konnte dazu beitragen,
die antike Wirklichkeit zu verzeichnen. Mit anderen Worten: Auch die Pio-
niere der Gattungsforschung waren von den Denkmodellen ihrer Zeit abhängig, wie wir von den heute gängigen. Hinzu kommt, daß einige Hilfs-
disziplinen, auf die wir heute zurückgreifen können, noch unentwickelt und
manches altorientalische Vergleichsmaterial unentdeckt oder unveröffent-
licht war.
Bedenklicher wurde der Zwiespalt zwischen methodischem Ziel und einge-
schlagenem Weg, wenn man bewußt oder unbewußt, aus einer theologischen Vorentscheidung heraus oder um fachlicher Selbstbescheidung willen
eine von der Sache her nicht gerechtfertigte Einengung des wissenschaftlichen Nachfragens in Kauf nahm. In der Psalmenforschung war diese Gefahr
immer dann sehr groß, wenn man sich auf die Texte des Alten Testaments
zurückzog oder unter Vernachlässigung ihres ›Sitzes im Leben‹ reine

---

5 Vgl. *WKlatt*, 25ff.46ff; *EGerstenberger*, in: TUMSR 2,186f.
6 Ein Beispiel vorurteilsvoller Interpretation israelitischer und babylonischer Gebete liefert
JBegrich in seinem Aufsatz über »Die Vertrauensäußerungen im israelitischen Klagelied« (TB
21, 168–216). Er ist mit Recht von Fachassyriologen scharf kritisiert worden, vgl. *WKunstmann*, 8ff.
7 Vgl. *HGunkel* u. *JBegrich*, 180ff; dann in seltsamem Gegensatz dazu a.a.O. 184: »Über die
persönliche Lage des Betenden zu sprechen ist mißlich. An diesem Punkt sind die Angaben der
Psalmisten auffallend blaß . . .«
8 *SMowinckel* hat z.B. wiederholt davor gewarnt, seine Thesen zum Thronbesteigungsfest
Jahwes (Psalmenstudien II) zu verabsolutieren (vgl. Psalms II, 239ff).
9 Manche der von *VPGrønbech*; *JGFrazer*; *WWundt* (vgl. jeweils RGG³ s.v.) ausgehenden
Anregungen haben die at.e Forschung stark beeinflußt. Wie der Entwicklungsgedanke die
frühe anthropologische Wissenschaft geprägt hat, schildert z.B. *EEEvans-Pritchard*, Anthropology 28ff.

Sprach- und Literaturanalyse betrieb[10]. Eine Selbsteinschnürung war auch
dann kaum zu vermeiden, wenn lediglich aufgrund geringfügiger Formver-
schiedenheiten im Rückschlußverfahren Feste und Institutionen, Gebräuche und Begehungen rekonstruiert wurden oder wenn ein einziges kultisches Konzept, gleichgültig, ob es in Israel oder in dessen Umwelt entdeckt
wurde, wie ein Hauptschlüssel alle Türen zum Verständnis der Psalmen
öffnen sollte[11]. So hat man sich in der neueren Psalmenforschung nach
Gunkel auch mit manchen fruchtlosen Experimenten abgegeben, und der
Ertrag war entsprechend mager.

1.2
Zur soziologischen Begründung der Psalmenexegese

1.2.1
Ganz von selbst stellt sich also die Frage, wie man von den heute gültigen
Voraussetzungen aus die Aufgaben der Gattungsforschung neu definieren
kann. Welche Faktoren kennzeichnen unsere veränderte Position?

1.2.1.1
Seitdem Sozialwissenschaftler aller Art die Grundmuster des menschlichen
Verhaltens erforschen, hat sich unser Abstand zur Antike in einer eigentümlichen Weise wieder verkürzt. Trotz ungeheurer Verkomplizierung der
modernen technischen Welt werden Konstanten menschlichen Lebens
sichtbar, die alle Brüche der Geschichte und der Weltbilder überdauert haben. Der Lessingsche »garstige Graben« bricht natürlich auf, wenn man
Wissensstand, technisches Können, Werturteile, Glaubensaussagen punk-
tuell über die Jahrtausende hinweg miteinander in Beziehung setzen will.
Dieselbe Kluft kann aber zwischen zeitgenössischen Gruppen bestehen und
wechselseitiges Verstehen erschweren oder unmöglich machen. Bei aller
kulturellen Verschiedenheit lassen sich jedoch analoge Verhaltensweisen
feststellen: In vergleichbaren Situationen reagieren die Menschen je innerhalb ihrer eigenen Denk- und Gefühlswelt auf vergleichbare Weise. Damit

---

10 *MNoth* bezeichnet die eingeschrumpfte Gattungsgeschichte treffend als »Formelgeschichte« (in: Gesammelte Studien zum Alten Testament II, TB 39, München 1969, 120f).
Weitere kritische Stimmen: *JMuilenburg*, JBL 88 (1969) 1–18; *MWeiss*, Bib. 42 (1961)
255–302; *GFohrer*, ZAW 73 (1961) 1–30; vgl. oben Anm. 4.
11 Ein Schulbeispiel strenger Analyse der Formensprache bietet *FCrüsemann*; aber man
muß bezweifeln, daß imperativischer und partizipialer Hymnus sich auf zwei verschiedene Lebenssituationen zurückführen lassen (vgl. VF 17, 1972/1, 97ff). *AWeisers* Psalmenkommen-
tar (ATD 14 und 15) möchte die Masse der at.en Psalmen in einem recht imaginären Bundesfest
lokalisieren. Die sog. »königsideologische Interpretation« der Psalmen überzieht ein, wenn
auch in der deutschen Forschung oft verkanntes, unbestreitbares Phänomen (vgl. *KHBern-
hardt*, Das Problem der altorientalischen Königsideologie im Alten Testament unter besonderer Berücksichtigung der Geschichte der Psalmenexegese dargestellt und kritisch gewürdigt,
VT.S 8, Leiden 1961).

ist eine interkulturelle Verstehensmöglichkeit auch zwischen ›antiker‹ und ›moderner‹ Denkweise gegeben[12].

1.2.1.2

Der Glaube an eine einheitliche Menschheitsentwicklung ist in den vergangenen Jahrzehnten trotz oder gerade wegen der Entdeckung der Verhaltenskonstanten zerbrochen. Es hat sich als unmöglich herausgestellt, die elementarsten Lebensbedürfnisse der Völker sinnvoll zu koordinieren; also wird es sich weiterhin als unmöglich erweisen, die Vielfalt der kulturellen Traditionen und religiösen Ausdrucksformen in eine Linie oder auf einen Nenner zu bringen. Derartige Versuche sind von Wissenschaftlern, die sich mit Kultur und Religion befassen, als nutzlos aufgegeben; einsichtige Politiker meiden sie um der Selbsterhaltung willen. Man scheint heute zumindest in den Humanwissenschaften eher bereit, die Eigenständigkeit jeder Kulturgruppe zu respektieren, sich um Verständnis zu bemühen und kulturelle wie religiöse Einzelerscheinungen zunächst völlig in ihrem eigenen Kontext zu würdigen[13].

1.2.1.3

Die Zeit der geschlossenen theologischen Lehrsysteme scheint fürs erste vorbei zu sein. Keine theologische Richtung hat die pluralistischen und säkularisierenden Tendenzen in Kirche und Gesellschaft bändigen können. In dieser Lage muß man von der theologischen Arbeit erwarten, daß sie ganz neu nach den Antriebskräften der christlichen Tradition sucht, daß sie sich in voller ökumenischer Offenheit allen Menschen als Partner zur Verfügung stellt[14], daß sie die eigene Kirche zu erneuern bereit ist. Die Bibelwissenschaften werden sich, so steht zu hoffen, in dem rauhen, aber gesunden Klima weiter kräftig entfalten.

---

12 Die Kontinuität menschlicher Verhaltensweisen läßt sich z.B. am magischen Denken und Handeln aufzeigen, das auch in hochtechnisierten und zweckrational ausgerichteten Gesellschaften unausrottbar ist. Die Grundlagenforschung im Bereich menschlicher Verhaltensweisen hat in den letzten Jahrzehnten von den verschiedenen theoretischen Ansatzpunkten her eine unübersehbare Literatur hervorgebracht; vgl. die im Literaturverzeichnis genannten Werke von *IEibl-Eibesfeldt; RFirth; CKluckhohn; EFFortune; PRHofstätter; GCHomans; GAReichard* usw.

13 Die großen religionsgeschichlichen bzw. völkerpsychologischen Entwürfe von *JGFrazer* und *WWundt* etwa sind monumentale Kollagen aus Teilstücken demontierter Kulturen. *RBenedict* schildert dagegen sehr schön das Bemühen, jede Kultur als einen in sich geschlossenen Organismus zu begreifen (a.a.O. 1–56).

14 Zur gegenwärtigen theologischen Lage vgl. *HVorgrimler* und *RvdGucht*, Bilanz der Theologie im 20. Jahrhundert, 4 Bde., Freiburg 1969/70; *GKulicke, KMatthiae* und *PSSänger*, Bericht von der Theologie, Berlin 1971; *CColpe, WHolsten, HJMargull*, »Religionen, Mission, Ökumene«, VF 13 (1968/2). Beachtliche neue Entwürfe oder Fragestellungen kamen z.B. von *JMoltmann; WPannenberg; GGutiérrez; DSölle; HOtt*. Auch die ›Erwachsenenkatechismen‹ der kath. und ev. Kirche, die vielen Erklärungen engagierter Christen, Synoden, Kirchentage und Weltkirchenkonferenzen zeugen von dem schwierigen Unterfangen, neue theologische Aussagen zu machen, die die Polarisierungen in der Menschheit überwinden können.

1.2.1.4
Vor dem großen, geistesgeschichtlichen Hintergrund heben sich einige soziologische Fragestellungen ab, die für die Psalmenexegese wichtig sein
könnten. Es geht erstens um das Verhältnis des Einzelnen zu seiner Gruppe
und die Funktionen der Gruppe in der Gesellschaft. Soziologische Experimente und anthropologische Beobachtungen versprechen Einblick in Rolle
und Entwicklung der Person innerhalb seines sozialen Bezugsfeldes: sie untersuchen Vorgänge wie Kommunikation und Interaktion, Kooperation und
Therapie, Sozialisation und Zerfall des sozialen Organismus. Das spannungsvolle Verhältnis konkurrierender Gruppen zueinander und die Bedeutung der sozialen Primär- und Sekundärorganisationen für die Gesamtgesellschaft sind ein weiteres, großes Untersuchungsfeld der Gruppenforschung[15]. Sie ist für unser Verständnis der Individualpsalmen deshalb von
Belang, weil wir vermuten, daß auch in Israel die Primärgruppe an Leid und
Klage des einzelnen Mitgliedes Anteil nahm.
Zweitens gibt es zahlreiche sozialwissenschaftliche Untersuchungen zum
Themenbereich ›Kult und Ritual‹[16]. Innerhalb dieses Bereiches wiederum
dürften die Überlegungen zur Funktion des gesprochenen Wortes, des ›Textes‹, und zu seiner Rolle in den Handlungsabläufen besonders aufschlußreich sein[17]. Was die Sozialwissenschaften auf verschiedenen Arbeitsgebieten eruieren, kann eventuell als Vergleichsmaterial für die kultischen Begehungen Israels dienen; wichtiger noch sind die Denkanstöße, die der Alttеstamentler aus Fragestellung und Anlage der heutigen empirischen Forschung beziehen kann. Damit soll keiner ›Soziologisierung‹ der Exegese
oder Theologie das Wort geredet werden. Weil aber auch die Theologen mit
dem Begriffsinstrumentarium ihrer Zeit arbeiten müssen, sollen sie sich
bewußt und kritisch um ebendieses Handwerkszeug bemühen.
Drittens gibt es vereinzelte Äußerungen aus den genannten anderen Fakultäten speziell zum Thema dieser Arbeit, zu Klage, Bittverhalten, Gebet, jeweils aus sozialwissenschaftlicher – und manchmal: ideologisch verhärteter
– Sicht. In der Regel werden Aspekte unseres Themas unter übergreifenden
Gesichtspunkten wie ›Sozialisation‹, ›Gruppenstruktur‹, ›Rollenverteilung‹, ›Anpassung‹, ›Konfliktlösung‹, ›Trauerarbeit‹ usw. behandelt[18].
Wünschenswert wäre eine systematische und möglichst vollständige Erfassung alles bisher Erarbeiteten; wir müssen uns mit kleinen Ausschnitten
zufriedengeben.

15 · Gute Überblicke über die ältere soziologische Gruppenforschung bei *MSOlmsted* und
PRHofstätter; die neueren Theoriebildungen bespricht *HHaferkamp*, KZS 27 (1975) 241–256.
16 Vgl. z.B. die sozialanthropologischen Feldstudien von *RFirth*; *RFFortune*; *TMonberg*;
CKluckhohn; *EEEvans-Pritchard*, aber auch die Aufnahme soziologischer und pädagogischer
Kategorien etwa bei *DTrautwein*.
17 Um diese Zusammenhänge bemüht sich die Soziolinguistik, vgl. *WKlein* und *DWunderlich*, Aspekte der Soziolinguistik, Frankfurt 1973; *NDittmer*, Soziolinguistik, Frankfurt 1973.
18 Vgl. *MArgyle* und *PMBlau*, passim. *HHaferkamp* würde das Bittverhalten unter »ungleichgewichtige(s), harmonische(s), einfache(s) soziale(s) Handeln« (244) einordnen, sein
»Anwendungsbeispiel« (249ff) schildert ein anderes Verhaltensmuster: »Die Sicherung der

1.2.2

Was kann die Gattungsforschung an den alttestamentlichen Psalmen in einer Zeit leisten, in der die Grundlagen der Exegese neu zur Diskussion stehen? Wie können sozialwissenschaftliche Erkenntnisse z. B. für die Bestimmung des ›Sitzes im Leben‹ einer Textgattung fruchtbar gemacht werden?

1.2.2.1

Die gattungs- und kultgeschichtliche Erforschung der Psalmen hat von Anfang an die Bedeutung des Handlungszusammenhanges (›Sitz im Leben‹) für die Entstehung der Texte erkannt. *Gunkel* hatte dennoch bei seiner exegetischen Arbeit stets eine alttestamentliche *Literatur*geschichte im Blick, verständlicherweise: er bewertete doch, entsprechend den Vorstellungen seiner Zeit, die schriftstellerische Leistung des einzelnen Dichters sehr hoch; ihm fehlten noch weitgehend die sozialwissenschaftlichen Informationen und Kategorien, die zur Erfassung des Lebenszusammenhanges notwendig sind, und er stand schließlich wie wir selbst auch vor der Notwendigkeit, das im Alten Testament ausschließlich literarisch erhaltene Material zu interpretieren. Wir müssen also die auf die Erfassung des Handlungszusammenhanges gerichtete Untersuchungsmethode auf schriftliche Fragmente anwenden, die außerdem noch langen Überlieferungsprozessen ausgesetzt waren. Das bedeutet: Wir werden zunächst die Textüberlieferung des Alten Testaments analysieren müssen und unter sorgfältiger Beachtung der literarkritischen und traditionsgeschichtlichen Erkenntnisse die ursprünglichen Redegattungen ermitteln. Wir werden weiter, und zwar in stärkerem Maße als bisher, das schriftliche und bildliche Vergleichsmaterial des Alten Orients, vor allem des mesopotamischen Raumes, heranziehen dürfen[19]. Der Vergleich von Redegattungen, die dergestalt aus ihrer literarischen Überlieferung gewonnen sind, wird dann etwas austragen, wenn diese Gattungen einer vergleichbaren Ausgangssituation entstammen und wenn sie in ihrer jeweiligen Umwelt eine vergleichbare Rolle gespielt haben.

Existenz führt nun bei den Benachteiligten zu Handlungen, die ihre Mängel kompensieren sollen, zu Übergriffen« (253).

19 Es steht eine große Menge von Texten in guten Bearbeitungen zur Verfügung. Für die Psalmen seien ohne Anspruch auf Vollständigkeit genannt: die *su'illa-* (EEbeling, AGH) und die *namburbi-* (RCaplice, Or. 34; 36; 39) Texte; kanaanäische Kultlieder (JAistleitner); sumerische Hymnen (AFalkenstein, Götterlieder; JJAvDijk; JKrecher, SKL; vgl. unten 2.2. Eine Auswahl von mesopotamischen Liedern und Gebeten in Übersetzung ist leicht zugänglich durch AFalkenstein und WvSoden, SAHG, ferner durch JBPritchard (Hg.), ANET³. Relevantes Bildmaterial ebenfalls bei JBPritchard, ANEP² und jetzt vor allem bei OKeel, Bildsymbolik (vgl. VF 19, 1974/2, 33ff). WMayer bringt eine Liste der bekannten Gebete (a.a.O. 375–436) und 33 neubearbeitete oder bisher unveröffentlichte Texte (a.a.O. 439–541).

1.2.2.2

Die Gattungsanalyse und der Vergleich analoger Gattungen sind aber auf
Schritt und Tritt auf eine soziologische Fundierung angewiesen. Die literarischen (wir können hinzufügen: die archäologischen) Zeugnisse der Antike
sind in jedem Fall zu lückenhaft und zu unzuverlässig, als daß sie aus sich die
Rekonstruktion des ursprünglichen Handlungszusammenhanges erlaub-
ten. Sie sind nie zu dem Zweck aufgezeichnet, der Nachwelt ein genaues
Bild von den wiederkehrenden Lebenssituationen zu hinterlassen, in denen
sich die Redegattungen ausformten. Das wird überdeutlich, wenn wir eine
anthropologische Feldstudie oder ein sozialpsychologisches Gruppenexpe-
riment betrachten und ihre Ergebnisse, die aus der direkten Anschauung
von Lebensvorgängen gewonnen sind, neben die Versuche stellen, Institutionen und Begehungen der Antike allein aus den literarischen Quellen zu
rekonstruieren[20]. Es müßte gelingen, aufgrund der verfügbaren Beobachtungen zum Gemeinschaftsverhalten zeitgenössischer Gruppen so viel Einblick z.B. in die Soziologie der Gruppe und der Kultausübung zu bekommen, daß Fehlurteile im Hinblick auf analoge Institutionen der Antike ver-
mieden werden können. Dazu wäre es sehr nützlich, wenn wir an konkreten
Einzelfällen studieren könnten, welche Rolle die Religion für die Primärgruppe spielt, wie kultische Jahresfeste durchgeführt werden, wie sich das
Zusammenwirken von Priestern, Medizinmännern, Assistenten, Initiier-
ten, Teilnehmern im Kult gestaltet, auf welche Weise liturgische Traditionen entstehen, gelernt und weitergereicht werden, wie die religiösen Institutionen auf die Sozial- und Wirtschaftsbeziehungen einwirken usw. Sozialwissenschaftliche Erkenntnisse, d.h. Fragestellungen und Konzeptionen, könnten also je und dann dazu dienen, die Diskussion um den ›Sitz im
Leben‹ einer alttestamentlichen Gattung zu präzisieren. Darüber hinaus
sollte es ganz wie beim literarischen Vergleich gelegentlich möglich sein,
mit der gebotenen Vorsicht vergleichbare Institutionen und Verhaltensweisen nebeneinanderzustellen[21].

1.2.2.3

Das theologische Ziel einer neuen, literarisch und soziologisch orientierten
Gattungsforschung wäre, die Eigenarten israelitischen Lebens, Gottesdien-
stes und Jahweglaubens noch stärker herauszuarbeiten. Die Eigenart Israels
und seines Kultus ist freilich keine exklusive Einzigartigkeit. Von Anfang
seiner Geschichte an hat sich das Volk Jahwes mit seiner Umwelt auch posi-

---

20 Vgl. z.B. *RFFortune; RFirth; CKluckhohn* und *LCWyman; TMonberg; PRHofstätter;
MSOlmsted etc.
21 Das ist in der at.en Forschung auch schon immer geschehen (vgl. z.B. *MNoth*, System
46ff), aber es fehlt eine grundsätzliche Besinnung darüber, wie der transkulturelle Vergleich
bewerkstelligt werden soll, wann er möglich und notwendig ist. Die theologische Berechtigung
zum Strukturvergleich ergibt sich in unserm Fall daraus, daß die »Antwort«situation (*GvRad*,
TAT Bd. I, 1957, 352ff) Menschen zu vergleichbaren Reaktionen veranlaßt (vgl. *FHeiler*;
WBernet).

tiv auseinandergesetzt, hat zahllose religiöse Anregungen aufgegriffen und in aktiver Auseinandersetzung mit den ›anderen Göttern‹ seinen Glauben ausgebildet[22]. Dieser Prozeß der Selbstentäußerung, der Aufnahme und Verarbeitung des Fremdartigen zu neuem Gottes- und Weltverständnis hat sich in die christliche Tradition fortgesetzt. Wenn wir uns mit einer der im Kult verwurzelten Gebetsgattungen beschäftigen, werden wir ein Stück israelitischer Glaubensgeschichte in ihrem altorientalischen Kontext kennenlernen. Die alttestamentliche Klage des Einzelnen wird uns als christliche Theologen vor die Frage stellen, wie wir heute die Anschauungen und Erwartungen der Umwelt in unseren Gottesdienst einbeziehen; sie wird uns ganz speziell das Problem aufgeben, neue Weisen des Klagens und Bittens zu suchen.

1.3
Zum Gang der Untersuchung

1.3.1
Die folgende Arbeit hat trotz des weiten Anmarschweges die alttestamentlichen Klagelieder des Einzelnen zu ihrem Hauptgegenstand. Die Gattung ist seit *Gunkel* und *Mowinckel* hinreichend bekannt, sie ist in Monographien und Aufsätzen behandelt worden[23], so daß sich eine Charakterisierung an dieser Stelle erübrigt. Hier soll nur auf einige Leitgedanken hingewiesen werden, die in den folgenden Kapiteln eine Rolle spielen; sie haben z.T. den Charakter von zu testenden Arbeitshypothesen.

1.3.1.1
Jedes Klagelied besteht bekanntlich aus mehreren, formal und inhaltlich bestimmten Formelementen, die z.T. auch in anderen Gattungen vertreten sein können. Der Variationsbreite der Einzelelemente und ihrem Zusammenspiel im Klagelied des Einzelnen gilt besondere Aufmerksamkeit; dabei sind Analogien aus dem täglichen Leben (Bittrede!) und Strukturvergleiche mit einigen babylonischen Beschwörungsgebeten äußerst wichtig.

1.3.1.2
Anscheinend sind Klage und Bitte Hauptelemente im Klagelied des Einzelnen. Eine Reihe von Beobachtungen im Alten Testament und in anderen Kulturkreisen legt die Vermutung nahe, daß alles Klagen auf die Bitte ab-

---

22 Die Entdeckung der Umwelt Israels als eines gestaltenden Faktors bei der Entwicklung des Jahweglaubens ist wohl das Hauptergebnis der kritischen Bibelwissenschaft überhaupt. Keine ernstzunehmende Abhandlung über diesen Gegenstand kann daran vorbeigehen; statt vieler Hinweise: vgl. *JGray*, The Legacy of Canaan (VT.S V) Leiden ²1965; *WHSchmidt*, Alttestamentlicher Glaube in seiner Geschichte, Neukirchen-Vluyn ²1975.

23 Vgl. z.B. *HGunkel* u. *JBegrich*, 172–265; *SMowinckel*, Psalms II, 1–25; *HSchmidt*; *LDelekat*; *WBeyerlin*, Rettung 15f; *KSeybold*; *OKeel*, Feinde; *CWestermann*, ZAW 66 (1954) 44–80; im übrigen: *FCrüsemann*, 3 Anm. 6.

zielt. Die zu prüfende Frage wäre: Ist das Bittelement tatsächlich der logische und kultische Höhepunkt des Klageliedes? Es ist wahrscheinlich, daß der Klageteil die eigentliche Bitte vorbereitet und sie sogar gelegentlich vertreten kann[24].

1.3.1.3

Zum Klagelied des Einzelnen, d.h. zu jedem vollwertigen Kultgebet, gehört ein liturgisch-ritueller Rahmen. Die alttestamentlichen Texte verraten wahrscheinlich deshalb so wenig über diesen ›Gelegenheitskult‹ der Kleingruppe, weil er als selbstverständlich hingenommen wurde und weil Jahresfeste und sonstige Volksfeiern eine weitaus größere Strahlkraft hatten. Es gilt also, den seinem Umfang nach sicher recht bedeutsamen ›kleinen Verkehr mit Jahwe‹ aus der Verborgenheit hervorzuziehen. Wieweit dabei die Ritualanweisungen babylonischer Beschwörungen eine Hilfestellung geben können, ist eine noch offene Frage[25].

1.3.1.4

Die Rolle des Kultpersonals, die Funktionen des Betenden, der Helfer, der Teilnehmer bei der Klagefeier für einen Einzelnen sind uns fast völlig unbekannt. Eine Kultsoziologie ist also, wenn sie allein auf die literarischen Quellen angewiesen ist, in einer hoffnungslosen Lage. Man müßte darum versuchen, die wenigen im Alten Testament und im Alten Orient auffindbaren Andeutungen mit Beobachtungen aus anderen Religionen und Kulturen zu kontrastieren und aus Strukturvergleichen Anregungen für die Rekonstruktion des israelitischen Kultes zu gewinnen[26].

24 *CWestermann* hat in einer schriftlichen Stellungnahme zu dieser Arbeit angemerkt, Klage- und Bittelement seien im at.en Klagelied gleichrangig. »Nur eine umfassende Gegenüberstellung der Klage mit der Bitte könnte den Nachweis erbringen, daß entweder eines dieser Elemente beherrschend ist oder aber (was anzunehmen ist) beide Teile etwa gleichgewichtige Bestandteile der KE sind.« Ich bin für diesen Hinweis ebenso dankbar wie für die Erlaubnis, den Schriftsatz hier zu zitieren. In der normalen sozialen Interaktion ist aber die Klage nie Selbstzweck, sondern auf Veränderung der Zustände hin angelegt, d.h. sie enthält mehr oder weniger latent die Aufforderung zu helfen. Das wird auch für die Klagegebete zutreffen.

25 Für *HWWolff* bleibt die Frage unbeantwortet, »warum die Klagelieder in Israel nicht wie im Zweistromland zusammen mit Texten überliefert werden, die das Ritual mit seinen Beschwörungs- und Opferhandlungen unter Nennung der Beteiligten festhalten« (am 8. 1. 71 brieflich). Die Gründe können nur im Überlieferungsprozeß gesucht werden: Entweder sind Gebete und Ritualanweisungen (vgl. z.B. Lev 1–7; Num 5) von Anfang an separat aufgeschrieben worden (in entfernter Analogie zu den christlichen Gottesdienstlektionaren und -agenden) oder aber die letzteren sind im Laufe der Überlieferung (bis auf die recht undurchsichtigen Psalmenüberschriften??) verlorengegangen. Über Mutmaßungen kommen wir aber wohl nicht hinaus.

26 Die im Verhältnis zur gelebten Wirklichkeit sehr spärlichen schriftlichen und archäologischen Zeugnisse reichen auch nicht aus, eine lückenlose Kultgeschichte Altisraels (oder sonst eines antiken Volkes) zu rekonstruieren, vgl. *H-JKraus*, Gottesdienst; *EDhorme*, Les Religions de Babylonie et d'Assyrie, Paris 1945 etc. *ALOppenheim* resigniert vor dieser Aufgabe, obwohl das alte Mesopotamien unvergleichlich viel mehr Material hinterlassen hat als das Land Kanaan. »What conceivable light can a body of texts shed, synchronically, on the perplexing

1.3.1.5

Die Klagegebete müssen in ihrer ganzen Vielgestaltigkeit gesehen werden, das gilt sowohl textlich (sie haben oft einen langen Wachstumsprozeß hinter sich) als auch institutionell: ›wirksame‹ Gebete werden durchaus bei unterschiedlichen Gelegenheiten benutzt oder erprobt. Auf diese Weise kann ein Text in einen Situationszusammenhang geraten, für den er ursprünglich gar nicht gedacht war: liturgische Stücke sind äußerst ›wanderfreudig‹, das wissen wir auch aus der Geschichte der christlichen Liturgien[27].

1.3.2

Der Hauptteil der Arbeit will das Klagegebet in Israel aus seiner Vor- und Parallelgeschichte verständlich machen. Er beginnt mit dem alltäglichen Bittschema, wie es mit Einzelelementen und Handlungsrahmen in den älteren Erzählungsschichten des Alten Testaments sichtbar wird. Es ist immer das Bestreben der Gattungsforschung gewesen, den allgemeinsten und ursprünglichsten Sitz eines Redetyps zu ermitteln. Das ist für die ›profane‹ und ›religiöse‹ Bittrede offensichtlich die zwischenmenschliche Bittsituation, denn Israel hat kaum eine qualitative Unterscheidung von profanen und sakralen Redeformen gekannt. Das zweite Kapitel ist einigen ausgewählten babylonischen Gebets- und Ritualtexten gewidmet, das dritte den Klageliedern des Psalters selbst, denen die bis dahin gesammelten Erkenntnisse zugute kommen sollen. Am Schluß dürfen wir der Frage nicht ausweichen, auf welche Weise das alttestamentliche Bitten und Beten uns in unserer Situation anstößt und uns fähig macht, uns in Klage und Bitte auszusprechen.

Die Arbeit will also bewährte Ansätze weiterführen; aber die Zeit ist reif, neue Erkenntnisvorgänge für die Gattungsforschung nutzbar zu machen. Sie will die Klagelieder des Einzelnen in ihrer Feinstruktur durchleuchten, sie will mithelfen, den Handlungsrahmen des Bittgebets besser zu erkennen und zu einer Soziologie des Gebetes hinzuführen.

diversity of what we are wont to call ›Mesopotamian religion‹, or, diachronically, on the entangled millenial history of this or that cult center or cult practice? To what extent and with what degree of reliability can written sources impart to us that accumulation of cult practices of tradition-bound individual and group reactions to things considered sacred, to such existential facts as death, disease, and misfortune . . .?« (Mesopotamia 174f).

27 Es wäre gut, wenn man bei der Diskussion des ›Sitzes im Leben‹ nicht immer gleich die Gattungsmobilität im Auge hätte, sondern die Wanderung von Einzeltexten, vgl. *WRichter*, 145ff; *RKnierim*, Interp. 27 (1973) 465; *GFohrer*, ZAW 73 (1961) 1f.

2
Klage und Bitte in Israel und im Alten Orient

2.1
Das alltägliche Bittschema

2.1.1
Ritualisierung der Bitte

Das Bittenkönnen gehört zum eisernen Bestand sozialer Verhaltensweisen, es ist – so die moderne Verhaltensforschung – eine Begabung, die nicht einmal auf den homo sapiens beschränkt ist. Sie reicht entwicklungsgeschichtlich und phänomenologisch weit über die menschliche Kultur hinaus. Jungvögel müssen von ihren Eltern Futter erbetteln; viele Tierarten kennen Demutsäußerungen, die einen Kampf zwischen Artgenossen beenden und das Leben des Unterlegenen schützen[1]. Auch der Mensch findet sich in seiner sozialen Umwelt fortwährend in Abhängigkeitsverhältnissen, in denen nur die Bitte an einen anderen Menschen das eigene Wohlergehen sichert. Zum Bittsteller wird jeder, sooft er ein Problem nicht allein bewältigt und Schutz oder Hilfe bei seinen Mitmenschen sucht. Der Bittvorgang ist mithin lebenswichtig; darum wird er in jeder Gemeinschaft reglementiert, ein Prozeß, den man zutreffend mit dem Begriff Ritualisierung bezeichnen kann[2]. Was bedeutet die Ritualisierung des Bittverhaltens? Der Bittsteller hat eine Reihe von ungeschriebenen Gesetzen zu beachten, damit sein Vorgehen als Bitte erkannt wird und bei seinem Gegenüber, dem Bittempfänger, die gewünschte Reaktion auslöst. Er muß z.B. deutlich werden lassen, daß sein Handeln und Reden keinen Angriff und keine Beleidigung darstellen; er muß sich dem Bittempfänger unterordnen, also seine eigene Schwäche und Hilfsbedürftigkeit nachweisen und andererseits dem potentiellen Helfer gebührende Hochachtung zollen. Alle diese Motive müssen in der Bitthandlung und der Bittrede in einer durch die Gemeinschaft sanktionierten Weise klar zum Ausdruck kommen.

Das Signal ›Bitte‹ wird nur dann verstanden, wenn der Handlungsablauf im ganzen, der sich aus vielen konventionierten Einzelfaktoren zusammensetzt, das gesellschaftlich (oder auch: gruppen- oder schichtspezifisch) akzeptierte Bittverhalten signalisiert. Der Hauptakteur in der Bitthandlung ist

---

1 Vgl. *IEibl-Eibesfeldt*, 133ff und s.v. »Beschwichtigen«, »Betteln«; *NTinbergen*, Zeitschrift für Tierpsychologie 16 (1959) 651–665.

2 ›Ritualisierung‹ bedeutet für den Ethnologen: Eine Bewegung oder Stimmäußerung verliert ihren unmittelbar praktischen, instinktgesetzten Sinn und gewinnt innerhalb eines Handlungszusammenhangs eine bestimmte Signalwirkung und -funktion; vgl. *NTinbergen*, 114f; *IEibl-Eibesfeldt*, 107: »Die Veränderung der Verhaltensweise im Dienste der Signalbildung nennt man Ritualisation.« Das typisch protestantische Verständnis des Wortes kommt dagegen aus einer allergischen Abwehrhaltung: Ritualisation wird mit Degeneration und Erstarrung assoziiert (vgl. *FHeiler*, 50).

natürlich der Bittende selbst oder sein Vertreter. Seine Haltung, Gestik, Mimik, Wortwahl, Stimmlage usw. sind entscheidend. Aber es gibt andere konstitutive Vorbedingungen für die Bitte, die den momentanen Auftritt des Bittenden transzendieren und die Bitthandlung sogleich in ihrer sozialen Dimension erscheinen lassen. Hierunter fällt einmal die das Individuum und die Gruppe bedrohende Mangelsituation. Unter dem Stichwort ›Mangel‹ lassen sich alle Entzugserscheinungen zusammenfassen, die die physische oder psychische Existenz in Frage stellen. Bedrohung von außen (Feinde!) oder von innen (seelische Instabilität; Angst) können in diesem Zusammenhang ebenfalls als Mangelsituationen verstanden werden. Zweitens setzt die Bitte eine ungleiche Verteilung der erstrebten materiellen, seelischen oder geistigen ›Güter‹ voraus. Der von Mangel Betroffene wendet sich an einen Besitzenden. Drittens muß vorgegeben sein die Achtung vor der bestehenden Sozialstruktur und Rollenverteilung. Die Bitte will nicht revolutionieren, sondern vorfindliche Existenz sichern (was evolutionäre Veränderungen der Mangelsituation nicht aus-, sondern einschließt). Schließlich ist jede Bitte ein Appell an die Solidarität, die irgendwie in der Bittsituation evident sein muß, sei es in der gemeinsamen Gruppenbindung des Bittstellers und des Bittempfängers oder in einem von beiden anerkannten Normen- oder sonstigen Bezugssystem[3].

Was allgemein vom Bittverhalten unter Menschen gesagt werden kann, gilt in verstärktem Maße von der Bitte des Menschen an Gott. Sie muß erst recht auf Form bedacht sein, sie ist also möglicherweise noch stärker ritualisiert – so kehrt der Begriff Ritualisierung mit frischer Bedeutung beladen in seine ursprüngliche Heimat, den religiösen Sprachgebrauch, zurück. Wegen der erhöhten Bedeutung der Bitte an Gott kann das Gebet nicht einfach ein gesellschaftliches Bittmuster kopieren. Aber es besteht eine genetische Beziehung zwischen der ›gesellschaftlichen‹ Bitte und dem Bittgebet[4]. Der alltägliche Bittvorgang oder eine Sonderform desselben, z.B. das bei Hofe gültige Zeremoniell, wird für den Umgang mit Gott weitergebildet. Das läßt eine Verwandtschaft der Bittstrukturen erwarten, um derentwillen es sich lohnt, der Untersuchung des Gebetes eine Analyse des gesellschaftlichen Bittens vorauszuschicken.

Um jenes Mißverständnis auszuschließen, das die Tür zur ›Formelgeschichte‹ öffnen könnte, sei gleich warnend hinzugefügt: Ritualisierung des Bitt-

---

3 Die relevante sozialwissenschaftliche Literatur zum Thema ›Mangelbewältigung durch Bittverhalten‹ läßt sich schwer überschauen und systematisieren, weil die Aufmerksamkeit der Autoren allgemein auf umfassendere Vorgänge gerichtet ist (z.B. ›Entwicklung des Ichs‹, ›Individuum und Gesellschaft‹, ›Gruppenstrukturen‹ usw.); vgl. *AMitscherlich*, Aggression und Anpassung, in: Edition Suhrkamp 282, Frankfurt ²1969, 80–127; *HJBerk* und *LLHerkenrath*, Sozialisationstheorie zwischen Soziologie und Psychoanalyse, WzM 26 (1974) 305–315. Bei den ›Interaktionisten‹ (z.B. *MArgyle*; *PMBlau*; *RBZajonc*) findet man eingehende Überlegungen zu ›Kooperation‹, ›Wettbewerb‹, ›Konflikt‹ usw. in der Gruppe; sozialanthropologische Feldstudien halten gelegentlich Einzelfälle fest, vgl. *RFFortune*, 70 (Betteln um Saatkorn); *EEEvans-Pritchard*, Nuer 111f (Bitte um Vergebung nach Körperverletzung).
4 Vgl. *FHeiler*, 52.139ff; *HGunkel* u. *JBegrich*, 229f.

vorganges bedeutet weder im profanen noch im religiösen Bereich eine skla-
vische Einschränkung auf ein einziges oder auf wenige bis ins letzte Detail
festgelegte Muster. Die Variationsbreite des Bittverhaltens ist trotz aller
Reglementierung beträchtlich, und zwar nicht nur bei geschichtlicher Betrachtung, sondern gerade auch bei einer Untersuchung der in einer bestimmten Gruppe gleichzeitig gebräuchlichen Verhaltensweisen. Für die
Signalwirkung einer Bitte kommt es nämlich allein darauf an, daß sie mit
ihrer Ausdrucksweise innerhalb der ›Bandbreite‹ bleibt, die von der Gemeinschaft für die Gattung ›Bitte‹ vorgesehen ist. Zweitens wird es in jeder
Gemeinschaft zahlreiche situationsbedingte Unterabteilungen des Bittens
geben. Im konkreten Fall dürfte es drittens ausschlaggebend sein – und das
ruft weitere Variationen des Bittypus hervor –, in welchem sozialen Verhältnis Bittsteller und Bittempfänger zueinander stehen bzw. wie das Verhältnis zur Gottheit gedacht ist und mit welcher Intensität die Bitte vorgetragen werden soll. Das hängt nun wieder von der Größe und Schwere des
Mangels oder der Not ab usw. Darum kann es nicht verwundern, wenn die
sprachlichen Ausdrucksformen der Bitte eine große Vielfalt aufweisen; die
Zahl der Variationsmöglichkeiten wird weiter gesteigert durch die literarisch nicht überlieferten Nuancen in Stimmlage und Gestik, Wortwahl und
Körperhaltung. Und doch, das muß betont werden, folgt der Mensch in der
Ausgestaltung und Anwendung seines reichen Bittinstrumentariums festen
Regeln, die jeweils in der Bezugsgruppe durch lange Tradition festgelegt
sind.
Die Erkennbarkeit des Bittverhaltens wird also durch das Zusammenspiel
vieler Einzelfaktoren gewährleistet, die größtenteils nichtverbaler Art sind.
Wir nannten vier allgemeine Vorbedingungen: Mangel, Besitzverteilung,
Rangordnung, Solidarität und die aktuellen Ausdrucksmerkmale der Bitte:
Gestik, Mimik, Haltung des Körpers und der Hände, Intonation der Bittrede. Es ließe sich noch hinweisen auf Inszenierung und Abfolge der Bitthandlung; gegebenenfalls spielen Ort und Zeit der Handlung, Kleidung des Bittstellers, äußere Objekte (Geschenke!) eine nicht zu unterschätzende Rolle.
Die eigentliche Bittrede, das sprachliche Element im Bittvollzug, kann unter
Umständen ganz zurücktreten. In vielen Ländern geschieht z.B. auch heute
die Bitte des Bettlers völlig wortlos, sie wird allein symbolisiert durch die
ausgestreckte Hand, das aufgestellte Gefäß sowie Aussehen und Haltung
der bittenden Person. Das sollte uns noch einmal warnen, das gesprochene
(oder auch geschriebene) Wort aus dem Handlungszusammenhang zu isolieren und zu verabsolutieren. Wenn wir so Sprechakte und Handlungsablauf im Bittvollzug gegeneinander und miteinander abwägen, können wir in
der Tat fragen, ob der Begriff ›Gattung‹ überhaupt ein rein literarischer sein
kann, ob er nicht vielmehr richtiger auf die typische Gesamthandlung, zu
der ein Sprechakt gehört, bezogen werden soll. Wir möchten es hier bei der
bisher gebräuchlichen Verwendung des Begriffs ›Gattung‹ belassen, aber
deutlich festhalten: Eine Redegattung ist ein Texttyp, der – abgesehen von
den ihn prägenden konventionierten Formgesetzen – vor allem zu einer ty-

pischen Lebenssituation mit ihren jeweiligen Handlungsabläufen gehört. Redegattung und Handlung gehören untrennbar zueinander. Eine bloße ›Geistesbeschäftigung‹ kann in diesem Sinn keine ›Gattungen‹ produzieren. Unsere versubjektivierte Zeit mag andere Möglichkeiten kennen als die Antike, Texte ohne Realitätsbezug herzustellen. Doch wird man für jeden auch noch so abstrusen Text eine soziale Beziehung finden können, und für die alttestamentliche Zeit sind die uns geläufigen Abstraktionsmöglichkeiten schlechterdings nicht vorauszusetzen[5].

2.1.2
Bittsituation und Bitthandlung in Israel

Solche allgemeinen Erkenntnisse lassen sich zumindest als Arbeitshypothesen verwerten, wenn wir die in Israel geltenden Bittbräuche untersuchen wollen. An den alttestamentlichen Zeugnissen müßte sich dann ihre Richtigkeit oder Unrichtigkeit erweisen. – Wir finden in den alttestamentlichen Schriften keine kritische Würdigung des allgemeinen Bittschemas; das ist von vornherein nicht anders zu erwarten. Das Selbstverständliche ist nicht der Rede wert und wird auch im nachhinein selten aufgezeichnet. Aber die Schriftsteller und Dichter des Alten Testaments haben oft beiläufig überkommene Bittszenen festgehalten, aus denen wir ein, wenn auch fragmentarisches Bild von typischen Bittsituationen und Bitthandlungen gewinnen können. Wir werten etwa 250 Stellen der älteren Erzählungsschichten, also im wesentlichen der Bücher Gen, Ex, Num, Jos, Ri, 1Sam, 2Sam, 1Kön und 2Kön, aus und versuchen, in einigen gerafften Überblicken Klarheit über die äußeren Voraussetzungen der Bitte zu bekommen. Wir wollen dabei nicht lexikalisch vorgehen, etwa die Texte nach bestimmten Stichworten aus dem Bedeutungsfeld des ›Fragens, Bittens, Suchens‹ auswählen. Vielmehr sollen zunächst alle Erzählungen erfaßt werden, die annähernd, nach Ausweis der geschilderten Umstände, in die Bittkategorie fallen könnten. Diese Weitmaschigkeit der Textauswahl hat zur Folge, daß vorläufig auch Texte berücksichtigt werden, die strenggenommen vielleicht benachbarten Gattungen zugehören. Aber die Grenze zwischen ›Bitte‹ und ›Aufforderung‹ oder ›Befehl‹ usw. ist ohnehin fließend. Aufgrund der knappen literarischen Überlieferung läßt sich gelegentlich eine eindeutige Gattungsdefinition auch gar nicht mehr treffen. Der ursprüngliche Erzähler und seine Zuhörer lebten in der unmittelbaren Anschauung der Handlungsvollzüge, die zum geltenden Bittmuster gehörten; darum kann man von ihm weder ›Gat-

---

5 Gegen *RKnierim*, Interp. 27 (1973) bes. 440f.465 (»Language can be a setting of its own, so to speak, following its own rules«). Strukturalismus und Linguistik tendieren zu einer Verselbständigung des menschlichen Geistes; aber selbst der exzessive Subjektivismus moderner Kunst und Literatur kann letztlich nicht als Beweis für die Unabhängigkeit des Gedankens und der Sprache dienen. ». . . ein Soziologe kommt nicht um die Einsicht herum, daß Ideen allein aus sich selbst heraus wenig Chancen haben . . . Es gibt keine falschere und irreführendere Lehre als die HEGELsche von der Selbstbewegung der Idee . . .« (*AGehlen*, Forschung 77).

tungsdefinition‹ noch eine vollzählige Aufreihung der signifikativen Bittelemente erwarten.

2.1.2.1

Zunächst zur *Bittsituation*: Welche Umstände veranlassen den Israeliten zu einer Bitte? Gibt es typische Bittsituationen, die eventuell von den uns geläufigen abweichen? Welche Rolle spielt das soziale Gefälle zwischen Bittempfänger und Bittsteller? Hier soll zunächst in einer gedrängten Übersicht nach den agierenden Personen und dem allgemeinen Anlaß der Bitte gefragt werden; die relevanten Textstellen sind möglichst vollständig angeführt. Bitthandlung und Bittrede werden danach ausführlicher besprochen.

Schon die Grußzeremonie[6] entspringt einer Bitthaltung. Man gibt dem anderen seine Friedfertigkeit zu erkennen und erwartet von ihm Schonung und gedeihliches Miteinander (vgl. 2Kön 10,15). Von einem engeren menschlichen Kontakt reden Texte, welche die Situation des Gastgebers beleuchten (Gen 18,3; 19,2; 24,31; Ex 2,20; Num 22,16f; Ri 4,18; 19,5ff; 1Sam 28,22f; 1Kön 13,7; 13,15; 14,6). Er befindet sich seltsamerweise in der Rolle des Bittenden: Er muß den Fremden »nötigen«, Gastfreundschaft anzunehmen; er muß ihn bewegen, den Besuch über die vorgesehene Zeit auszudehnen[7] Umgekehrt kann auch der Fremde vorsichtig die Bitte um Herberge äußern (Gen 24,23).
Menschliche Solidarität, gegenseitige Hilfeleistung – primär innerhalb der eigenen Gruppe, dann auch zwischen Menschen, die nach Lage der Dinge aufeinander angewiesen sind – waren höchst wertvolle Güter; man bat den anderen häufig um Beistand und Kooperation (Gen 38,16; 42,37; 43,8ff; Ex 21,5; Num 10,29.31f; Ri 4,8; 17,10; 2Sam 13,10f; 13,24ff; 15,21; 18,2; 19,6ff; 1Kön 18,5; 2Kön 2,2.6.9; 4,30; 5,8; 6,3; Rut 1,10.16). Auch die Auflösung der Gemeinschaft, die Entlassung aus der Gastfreundschaft, die Kündigung des Dienstes war eine Bittzeremonie wert, die – für uns unerwartet – auch die prekäre Lage des Stärkeren bloßlegen kann (Gen 13,7ff; 24,54.56; 26,16; 33,12ff; Ex 4,18; 5,1.3; 10,7; Num 20,14ff; 21,22; 1Sam 12,1ff; 17,32; 20,28f; 2Sam 15,7f; 15,33ff; 18,19.22f; 19,35ff; 1Kön 11,21f; 19,20; 2Kön 2,2.4.6; 4,22; 6,1f; Rut 1,8.15). Normalerweise muß der Höherstehende seine Zustimmung geben, ehe der Rangniedrigere seinen Abschied nehmen kann. Dies gilt auch in Fällen, wo die Ausführung eines Planes von seiner Zustimmung abhängig ist (Ri 19,11; 19,12; 2Sam 7,2; 1Sam 9,5f; Rut 2,2). Die ›Bitte nach oben‹ ist also ganz natürlich zu erklären, aber auch dem Rangniederen gegenüber scheint ein bittender Ton durchaus angebracht, sobald die Umstände dies erfordern (vgl. Gen 34,21ff; Ex 2,9; Ri 16,5; 1Kön 14,2; 18,8; 20,35.37). Die Bitte an den anderen Menschen – dabei ist eine breite Skala von Dringlichkeiten vorausgesetzt – entspringt einem Verlangen nach aktiver, persönlicher Hilfe, nach Bundesgenossenschaft, Schutz, Vergebung, Fürsprache, Entsatz, kurz: Der Bittende befindet sich in einer Notlage, und der Bittempfänger soll als Retter und Helfer eingreifen. Die Liste der Beispieltexte ist lang: Gen 12,10f = 20,13; 16,5; 21,23; 24,2ff; 32,5; 33,8ff; 40,14f; 44,16; 50,17f; Ex 8,4.24; 9,27f; 10,16; 11,8; Num 22,5f; 22,11; 23,7; 23,13; 23,27; Jos 10,4; 10,6; Ri 9,31ff; 1Sam 7,8; 12,19; 15,4f; 15,24f; 15,30; 20,1ff; 20,14; 22,3; 26,21; 27,5; 2Sam 13,6; 14,4ff; 14,32; 1Kön 5,17ff; 13,6; 15,19; 22,4; 22,34; 2Kön 3,7; 4,27f; 4,40; 5,6; 5,22; 6,5; 10,15f; 16,7f; 17,26; Rut 4,1f. In manchen Situationen möchte der Bittsteller einen Feind zur Milde bewegen. Dann wird sich die Bitte darauf richten, Verschonung von Strafe und Gefahr, Abzug der Truppen, Si-

---

6 Vgl. *ILande*, 1ff; *HGrapow*, 113ff.
7 Zum Gastrecht vgl. *JdVries*, RGG³ II, 1205; *RGyllenberg*, BHH I, 514; *RdVaux*, Bd. I 25f.

cherung des Lebens und des Friedens zu erwirken oder Schutz und Recht vor einer Bedrohung zu erlangen. Zu diesen abwehrenden Bitten gehören: Gen 19,7f; 21,10; 42,36; 47,6; Ex 5,15; 20,19; 32,22.24; Num 12,11f; 14,2f; 22,28.30; Dtn 1,27f; 5,24ff; Jos 2,12f; 9,6.11; Ri 11,12; 19,23; 1Sam 11,1.3; 15,32; 24,9; 25,21ff; 26,18ff; 2Sam 2,21f; 2,26; 3,12; 19,20ff; 19,27ff; 20,16ff; 1Kön 1,51.53; 12,4; 18,9ff; 20,32; 2Kön 1,13f; 18,14f.

Welchen Mängeln soll abgeholfen, welche Nöte sollen gelindert, welches Ziel soll erreicht werden? Der Status des Bittenden in der Gesellschaft steht da auf dem Spiel. wo es um Ehre, Segen (vgl. Gen 25,31; 27,19; 27,31ff; Ri 11,36f; 1Sam 1,15f; Rut 1,20f), Land und Nachkommenschaft (vgl. Gen 16,2; 30,1; Num 27,3f; Jos 14,12; 15,18f; 17,14; 1Kön 3,16ff; 17,19; 21,2) geht. Um der Ehre willen bittet ein verwundeter Heerführer um den Tod (Ri 8,21; 9,54; 1Sam 31,4), ein Sterbender um ein richtiges Begräbnis (Gen 49,29ff; 2Kön 9,34). Das Verlangen nach einer repräsentativen Führung treibt die Israeliten zur Bitte um ein Gottesbild oder eine starke Regierung; Einzelpersonen suchen persönliche Macht (Ex 32,1; Ri 8,22; 9,2; 9,8.10.12; 9,14; 11,6.8; 1Sam 8,5.19f; 2Sam 15,2ff; 19,12ff; 1Kön 1,16ff; 1,23ff).

Im alltäglichen Bereich bittet man den anderen um Information, um Rat und besondere Persönlichkeiten um spezielle Leistungen: den Propheten um ein Gottesorakel, den Moabiterkönig um eine Audienz (Gen 24,23; 40,8; Ri 3,19f; 16,6.10.13.15; 1Sam 9,6; 9,11.18; 10,14; 16,15f; 17,55.58; 28,7.8.11; 28,15; 30,13.15; 2Sam 13,4; 16,20; 17,5f; 21,3f; 1Kön 1,42; 22,5; 22,15; 2Kön 2,16f; 5,13; 6,11.13; 6,15; 6,21; 8,4; 8,9; 9,11f). In der Not müssen Lebensmittel und andere lebenswichtige Dinge von den Besitzenden oder Mächtigen erbeten werden (Gen 24,17; 25,30; 27,2ff; 27,8ff; 30,14; 42,7.10; 47,15.18f.25; Ex 10,25f; 16,3; 17,2f; Num 11,4ff; 20,3ff; 21,5; Ri 4,19f; 8,5; 1Sam 2,15f; 21,4.9; 2Sam 23,15; 1Kön 17,10; 2Kön 2,19; 4,1; 6,26; 6,28f). Auch im Geschäftsverkehr spielt das Bittverhalten eine Rolle, in einer anderen Weise, als wir es gewohnt sind (vgl. Gen 23,4.6; 2Sam 24,20ff; 24,24), und die Brautwerbung, mit der ein gewisser Güteraustausch verbunden war, vollzog sich nach festen Regeln. Die Bitte um die Tochter stand im Mittelpunkt (vgl. Gen 24,49ff; 29,18ff; 34,4; 34,8ff; Ri 14,2f; 1Sam 18,25; 1Kön 2,15ff; 2,20f; 2Kön 14,9; Rut 3,9). Ins Gebiet der gerichtlichen Auseinandersetzung gleiten jene Bitten hinüber, die sich um die Herausgabe oder Übergabe von Eigentum, um die Auslieferung von Personen oder die Zahlung von Lohn oder Belohnung bemühen (Gen 14,21; 19,5; Ri 6,30; 8,24; 11,13; 19,22; 20,13; 1Sam 14,45; 16,22; 25,6ff; 2Sam 3,13f; 4,8; 20,20f; 21,4f; 1Kön 18,18f.41; 18,23f.30.34.40; 18,25; 2Kön 10,2f.6;.18,19ff). In manchem Textbeispiel überschreitet dann auch der Bittende die Grenze zur Forderung hin[8].

Wie nicht anders zu erwarten, bietet sich in dieser schmalen Auswahl von Erzählungen ein buntes Bild möglicher Bittsituationen, die allesamt vor dem Hintergrund einer bäuerlich-städtischen Gesellschaft gesehen werden müssen, welche ihre Herkunft aus einer halbnomadischen Lebensweise noch nicht vergessen hatte. Der Überblick zeigt, daß die Bitte zwischenmenschliche Beziehungen besonderer Art voraussetzt bzw. schafft. Unter Berücksichtigung des gesellschaftlichen Hintergrundes läßt sich folgendes festhalten:

---

8 *C Westermann* plädiert für eine strenge Unterscheidung von Bitte und Aufforderung einerseits, Bitte und Wunsch andererseits (Stellungnahme). Dem ist im Prinzip zuzustimmen. Die offene Frage ist, ob das vorhandene literarische Material und unsere Unterscheidungskriterien ausreichen (vgl. z. B. *C Westermann:* Zur Bitte gehört die »Gewährung der Bitte«, zur Aufforderung die »Befolgung der Aufforderung«; es ». . . müßte deutlich werden, daß . . . der Wunsch dem magischen Daseinsverständnis entspringt . . .«, a.a.O.).

(1) Die soziale Rangordnung, in Israel wie überall sonst in der Welt durch ein System von Ämtern, Funktionen, Abhängigkeiten, Einflußmöglichkeiten für jedes Glied der Gruppe festgelegt und in der Regel durch ein entsprechendes System der Besitzverteilung untermauert[9], wird durch den Bittvorgang bis zu einem gewissen Grade konterkariert. Der Schwächere wendet sich an den Stärkeren, der Besitzlose an den Besitzenden: Sie üben durch das richtige, konventionierte Bittverhalten Druck auf den aus, der Macht und Möglichkeiten hat zu helfen. Oder anders ausgedrückt: Das Bittverhalten des Bedürftigen ist die institutionalisierte Erinnerung daran, daß in jeder Gesellschaftsordnung Macht und Besitz Verpflichtungen auferlegen. Es kann daher geschehen, daß in der Mangelsituation die soziale Rangordnung außer Kraft gesetzt wird, daß also der Höherstehende sich bittend an den weniger Mächtigen wenden muß, so z.B. Abraham an seine Frau (Gen 12,10ff); Melchisedek, der Priesterkönig, an Abraham (Gen 14,18ff); Abimelech an den ›Ausländer‹ Abraham (Gen 21,22f)[10].

(2) Unschwer lassen sich eine Reihe von typischen Bittsituationen erkennen; als besonders auffällig erwähnten wir schon die Rolle des bittenden Gastgebers und Verkäufers. Beide Situationen sind in der Antike sicher so alltäglich gewesen, daß sie ihre charakteristischen Signale entwickelt haben. Für Bitten in konventionell ausgeprägten Situationen läßt sich Ähnliches annehmen, z.B. für das Verhalten vor Gericht oder bei der Brautwerbung. Unsere Quellen gestatten uns aber nicht, die Bittsituation ›allgemeine Notlage‹ oder das Bitten um menschliche Kooperation weiter zu differenzieren. Könnte das Bitten um Nahrung[11] eine typische Situation abgeben? Oder wäre die Idylle ›Trank am Brunnen‹[12] eine solche? Die Quellenlage verbietet weitreichende Folgerungen; und wieviel die Quellen gänzlich verschweigen, können wir nur ahnen[13].

---

9 Wir sind leider über soziale Verhältnisse Israels nur in groben Umrissen informiert, das ist wohl der Grund dafür, daß die soziologische Erforschung des AT nie recht in Schwung gekommen ist (vgl. *WSchottroff*, VF 19, 1974, 46–66; *JPedersen*, Israel, its Life and Culture Bd. I/II, London 1946, 29ff). Administrative und gerichtliche Urkunden aus Altisrael fehlen uns z.B. fast völlig, man vgl. dagegen den Materialreichtum, der sonst zur Erforschung des Alten Orients zur Verfügung steht (vgl. *MDietrich* u. *OLoretz*, Die soziale Struktur von Alalaḫ und Ugarit, WO 3, 1966, 188–205; 5, 1969, 57–93; UF 1, 1969, 37–64; *ALOppenheim*, Mesopotamia 74ff).

10 Die besitzenden Hetiter erkennen z.B. die Würde des landlosen Abraham an: »Du bist ein Fürst Gottes bei uns« (Gen 23,6), eine Ehrenbezeugung, die das reale Sozialgefälle verdeckt. Weitere Bittsituationen, in denen die bestehende Rangordnung umgekehrt wird: Gen 24,1ff; 24,17; 26,16; 42,36; Ex 2,9; 8,4; Num 10,29ff; Ri 9,54; 11,35; 16,5; 19,12f; 1Sam 9,5; 16,22; 26,21; 28,7; 28,8.11; 30,15; 31,4; 2Sam 2,21f; 15,2ff; 15,33ff; 18,2; 20,20f; 1Kön 17,10ff; 18,5; 21,2; 2Kön 6,11ff; 8,4.

11 Vgl. Gen 25,30; 27,2ff; 42,7.10; 47,15.18f.25; Ex 16,3; Num 11,4ff; 20,3ff; 21,5; Ri 8,5; 1Sam 2,15f; 21,4; 1Kön 17,10ff; 2Kön 4,1; 6,26; 6,28f.

12 Gen 24,17; vgl. Ex 2,7f; Ri 4,19f; 2Sam 23,15; 1Kön 17,10f; 2Kön 2,19.

13 Gab es in Israel Dinge, um die man nicht bitten durfte? *RFFortune* beobachtete z.B. bei den Dobu, daß die Bitte um (lebenswichtige) Yamwurzeln für Saatzwecke völlig ausgeschlossen war (69f).

(3) Es gibt Ereignisse, die wohl überall in der Welt als Not- oder Mangelsituationen gewertet werden, z.B. Hunger, Durst, Bedrohung durch Feinde. Welchen Stellenwert eine konkrete Gefahr aber in einem bestimmten Denkschema und Wertsystem hat, mit welchen Mitteln ein Mangel bekämpft werden kann, das hängt von den kulturellen Gegebenheiten ab. Und diese Skala der Werte und Unwerte läßt sich von Außenstehenden sehr schwer zusammenstellen. Was fürchtet der Israelit am meisten? Ist es Kinderlosigkeit und Verachtung – auf seiten der Frau[14]? Krankheit und Tod – auf seiten des Mannes? Welches sind die höchsten Güter? Das erfüllte, harmonische Leben? Der Fortbestand der Sippe? Die Lebensgemeinschaft mit Jahwe[15]? Die kulturelle Wertskala bestimmt letztlich das Bittverhalten des Einzelnen. – Nicht jede Bittsituation setzt unmittelbare Existenzgefährdung voraus. Viele Bitten bewegen sich auf der Ebene des alltäglichen Bedarfs: Wenn Salomo Baumaterial bei Hiram von Tyrus bestellt (1Kön 5,16ff) oder Gideon um einen Teil des Beutegutes bittet (Ri 8,24), ist die Ausgangslage der normale Wunsch, die eigene Stellung zu verbessern. Noch geringfügiger scheinen die Bitten um bloße Gefälligkeiten: Da geht es um einen Schluck Wasser am Brunnen (Gen 24,17) oder um ein Eintopfgericht für den müden Jäger (Gen 35,30). Aber wiederum: Die soziologische Bedeutung dieser kleinen Bitten entzieht sich oft unserer Kenntnis; wir spüren unsere Unsicherheit im Blick auf das israelitische Wertsystem deutlich, wenn wir die Liebesäpfel von Gen 30,14f, das verlorene Beil von 2Kön 6,5 oder den Mörderlohn von 2Sam 4,8 einordnen sollen.

(4) Aus dem Gesagten gewinnen wir die Möglichkeit, andere Situationen mit den ihnen zugehörigen Gattungen von der Bittsituation abzugrenzen; es geht dabei um alltägliche Vorgänge fernab von den öffentlichen Institutionen[16]. Meint der Bittsteller einen rechtlichen oder moralischen Anspruch zu haben oder pocht er auf das Recht des Stärkeren, dann wird aus der Bitte die Forderung. Die Unterschiede zwischen beiden Gattungen sind jedermann deutlich. Die Bestimmung im Einzelfall wird aber nur unter Beachtung aller Begleitumstände möglich sein und am literarischen Objekt manchmal überhaupt nicht gelingen[17]. Weiter ist eine Abgrenzung der Bitte gegenüber Rat und Warnung einerseits und gegenüber Befehl, Ver-

---

14   Vgl. Gen 16,2; 30,1; 1Kön 3,20; 2Kön 4,14. Jede Kultur, und jede Subkultur, bildet ihr eigenes Wertsystem, das die Erfahrung des Mangels und folglich das Bittverhalten bestimmt, vgl. *KSpencer; RBenedict* usw.

15   Vgl. *ChrBarth*, 21ff; *JHempel*, Heilung 260ff; *GvRad*, TAT s.v. »Leben«.

16   *GFohrer* gibt einen guten Überblick über die alltäglichen Redegattungen, die sich aus dem AT erheben lassen (*ESellin* u. *GFohrer*, Einleitung in das AT, Heidelberg [11]1969, 54ff.276ff.331ff), doch bleibt noch sehr viel Arbeit zu tun, weil sich das Interesse der Wissenschaftler bisher auf die von öffentlichen Institutionen getragenen Redegattungen konzentriert hat.

17   Das hebräische Wort שאל deckt bezeichnenderweise das Bedeutungsfeld »fragen – bitten – fordern«; das Nomen שאלה bedeutet allerdings lediglich »Bitte«, soweit die 14 Stellen, an denen es im AT vorkommt, ein Urteil zulassen (vgl. KBL[2], 936f; *CWestermann*, KuD 6, 1960, 2–30; *GGerlemann* u. *ERuprecht*, THAT II, 460–467).

bot, Erlaß andererseits erforderlich. Während in der Bittsituation der (momentan) Schwächere für sich selbst Hilfe sucht, werden Rat und Warnung meistens aus der Position des Überlegenen, Wissenden gegeben; sie sollen dem Partner zugute kommen[18]. Befehlende oder verbietende Redeweise setzt Autorität voraus; sie ist wie die Bitte auf das Gegenüber gerichtet, sie versucht, den anderen zu einer bestimmten Handlung zu bewegen, in der Regel zum Nutzen des Befehlenden[19]. Die Grenzen zwischen allen genannten Gattungen sind jedoch fließend. Der Analytiker, der nur literarische Quellen vor sich hat, wird manchmal nicht entscheiden können, ob sein Text Bitte, Forderung, Befehl oder Ratschlag bietet.

2.1.2.2

Unter *Bitthandlung* möchten wir alle Handlungsabläufe verstehen, welche die Bittrede vorbereiten oder begleiten. Noch einmal sei an die stammesgeschichtlichen Zusammenhänge erinnert: Die Gebärden des Sichunterwerfens und des Um-Hilfe-Flehens sind gegenüber den entsprechenden Lautäußerungen sicher von primärer Bedeutung. Beim Menschen hat sich die Bittrede in den Vordergrund geschoben. Doch darf die Ausdrucks»sprache« *(KLeonhard)* nicht unterschätzt werden: Sie ist, obwohl unreflektiert übernommen und meist unbewußt gebraucht, sehr bedeutungsträchtig. Die Bitthandlungen werden wie die Bittrede im Strom der Kulturtradition geformt; sie sind in ihrer augenfälligen Signalwirkung integrierende Bestandteile des Bittvorganges.

Die alttestamentliche Forschung hat die Bitthandlung fast ausschließlich in Zusammenhang mit Gebet und Gottesdienst, allenfalls mit dem königlichen Hofzeremoniell zur Kenntnis genommen[20]. Die Vorstufen zum feierlichen, offiziellen Bittgebaren liegen aber im alltäglichen Verhalten. Wir dürfen allerdings nicht überrascht sein, wenn uns die literarischen Quellen nur geringe Kunde von einem so fest eingeschliffenen und selbstverständlichen Verhaltensmuster geben.

---

18 Formale Kriterien des Ratschlags sind etwa die weisheitliche Einleitungsformel (vgl. Gen 27,8), die ausführlichen Anweisungen (Gen 27,9f), der argumentierende Ton, die Verhaltensvorschriften (vgl. 2Sam 17,11f). Es gibt bisher, soweit ich sehe, keine gattungsgeschichtliche Untersuchung des ›Rates‹, obwohl die Gattung im AT eine große Rolle spielt.

19 Gebräuchliche Ausdrücke für »befehlen« sind צוה, שׂים, אמר, דבר usw. Gattungsgeschichtliche Untersuchungen beschäftigen sich vorwiegend mit dem göttlichen Befehl oder der priesterlichen Thora, kaum aber mit dem alltäglichen Befehlswort, vgl. den umfassenden Literaturbericht von *JJStamm* u. *MEAndrew*, The Ten Commandments in Recent Research, London 1967.

20 Vgl. *ThOhm*; *DRAp-Thomas*, VT 6 (1956) 225–241; *HJBoecker*, BHH I, 518ff; *FHeiler*, RGG³ II, 1209ff; *HGreeven*, ThWNT VI, 759ff; *EKutsch*, 29ff. Eigenartig ist die Erklärung *Greevens*, die Proskynese sei aus dem Kuß an die Erdgottheit entstanden (a.a.O. 760). Tatsächlich sollen die Demutsgebärden anzeigen, wie klein und hilfsbedürftig der Bittsteller ist (auch: wie ungefährlich! Gegenstück: Drohgebärde!), während alle Bittgebärden signalisieren, daß der Bittsteller gerne eine Gabe in Empfang nehmen möchte.

Die Bitte wird oft in emotional geladener Atmosphäre vorgetragen. Dann nimmt die Stimme einen besonderen Klang an: Der Bittsteller schreit (צעק Ex 5,15; 2Kön 4,1.40; 6,26; vgl. Gen 27,34: »Er erhob ein großes, verzweifeltes Geschrei«), oder er ruft: Das Verb קרא ist terminus technicus in der Gebetssprache und bedeutet schon in der alltäglichen Bittsituation »heftiges, lautes Reden über eine Entfernung hin« (vgl. 1Sam 26,14; 2Sam 20,16; 1Kön 17,10f). Bittende weinen (בכה Gen 27,38; Num 11,4; Rut 1,9), sind verzweifelt und verbittert (מרר qal: Rut 1,13; hif: Rut 1,20; adj. מר: 1Sam 15,32; vgl. 2Sam 2,26; מרת נפש 1Sam 1,10), sie schämen sich (בוש Esr 8,22), sind in Angst (ירא Gen 42,35; 1Sam 7,7; 1Kön 1,50) oder verzehren sich in Eifersucht (קנא Gen 30,1). Das emotionale Engagement geht so weit, daß Trauerbräuche und Selbstminderungsriten in das Bittverhalten hineingenommen werden[21].

Diese und ähnliche Hinweise geben kein vollständiges Bild von den in der Bittsituation auftretenden Stimmungen und den darin angelegten Möglichkeiten emotionalen Handelns. Die meisten Beispielerzählungen deuten nur eben die Ausgangslage an, in der sich Bittsteller und Bittempfänger treffen, und gehen sogleich zur Bittrede über, ohne näher auf den seelischen Zustand des Bittenden einzugehen; das geschieht erst in der Bittrede selbst. Die Kargheit der Überlieferung sollte aber nicht darüber hinwegtäuschen, daß affektbestimmtes Handeln für einen Bittvorgang konstitutiv sein kann. Doch ist dieses Verhalten weniger spontan, als wir vielleicht annehmen; es richtet sich nach traditionell festgelegten Mustern. Wie stellen die Erzählungen den äußeren Ablauf einer Bitthandlung dar?

Will jemand eine Bitte direkt anbringen, hat er zum Bittempfänger hinzugehen, in sein Haus zu treten, also den persönlichen Kontakt zu suchen (Gen 18,2; 19,6; 24,17.31; 27,18; 34,20; 42,6; Num 22,16; 32,2; Dtn 5,23; Jos 9,6; 14,6; Ri 3,20; 4,18; 9,1; 9,8; 11,5; 16,5; 19,23; 1Sam 2,15; 8,4; 15,32; 22,3; 23,19; 28,21; 2Sam 2,25; 13,24; 19,6; 1Kön 2,13; 2,19; 12,3; 19,20; 22,15; 2Kön 2,15; 5,13). Es bedeutete wohl eine Steigerung der Bitte, wenn der Bittsteller dem Bittempfänger entgegenlief (Gen 18,2; 24,17; 29,13; 33,4; 2Kön 4,26) oder dessen Gewand, Hand oder Fuß ergriff (Gen 39,12; 1Sam 15,27; 2Kön 4,27; 10,15; Rut 3,7.9). Wie das ›Hintreten zum Bittempfänger‹ genauer vonstatten ging, ob und wann z.B. der Augenkontakt hergestellt wurde, wissen wir nicht genau. In 2Sam 2,20 wendet sich der Bittsteller seinem Verfolger zu; sonst fehlen Notizen über das ›Anblicken‹. Bildliche Darstellungen aus dem Alten Orient lassen vermuten, daß man dem hohen Herrn, zumindest vor der Proskynese, ins Auge sah[22]. Jedenfalls nimmt der Bittende eine beschwichtigende (vgl. die erhobenen Hände in den Abb. auch bei stehenden Figuren) oder unterwürfige Haltung ein. Er steigt vom Reittier[23], er steht vor dem Mächtigeren (Num 27,2; 1Kön 3,16), er beugt sich zu dem hinunter, den er bitten will (Gen 38,16), er fällt auf die Knie[24], oder wirft sich vollends vor dem Bittempfänger zur Erde, aufs Gesicht (Gen 18,2; 19,2; 23,7.12; 42,6; 44,14; 50,18; 1Sam 25,23; 2Sam 14,4; 19,19; 24,20; 1Kön 1,23; 2Kön 2,15; Rut 2,10: es sind jeweils die Verben נפל und השתחוה ein-

---

21 Vgl. 1Kön 20,32; *EKutsch*, 29ff.
22 Vgl. ANEP[2] Nr. 5; 45; 46; 331; 371; *OKeel*, Bildsymbolik Nr. 239; 297; 429; 430 u.ö., aber auch die Beobachtungen unten 2.1.3 zur ›indirekten‹ Bitte.
23 Vgl. 1Sam 25,23; 2Sam 19,25; der rätselhafte Ausdruck צנח Jos 15,18 und Ri 4,21 bedeutet nach *MHGottstein*, VT 6 (1956) 99f »prosternere« und »impingere, terrae allidere«.
24 כרע, 2Kön 1,13; Est 3,2.5; סגד ist nur für die gottesdienstliche Verneigung belegt: Jes 44,15ff; 46,6; קדד ist »immer Vorbereitungshandlung zu השתחוה«, KBL[2], 821. Vgl. Gen 43,28; 1Sam 24,9; 28,14; 1Kön 1,16.31.

zeln und in Kombination in verschiedenen gleichbedeutenden Redewendungen gebraucht).
Wir sehen: Je nach Anlaß und Motivation kann die Bitte durch die begleitende Handlung variiert werden. Dasselbe gilt auch von der weitverbreiteten Sitte, im Rahmen des Bittvorganges ein Geschenk, eine Abgabe oder einen Tribut zu überreichen (Gen 14,21; 24,22; 27,31; 33,8; 43,11; 47,17; 2Sam 4,8; 2Kön 5,5; 8,8f; 16,8; 18,15). Die Gabe soll den Bittempfänger beschwichtigen und ihn geneigter machen, auf den Willen des Bittstellers einzugehen.
Wenn der Adressat der Bitte nicht direkt erreichbar ist oder wenn es als nicht opportun erscheint, ihn persönlich anzusprechen, bedient man sich einer Zwischeninstanz: Brief, Bote oder Fürsprecher müssen dann den Wunsch des Bittstellers übermitteln (Gen 27,43; 32,5; Num 20,14; 21,21; 22,5; Jos 10,3.6; Ri 7,24; 9,31; 11,12; 20,12; 1Sam 16,22; 2Sam 3,12.14; 19,12.15; 1Kön 20,32; 21,8; 22,13; 2Kön 5,5; 5,8; 10,1; 14,8; 16,7; 18,4; 18,17). Vielleicht mußte in bestimmten Bittsituationen ein Dritter die Vermittlerrolle übernehmen, vgl. die Brautwerbungsgeschichten Gen 24; Ri 14,1ff. Eventuell war der Bittende auch unter gewissen Umständen durch Konvention gezwungen, seine wahre Identität zu verbergen (vgl. 1Sam 28,8; 2Sam 13,6; 1Kön 20,32) oder einen ›Sicherheitsabstand‹ zum Bittempfänger einzuhalten (vgl. Ex 20,19; 1Sam 26,13ff).

Die Ausbeute an erzählerischen Darstellungen von Bitthandlungen ist schmal. So wenig wir über die Sprache der Augen beim Bittvorgang erfahren, so gering scheint das Interesse des Erzählers auch an anderen Einzelheiten der Bitthandlung. Wir hören nichts davon, wie der Bittende den Kopf hält, kaum etwas darüber, wie er seine Hände bewegt, obwohl vermutlich die Sprache der Hände für den Bittvorgang entscheidend wichtig war. Der Rückschluß von den bildlichen Darstellungen feierlicher Bittzeremonien auf das Alltagsleben kann uns nur bedingt weiterhelfen[25]. Aus zufälligen literarischen Andeutungen ist eben nicht derselbe Reichtum an Einzelinformationen zu gewinnen, den ein geschulter und kritischer Beobachter aus dem Lebensvollzug erheben kann[26].
Dennoch läßt sich auch für das Alte Testament erkennen: Die Bitthandlung ist ein wesentlicher Teil des Bittvorganges. Sie hat drei Hauptfunktionen: Sie gibt Auskunft über die Selbsteinschätzung des Bittenden, und sie fordert den Bittempfänger zum Eingreifen auf (Berührung seiner Person, evtl. Ausstrecken der Hand). Drittens kann durch Wahl und Intensität des Bittverhaltens angedeutet werden, mit welchem Nachdruck der Bittende sein Anliegen vortragen will. Alle diese Beobachtungen sind für die Beurteilung des Gebetes und seines Handlungsrahmens wichtig.

2.1.3
Bittrede: Das Bittelement im engeren Sinn

Es ist zweifellos die Bittrede, die dem Erzähler besonders wichtig erscheinen

---

25 Außer den oben Anm. 22 genannten Abb. vgl. die Darstellungen in BHH I, 471/472.519/520; *OKeel*, Bildsymbolik Nr. 407; 408; 409; 410; 412; 413; 418; 419; 420–428; *FHeiler*, Die Körperhaltung beim Gebet, MVÄG 22 (1917) 168–177.
26 Vgl. *LWilliams*, 65f; *RFFortune*, 106ff; *CKluckhohn*, Witchcraft 6ff; *EEEvans-Pritchard*, Anthropology 61f.79f.89.

mußte. Sie hatte darum größere Chancen, in den uns erhaltenen Beispielgeschichten erhalten zu werden. Freilich haben wir damit zu rechnen, daß der Erzähler eine Bitte nicht einfach ›im Rohzustand‹ überliefert. Er konnte sich eventuell mit einer verkürzten Version begnügen, weil seinen Zuhörern vor allem die »formelhaften Wendungen« *(ILande)* der Bittrede hinlänglich bekannt sein mußten. Er konnte möglicherweise die Bittrede auf ein höheres Niveau hinaufstilisieren. Aber wir dürfen doch annehmen, daß im allgemeinen ihre wichtigsten Strukturelemente unverfälscht wiedergegeben sind. Der Hörer mußte ja im Erzählzusammenhang eine Bitte von anderen Redegattungen unterscheiden können. Bei mündlichem Vortrag waren Tonfall und Gestik des Erzählers gute Verstehenshilfen, doch durften auch dann die charakteristischen Elemente einer Gattung nicht beliebig unterschlagen werden. – Wir wollen uns zuerst der eigentlichen Bitte zuwenden, danach die begleitenden Formelemente betrachten, die der Bittrede zur Untermalung des Verlangens mitgegeben werden.

Die direkte Bitte wird im Hebräischen, wie in anderen Sprachen auch[27], sehr häufig im Imperativ ausgesprochen. Von den rund 250 untersuchten Stellen zeigen etwa 200 imperativische Bittformulierungen, d.h. die Teile der Bittrede, die dem Wunsch des Bittstellers direkten Ausdruck geben, sind entweder durchgehend imperativisch formuliert oder haben einen imperativischen Auftakt, welchem dann andere gebräuchliche Verbalformen zum Ausdruck des Wunsches oder Willens folgen. Die überragende Rolle, die damit der Imperativform in der Bittrede zukommt, läßt uns dessen bewußt werden, daß ihr semantisches Feld mit dem Namen *Befehls*form nicht richtig erfaßt ist. Der hebräische Imperativ, und dasselbe ließe sich auch von anderen Sprachen sagen, ist seiner Bedeutung nach eine an ein persönliches Gegenüber gerichtete Willenserklärung, deren Eigenart und Intensität nicht aus der grammatischen Form, sondern nur aus dem Zusammenhang der Lebenssituation erkennbar wird[28].

An dieser Feststellung ändert auch die Beobachtung nichts, daß den Imperativen in der Bittrede, wie das auch bei Kohortativen und Jussiven möglich ist, enklitische Phoneme angefügt sein können. Es handelt sich dabei um Anhängsel, die ihre Eigenbedeutung weitgehend verloren haben, die aber

---

27 Vgl. *HGrapow*, 101: Bitten wurden »sogar (!) als Imperative ausgesprochen . . .«

28 *ChrHardmeier* sagt im Blick auf Am 5,14f, es sei trügerisch zu glauben, »die beiden Handlungsaspekte eines Sprechaktes ließen sich fein säuberlich direkt an bestimmten Satztypen . . . oder wenigstens an bestimmten, die Satzart anzeigenden Grammemen (Imperativgrammem, Fragepartikel) unmittelbar ablesen, was zuweilen möglich, jedoch eher selten ist« (48). Das Beispiel zeige, »daß nicht jeder Imperativ als Form den Vollzug eines Befehls oder einer Aufforderung signalisieren muß . . ., sondern daß Imperative . . . z.B. auch den Vollzug von Mahnungen . . . ausdrücken können. D.h. auf ›der Ebene der grammatischen Einheiten . . . ist Sprache ein multifunktionales Instrument: je nach Kontextbedingungen kann die Äußerung eines bestimmten Satzes die verschiedensten kommunikativen Funktionen haben« (a.a.O. 52; das Zitat nach *DWunderlich*, Zur Konventionalität von Sprechhandlungen, in: Schwerpunkte Linguistik und Kommunikationswissenschaft 12, 1972, 18); vgl. auch *SPotter*, Modern Linguistics (1957), New York 1964, 111.153ff.

dem Sprecher Gelegenheit geben, seine Stimme weiter zu modulieren. Das deutsche ›doch‹ ist ein gutes Parallelbeispiel; es kann in Zusammenhang mit Willensäußerungen mannigfacher Art vor allem als zusätzlicher Tonträger die gewünschte Wirkung untermalen. So sind auch die hebräischen Enklitika ‎הּ־‎ und ‎נא‎ in der Bittrede ihrer Bedeutung nach kaum Abmilderungen des Befehlstones[29], sondern Hilfsmittel, die der richtigen Intonation dienen. Selbstverständlich sind auch im Hebräischen die Möglichkeiten, eine Bitte an einen anderen Menschen heranzutragen, damit nicht erschöpft. Es gibt außer der im Imperativ an das persönliche Gegenüber gerichteten Aufforderung nach dem Schema »Tue dies oder jenes (bitte)« andere direkte Formulierungen und eine ganze Anzahl von indirekten Bittformen, die sich teils mit dritten Gegenständen beschäftigen, teils die Bitte als persönlichen Wunsch des Sprechenden vortragen. Die semantischen Unterschiede zwischen diesen Bittvariationen sind schwer zu ermessen, grammatische Indizien reichen dazu nicht aus. Wir können nur unter Berücksichtigung der Lebenssituation mögliche Nuancierungen andeuten.

Nicht weit von der Imperativform entfernt befindet sich die schon erwähnte Bitte im Imperfekt, Jussiv oder konsekutiven Perfekt. Diese Formen sind in der Bittrede offenbar gleichwertig. Sie folgen oft auf einen einleitenden Imperativ (vgl. Gen 34,9; 47,29; Dtn 5,27; Jos 2,12f; Ri 4,20; 9,32f; 11,6; 1Kön 17,13). Die meisten Bitten begnügen sich allerdings mit einem einzigen Imperativ oder mit einer zwei- oder dreigliedrigen Imperativkette. Bittreden mit längeren Verbalperioden zum Ausdruck des Wunsches gehen leicht in die Gattungen ›Ratschlag‹ oder ›Anweisung‹ über, vgl. Gen 27,8ff; 2Sam 10,11f; 1Kön 14,2f. Gelegentlich besteht das Bittelement aus nicht-imperativischen Formen (vgl. Gen 40,14; 1Sam 2,16; 20,5.6.8; 2Sam 15,35; 1Kön 11,22; 2Kön 5,6; 10,3; Rut 3,9: in drei Fällen – Gen 40,14; 1Sam 2,16; 1Kön 11,22 – geht ein einschränkender oder verneinender Ausdruck voraus)[30].
Wir wenden uns den indirekten Bittformen zu. An einigen Stellen ist der Bittempfänger in der 3. Person angeredet[31], etwa mit ‎אדני‎ oder ‎אבי‎ oder ‎המלך‎, und der Sprecher fällt dann im Prädikat des Bittsatzes nicht, wie durchaus statthaft, in die 2. Person zurück: »Der König und seine Leute mögen doch mit deinem (!) Knecht gehen« (2Sam 13,24); »Der König schwöre mir heute . . .« (1Kön 1,51); »Mein Herr gehe doch mit seinem Knecht . . .« (Gen 33,14); »Mein Vater stehe auf und esse . . .« (Gen 27,31; vgl. 1Sam 16,16; 19,4; 25,25; 26,19; 2Sam 11,11; 24,22 u.ö.). Das ist keine ungewöhnliche Sprachfigur; noch heute können in unseren Breiten Kellner und Verkäuferinnen den Kunden fragen: »Der Herr wünschen?« Diese verobjektivierende Redeweise ist sicher ursprünglich aus der Scheu entstanden, einen direkten Kontakt zwischen Bittsteller und Bittempfänger aufkommen zu lassen. Man kann vermuten, daß sie Hand in Hand ging mit einer Vermeidung des Augenkontaktes und der körperlichen Berührung. Später sind die unpersönlichen Bittformen allgemein verwendet worden; in den uns vorliegenden Beispielen werden sie unterschiedslos neben anderen Redeweisen gebraucht. Jedenfalls kann man wohl annehmen, daß entgegen *Hallos* Meinung[32] der »unpersönliche« Bittstil nicht durch die Notwendigkeiten brieflicher Kommunikation diktiert ist; er erklärt sich viel eher aus der spe-

---

29 *WGesenius* u. *EKautzsch* (GK), § 110 Anm. 1; S. 318 Anm. 2 und 3.
30 Zur direkten Bitte im Gebet vgl. *HGunkel* u. *JBegrich*, 218ff.
31 Vgl. *ILande*, 28ff.
32 JAOS 88 (1968) 80; *WWHallo* bezieht sich jedoch nur auf die Selbstbezeichnung »dein Knecht«.

ziellen Bittsituation, in der ein Schwächerer den Bittempfänger nicht direkt anzureden wagt und sich selbst in versachlichender Weise als »Sklaven« bezeichnet. In den überlieferten Erzähltexten scheint der stilistische Unterschied keinerlei Bedeutung mehr zu haben.

In einer Reihe von Texten wird die Bitte nicht direkt auf den Adressaten zugesprochen oder die von ihm erwünschte Handlung nicht unmittelbar genannt. Der Bittsteller schlägt aus Gründen der Höflichkeit oder aus Berechnung einen Umweg ein. Er kann z.B. seine Erwartung passivisch formulieren: »Es mögen uns sieben Männer ausgeliefert werden« (Q = hof; K = nif: 2Sam 21,6); »Abischag von Schunem möge Adonija, deinem Bruder, zur Frau gegeben werden« (1Kön 2,21; vgl. Gen 18,4; Num 32,5; Ri 11,37; 1Sam 20,29). Die Bitte greift lieber nach dem erbetenen Gegenstand als nach demjenigen, der darüber verfügt. Sie deutet an, was wünschenswerterweise geschehen könnte. Dasselbe Verfahren wenden manche Wunschformulierungen an, vgl. z.B. 1Sam 26,22; 27,5; 2Sam 13,6.26; 1Kön 22,50; 2Kön 5,3.8. Wahrscheinlich entspringt auch diese, auf das Objekt gerichtete Redeweise der Scheu, den Bittempfänger direkt zu einer Handlung aufzufordern. Das gleiche gilt ursprünglich vielleicht von der Bitte in Frageform. »Ist im Hause deines Vaters Platz für uns zur Übernachtung?« (Gen 24,23) ist eine schonendere Ausdrucksweise als das unverblümte Ansinnen, für eine Unterkunft zu sorgen. Die Friedensbitte: »Soll denn das Schwert immer weiter wüten?« (2Sam 2,26) nimmt Rücksicht auf die Selbstachtung des Schwächeren, appelliert gleichzeitig an die Vernunft und den Großmut des Siegers. »Warum willst du dich mit unschuldigem Blut belasten?« (1Sam 19,5) ist gleichbedeutend mit der Bitte (Aufforderung) »Versündige dich nicht!« (vgl. V. 4!). »Willst du mit mir in den Krieg ziehen?« (1Kön 22,4; 2Kön 3,7) stellt dem Gefragten die Entscheidung frei, die eine direkte Bitte eher einengen würde. Weitere mehr oder weniger rhetorische Fragen, hinter denen sich Bitten verbergen, finden sich in Gen 27,36; Ri 9,2; 1Sam 20,8; 21,4.9; 30,15; 2Sam 18,22.23; 19,12.13; 19,29; 1Kön 1,24.27; 2Kön 3,7; 5,13. Bei anderen Fragen ist ein echtes Informationsbedürfnis unverkennbar, z.B. in 1Sam 9,11; 2Sam 13,4; 17,6; 21,3.4; 2Kön 6,11; 8,9; in wieder anderen Fällen, in denen die Frage auf Erfüllung eines Wunsches drängt, schwingen Angst, Verzweiflung, Trotz oder Spott mit, vgl. Num 11,4; 14,3; Dtn 1,28; 2Sam 15,4; 23,15. Oft sind diese Bittfragen scheinbar ins Blaue hinein gerichtet: »Wer macht mich zum Richter im Lande?« (2Sam 15,4); »Wer gibt uns Fleisch zu essen?« (Num 11,4); »Wer bringt mir Wasser . . .?« (2Sam 23,15).

Eine kleine Gruppe von Bitten ist äußerlich fast nicht erkennbar. Hat der Erzähler wesentliche Stücke der Bittrede weggelassen in der Annahme, die geschilderte Situation spreche für sich selbst? Dieselbe Verstehensvoraussetzung müßte dann erst recht für die tatsächliche Lebenssituation gelten; also haben wir mit der Möglichkeit einer ›verkürzten Bittrede‹ zu rechnen. Bitten dieser Art beschreiben einfach den Zustand, in dem sich der Bittende befindet, oder die Gefahr, durch die er sich bedroht weiß. Sie überlassen es dem Angeredeten, daraus Konsequenzen zu ziehen. »Ich habe eine Botschaft für dich, o König!« (Ri 3,19; vgl. V. 20!) ist Darstellung eines Sachverhaltes; sie enthält ein Angebot. Zugleich liegt darin die Bitte um eine Audienz. »Tod im Topf, Gottesmann!« (2Kön 4,40) ist der Angstschrei der Elischajünger (vgl. 2Kön 6,5.15). Er ist zugleich Hilferuf. Oder der Bittende erklärt seinen Willen (vgl. 1Sam 17,32), eventuell sogar in Eidesform (vgl. 1Sam 14,45; 20,3.12; 25,26; 28,10; 2Sam 15,21; 19,8; 1Kön 18,10; 22,16; 2Kön 2,2.6; 4,30; Rut 1,17). Die Schwurformeln sollen jedesmal einen Sachverhalt bekräftigen, der für den Adressaten Anlaß zu einer Bittgewährung sein müßte. Die Bitte um menschliche Gemeinschaft wird manchmal durch einen Gefolgschafts- oder Treueschwur ausgedrückt (vgl. 2Sam 15,21; 2Kön 2,2.6; 4,30; Rut 1,17), man vergleiche auch den Ausdruck »jemand schwören lassen, etwas zu tun« als Formulierung einer dringenden Bitte Gen 24,3; 1Kön 22,16; Hld 2,7. Die wenigen Beispiele schließlich, in denen die Bitte in einem Infinitivsatz steckt (vgl. Gen 32,6; 33,8; 42,7; 1Kön 1,20), mögen auf das Konto des literarischen Zusammenhanges gehen; sie brauchen keine anerkannte Bittform darzustellen.

Es bleibt die große Gruppe der Bitten, die in der Wunschform, meist in der 1. Person (impf., häufig coh., gelegentlich pf. consec.) ausgedrückt sind. Solche Wunschbitten konfrontieren den Adressaten mit den Vorstellungen des Bittenden. »Komm, ich möchte zu dir gehen«, sagt Juda zu Tamar[33]. Weitere Bitten in der Form eines Wunsches der 1. Person Singular finden sich in Gen 33,15; 47,30; Ex 4,18; Num 21,22; Ri 11,37; 1Sam 20,29; 2Sam 14,32; 15,7; 18,2; 18,19; 1Kön 19,20; 2Kön 4,22; Rut 1,16; 2,2.7. Ist die Bitte Willensausdruck einer Gruppe, dann steht in der Regel die entsprechende Verbform in der 1. Person des Plural; gelegentlich schwingt dabei ein anspornender Aufruf des Anführers mit: vgl. Gen 34,23; 43,8; Ex 5,3; 8,23; Num 20,17; Jos 10,4; Ri 19,11ff; 1Sam 8,20; 9,5f; 11,3; 2Sam 17,5; 1Kön 18,5 (mit LXX); 2Kön 6,2; 6,28f; 14,8; Rut 1,10. Wo der oder die Bittsteller sich selbst in der dritten Person einführen, sind natürlich Imperfekt- oder Jussivform der 3. Person Singular oder Plural am Platz, vgl. Gen 44,18.33; 47,4; 1Sam 25,24; 2Sam 19,38; 24,24. Die Wunschform der Bitte ist sehr anpassungsfähig; sie kann das zaghafteste Anliegen wie die an einen Befehl grenzende Forderung ausdrücken. Darum wird man kaum eine spezifische Lebenssituation ausfindig machen können, welche diese Sonderform hervorgebracht hätte. Vielmehr scheint sie der natürlichen Notwendigkeit zu entspringen, den erbetenen Gegenstand oder die erwünschte Handlung möglichst genau zu beschreiben.

Von besonderem Interesse sind schließlich die abwehrenden Bitten; sie möchten den Bittempfänger zum großen Teil bewegen, eine Handlung zu unterlassen, und sind darum mit den indirekten Bitten verwandt. Sie sind meistens negativ formuliert: In unseren Beispielerzählungen tauchen die Negationen אל, לא und אין auf; gelegentlich werden abwehrende Interjektionen (חלילה: 1Sam 14,45; 2Sam 20,20; 23,17; vgl. auch das emphatische [כ]לא[ן] »nein!« 1Sam 1,15; 2,16; 8,19; 2Sam 20,20; 1Kön 11,22 oder אל־נא »nicht doch« Gen 33,10) oder sonstige abweisende Ausrufe (vgl. שקר, »Unsinn!« 2Kön 9,12) zur Einleitung der Bitte benutzt. Möglicherweise haben auch die verwendeten Klagerufe eine apotropäische Wirkung (vgl. אבל 2Sam 14,5; 2Kön 4,14; אהלי 2Kön 5,3; אנא Gen 50,17). Diese Bittform wächst aus der Angst vor einer drohenden Gefahr. Der Bittsteller wendet sich an denjenigen, der Abhilfe schaffen kann, sei es an den Unheilsstifter selbst oder an den Menschen, in dessen Macht es steht, das Unglück zu verhindern. »Tut so etwas nicht . . .« bittet Lot sinngemäß die perversen Sodomiter (Gen 19,7f); »Nein, Herr . . .« protestiert Hanna, »halte deine Magd nicht für eine lose Frau« (1Sam 1,15f); »Verlaß uns doch nicht . . .« beschwört Mose den ortskundigen Hobab (Num 10,31); »Herr, rechne es mir nicht als Schuld an, und denke nicht (mehr) daran, was dein Knecht verbrochen hat . . .« (2Sam 19,20; vgl. ähnliche Bitten um Vergebung Ex 32,22; Num 12,11; 1Sam 19,4), spricht Schimi zum heimkehrenden David. Die abwehrende Bitte stemmt sich gegen das hereinbrechende Böse; Begleithandlungen, die sich auf Abwehr- und Bannungsriten[34] zurückführen lassen, wären in der Umgebung dieser Bitten nicht verwunderlich. In den uns erhaltenen Erzählungen ist die abwehrende Bitte oft mit dem positiven Begehren verkoppelt (vgl. Gen 13,8f; 19,7f; 24,3f; 24,56; 33,10; Ex 8,24; 20,19; Num 32,5; Jos 10,6; Ri 4,18; 19,12; 19,23f; 1Sam 12,19; 17,32; 18,25; 20,15; 26,20; 2Sam 3,13; 24,24; 1Kön 2,16f; 2,20f; 22,16; 2Kön 4,24; 9,12; Rut 1,16; 1,20). Die Liste der abwehrenden Bitten ohne positives Pendant (vgl. Gen 18,3; Ex 21,5; 32,22; Num 10,31; 12,11f; 22,16; 1Sam 1,15f; 7,8; 19,4; 25,25; 2Sam 13,12; 19,20; 23,17; 2Kön 4,16) und die allgemeine Lebenserfahrung (es gibt Situationen, in denen man nur negativ bitten kann!) lehren, daß hier ein eigener Bittypus vorliegt.

---

33 Gen 38,16; die imperativische Aufmunterung הבה ist zur bloßen Interjektion abgeschliffen; das gleiche trifft für קום und לכה in manchen Aufforderungen zu, vgl. GK § 105b; *WBaumgartner*, HAL 226f.
34 Vgl. *GFohrer*, BHH I, 19.225f.

Die Basis, von der wir hier argumentieren, wirkt schmal, wenn man sich vor Augen hält, daß ein Vielfaches an relevanten literarischen Zeugnissen z.B. für andere Kulturbereiche des Alten Orients zur Verfügung steht[35] und daß alles antike Quellenmaterial zusammengenommen nur einen winzigen Bruchteil des gelebten Lebens spiegelt[36]. Dennoch läßt die oben gegebene gedrängte Übersicht einige wesentliche Momente erkennen. Es wäre schlechterdings unsachgemäß, die Bittrede formgeschichtlich von einer einzigen grammatischen Ausdrucksweise her erklären zu wollen, etwa dergestalt, daß man den Bitt-Imperativ zum Ausgangspunkt und alle anderen sprachlichen Formulierungen zu Fort- oder Seitenentwicklungen erklärte[37]. Die verschiedenen möglichen Bittformulierungen sind vielmehr gleichberechtigt; so wenig wie in unserer eigenen Sprache gab es in Israel jemals nur eine exklusive und stereotype Ausdrucksweise für die Bitte. Mehr noch: Auch die völlig ›sprachlose‹ Bitte, die ihre Signalwirkung allein aus den äußeren Umständen bezieht (vgl. z.B. Gen 38,14f; Joh 9,1.8), und die Bittrede ohne ausdrückliche Bittformulierung sind in Israel, wie auch in unserem kulturellen Kontext, anerkannte und erkennbare Aufforderungen zur Hilfeleistung. Aus dem allem folgt: Die gattungsgeschichtliche Definition der Bitte läßt sich nur in Verbindung mit dem jeweiligen Handlungszusammenhang und unter Berücksichtigung der Hintergrundsituation durchführen.

Weiter ergeben sich aus der obigen Untersuchung hier und da Anhaltspunkte dafür, daß bestimmte Bittformulierungen mit typischen Sonderfällen der Bittsituation zusammenhängen könnten. Die abwehrende oder vorbeugende Bitte z.B., welche drohende Gefahr zu meistern sucht, wäre gleichzeitig ein Appell an die Widerstandskraft und den Durchsetzungswillen der nächsten Umgebung, der Gemeinschaft, auch wenn sie primär den potentiellen Übeltäter von seiner destruktiven Haltung abbringen will. Einige Formen der indirekten Bitte wiederum scheinen aus einer erstarrten

35 Wir dürfen z.B. in den Epen und Mythen des Alten Orients Bittschilderungen erwarten, die den damaligen Gepflogenheiten des jeweiligen Kulturkreises entsprechen; auch in der historischen, erzählenden, weisheitlichen Literatur sowie in den zahlreichen erhaltenen Briefen (_ESalonen_!) sind Hinweise auf das Bittverhalten auf uns gekommen. Als Beispiel diene eine Auswahl aus kanaanäischen Mythen (zitiert nach _GRDriver_): _Keret Tf. I_ Kol. II,4f; III,22ff.38ff; IV,34ff; VI,4ff.22ff; _Tf. II_ Kol. I,25ff; II,34; III,3.10ff; V,10ff; VI,16ff.29ff.41ff; _Aqhat Tf. II_ Kol. I,24ff; V,15ff; VI,15ff.25ff; _Tf. III_ Kol. VI,20ff; I,7ff; _Tf. I_ Kol. II,1ff; _Baal Tf. III + B_ Kol. I,16ff.22ff.33f; _Tf. V_ Kol. IVb,1ff; V,30ff; _Tf. II_ Kol. III,32ff; IV,35ff.41ff; V,59ff; VI,4ff; _Tf. I_ Kol. I,11; _Tf. III_ Kol. I,14ff.22ff; II,12; IV,1ff; VI,23ff; vgl. die Einladungsformel »_lk bty_«, »Geht in mein Haus« (_Rephaim Tf. II_ Kol. I,1.9; _Tf. III_ Kol. I,3.8 usw.). Aus dem babylonischen Weltschöpfungsmythos (zitiert nach _AHeidel_, The Babylonian Genesis, Chicago ²1951): _Tf. II_, 116ff.122ff; III,3ff; VI,44ff; usw.
36 Die Skepsis _ALOppenheims_ (s.o. 1.3.1.4 Anm. 26; 2.1.2.1 Anm. 9 und Mesopotamia, 11ff.172ff) ist nicht unbegründet; sie müßte mutatis mutandis erst recht für die Bibelwissenschaften gelten, für die _ALOppenheim_ selbst jedoch wesentlich andere Kriterien gelten zu lassen scheint (vgl. Mesopotamia 72ff.153 u.ö.).
37 Vgl. oben Anm. 28 und unten Exkurs: »Über die Bedeutungsbreite der imperativischen Bitte« (2.1.4).

Rollenhierarchie zu stammen, die eine Mindereinschätzung des Bittenden zur Folge hat. Doch so sehr solche Beobachtungen unser Problembewußtsein schärfen mögen, sie führen uns hier nicht weit, weil das untersuchte Material sich weder zeitlich noch sozial sicher einordnen läßt und in jedem Fall zu dürftig ist, als daß es weitreichende Schlußfolgerungen erlaubte. Nun ist aber die Suche nach Unterscheidungsmöglichkeiten durchaus legitim und geradezu eine Vorbedingung für das eingehendere Verständnis einer Sache. Wie können wir den Formenreichtum der Bitte sinnvoll ordnen? Lassen sich an dieser Stelle schon brauchbare Kriterien ausfindig machen? Wenn wir uns darüber im klaren sind, daß jede konzeptionelle Ordnung bis zu einem gewissen Grad künstlich und unvollkommen bleiben muß, weil sie aus der historischen Distanz, von kulturell Unbeteiligten mit den denkerischen Mitteln einer anderen Zeit und aufgrund lückenhafter Informationen vorgenommen wird, dann sind solche Überlegungen auch jetzt schon am Platze[38].

Welche Gesichtspunkte können dabei eine Rolle spielen? Eine rein formalanalytisch ausgerichtete Untersuchung würde nach dem oben Gesagten sieben Bittypen unterscheiden wollen: (1) die abwehrende Bitte; (2) die imperativische Bitte; (3) die kohortativische Bitte; (4) die jussivische Bitte I (Subjekt: Bittempfänger); (5) die jussivische Bitte II (Subjekt: erbetener Gegenstand); (6) Bitten in Frageform; (7) Bitten durch Lageschilderung. Dazu ließen sich dann möglicherweise sieben verschiedene Lebenssitze rekonstruieren, von denen die einzelnen Bittypen ihren Ausgang nahmen, ehe sie sich miteinander vermischten. So sorgfältig die Formunterschiede beachtet sein wollen und so wichtig formale Anhaltspunkte bei der Bestimmung der Gattungen und Untergattungen sein können (vgl. die abwehrende Bitte!), so unmöglich dürfte auf der anderen Seite eine nur formale Gattungsunterscheidung sein (vgl. die praktische Bedeutungsgleichheit der Befehls- und Wunschform in der Bitte!). Wir müssen darum nach mehr situationsorientierten Merkmalen suchen.

Mehrere sich überschneidende Kriterien bieten sich eventuell als Instrumente zur Klassifizierung der Bittformen an. Der abwehrenden Bitte, die wir als relativ eigenständigen Bittypus erkannten, läßt sich die verlangende Bitte en bloc gegenüberstellen; zu dieser Bittart würden dann vor allem die positiv formulierten Bitten gehören. Diese Unterscheidung orientiert sich an der Einstellung des Bittenden zu der Sache, die er erstrebt bzw. fürchtet. Eine andere, jene erste Differenzierung überlagernde Einteilung berücksichtigt das Verhältnis des Bittenden zum Adressaten seiner Bitte. In der direkten Form, das wären alle negativen oder positiven Bittformulierungen, deren logisches Subjekt der Bittempfänger ist, ist der Adressat zu einem Tun oder Unterlassen aufgefordert; die indirekte Bitte beschäftigt sich

---

38 PBergers humorige Distanzierung vom tierischen Ernst des Definierenwollens und seine pragmatische Beurteilung der Brauchbarkeit einer Definition sind nachahmenswert (The Sacred Canopy [1967], New York 1969, 175ff).

grammatisch-logisch mit der erbetenen Sache oder der abzuwehrenden Gefahr, oder sie stellt in Frage- oder Wunschform ihr Ansinnen nur verhüllt an den Bittempfänger. Die Bitte, die über einen Vermittler oder Fürsprecher ausgerichtet werden soll, gehört mit zum indirekten Typ[39].

Außer diesen grundlegenden, einseitig vom Bittsteller aus anvisierten Bezügen können aber andere Faktoren für die Ausformung der Bitte maßgebend werden: einmal die Rangordnung der im Bittvorgang aufeinandertreffenden Partner. Dabei ergeben sich zahlreiche Abstufungsmöglichkeiten: von der Bitte zwischen Gleichgestellten (vgl. David und Jonatan 1Sam 20,1ff) oder gar der in der sozialen Rangordnung von oben nach unten gerichteten Bitte (vgl. Abraham an Sara, Gen 12,11ff) bis hin zu der Bitte des weit Unterlegenen an den Übermächtigen (vgl. Ben-Hadad an Ahab, 1Kön 20,32). Weiter mag die Dringlichkeit des Anliegens eine Rolle bei der Gestaltung der Bittrede spielen. Drittens haben geschlossene Lebenskreise und gesellschaftliche Institutionen eine eigene Prägekraft: Bitten von Kindern an ihre Eltern werden anders aussehen als die im Geschäftsverkehr vorgetragenen Wünsche; Gastgeber und Gast bedienen sich etwas anderer Formen als der Angeklagte vor Gericht oder ein Bittsteller im königlichen Thronsaal[40]. Viertens wird das jeweils in einer bestimmten Situation gebotene Maß an Höflichkeit die Bittform beeinflussen[41]. Alle diese Momente und Kräfte haben tatsächlich – von den Betroffenen wahrscheinlich unbemerkt – auf die Bittgattung eingewirkt; sie sind von Anfang an vereint und ineinander verschlungen am Werk gewesen. So ist in Israel der Formenreichtum der Bitte entstanden, den wir in einem kleinen Ausschnitt zu Gesicht bekommen haben. Ähnliche Entwicklungen sind wohl in jeder anderen Kultur zu beobachten; der Einzelmensch lernt sehr früh, mit den Feinheiten

---

39 *C Westermann* ist wohl der erste gewesen, der für die Klagegebete des AT drei Sprechrichtungen (»Dimensionen«, »Erstreckungen der Klage«) unterschieden hat (TB 24, 269ff). Die soziale Wirklichkeit und der kultische Vollzug der Gebete sind damit wohl angedeutet (vgl. *Westermanns* Kategorien: »Gott – der Klagende – die Feinde«, a.a.O. 269) aber nicht zureichend erfaßt. Es fehlt in diesem Schema z.B. jeder Hinweis auf die Primärgruppe, der der Notleidende angehört, und auf den Kultfunktionär, der die ›Amtshandlung‹ ausführt.

40 Einzeluntersuchungen fehlen bisher. Für den geschäftlichen Bereich vgl. *GMTucker*, Contracts in the Old Testament, Diss. Yale University, New Haven 1963; für den Gerichtsprozeß *HJBoecker*.

41 Die Höflichkeitsformeln des Alten Orients sind schon mehrmals untersucht worden, vgl. *ESalonen; ILande*, 28ff. 95ff und passim; *HGrapow*, passim. In der hebräischen Bittrede fallen folgende Formeln auf: die in ihrer Herkunft noch nicht ganz erklärte Anrede בי אדני (Gen 43,20; 44,18; Num 12,11; 1Sam 25,24; 1Kön 3,17.26; vgl. Ri 6,13; 1Sam 1,26; *AMHoneyman*, JOAS 64, 1944, 81; *ILande*, 28ff); הואל (נא), »entschließe dich (doch)«, (Ri 19,6; 2Kön 5,23; 6,3; Hi 6,28; vgl. 2Sam 7,29; 1Chron 17,27; eine ähnliche Funktion erfüllt in Kombination mit anderen Bittausdrücken das ägyptische »gib«, *HGrapow*, 102); die Gunstformel אם (נא) מצאתי חן בעיני פ׳, die in Bittreden und Gebeten vorkommt (Gen 18,3; 30,27; 33,10; 47,29; 50,4; Ex 33,13; 34,9; Num 11,15; 32,5; Ri 6,17; 1Sam 20,29; 27,5; Est 5,8; 7,3; 8,5; מצא חן insgesamt 43mal, vgl. *ILande*, 95ff; נתן חן, »Beliebtheit verleihen«, Ex 3,21; 11,3; Ps 84,12) und in ähnlicher Funktion und Bedeutung עמדי חסד (נא) ועשית, »tue mir die Liebe« (Gen 40,14; 47,29; vgl. Gen 24,49; Jos 2,12).

des Bittinstrumentariums zu seinem Vorteil umzugehen. Er findet sich in vielerlei Lebenslagen mit tausend Nuancierungen der Bittgattung mühelos zurecht. Wir können festhalten: Die verschiedenen und sich z. T. überlagernden Kriterien zur Näherbestimmung der Gattung Bittrede müßten möglichst vollständig beachtet werden, wenn sie ein brauchbares Handwerkszeug in Gestalt von Gattungsdefinitionen ergeben sollen, die sich einigermaßen an der alttestamentlichen Wirklichkeit orientieren. Für unsere Arbeit könnten die Hauptaspekte die folgenden sein: (1) Welche Bittsituationen übten auf die Bittrede einen speziellen Einfluß aus? In Frage kommen vor allem solche Bittgelegenheiten, die in stark institutionalisierte Zusammenhänge hineingehören, wie das z.B. für die Brautwerbung oder die Königsaudienz ohne weiteres einsichtig ist. Starre soziale Hierarchien oder Abhängigkeitsverhältnisse (z.B. Herr – Sklave; Vater – Sohn) können ebenfalls typische Bittsituationen erzeugen, die ihrerseits relativ stark fixierte Verhaltensweisen und Redemuster hervorbringen. (2) Das altisraelitische Wertsystem und die ihm entsprechende Skala von Befürchtungen und Ängsten hat ohne Zweifel die für Israel gültigen Erfahrungsstufen des Mangels und daraus resultierenden Bitthandlungen geprägt. Im Blick auf die spätere Behandlung der Klagelieder des Einzelnen sind wir besonders an den existentiellen Notlagen interessiert, können mithin die leichteren Gelegenheitsbitten davon abheben. (3) Weil die Primärgruppe bei der Erfahrung individueller Not immer direkt mit tangiert wird, könnte die Unterscheidung des Bittens innerhalb der Gruppe von der nach außen gerichteten nützlich sein. – Wir wollen unten, im siebten Abschnitt dieses Kapitels, diese Gesichtspunkte wieder aufgreifen.

2.1.4
Exkurs: Über die Bedeutungsbreite der imperativischen Bitte

Wir sagten am Eingang dieses Abschnittes, daß die Imperativform in der Bitte dominiert. Wir stellten weiter fest, daß eine nur formale Gattungsbestimmung der Bitte nicht ausreicht und daß jede Bittform einen beträchtlichen Anwendungsspielraum hat. Am Beispiel der Imperativform kann man gut darstellen, welch verschiedenen Bittsituationen eine einzige grammatische Form genügen kann.
Unserer unterschwelligen Auffassung vom Imperativ als einer Befehlsform leuchtet es am ehesten ein, daß ein relativ Hochgestellter den Untergebenen oder Gleichgestellten imperativisch – und nach unseren Begriffsbestimmungen: direkt und verlangend – bittet: »Gib Fleisch her . . .« (1Sam 2,15), so der barsche Auftrag des Priesters an den Opfernden (vgl. V. 16: »Nein, sondern jetzt gleich sollst du es geben . . .«), »Schlafe bei mir« (Gen 39,12), sagt die Frau Potifars zu Josef; »Gebt die Männer heraus . . .« (Ri 20,13), fordert man von den Benjaminitern. Die Aufforderungen zur Übergabe sind im militärischen und gerichtlichen Sprachgebrauch fest geprägt; sie sind nur noch dann als Bitten zu werten (und nicht bereits als Befehle!), wenn der Sprechende noch nicht die volle Verfügungsgewalt besitzt; vgl. die Auslieferungsbegehren Ri 20,13; 1Sam 11,12; 2Sam 20,21 (mit תנו eingeleitet); Gen 19,5; Ri 6,30; 19,22 (mit הוצא gebildet); vgl. die gerichtliche Situation in Gen 38,24; Lev 24,14; Dtn 17,5; 22,24; 1Kön 21,10); die Kapitulationsforderung 2Kön 18,31. »Laß ganz Israel sich bei mir versammeln« (1Kön

18,19), weist Elija den König an. Man kann in diesen Fällen noch von Bitten sprechen, obwohl sich der Sprechende jeweils über den Bittempfänger aufzuschwingen scheint und das Maß an Höflichkeit gering ist. Die Dringlichkeit der Bitte ist von Fall zu Fall verschieden; die Übergabeforderung hat wahrscheinlich institutionelle Wurzeln.

Auf der anderen Seite des Spektrums ist die imperativische Bitte ›von unten nach oben‹ gerichtet; wir wählen Beispiele ohne das enklitische נא aus, um jeden Verdacht auszuschließen, als müsse der Imperativ für diesen Bittfall grammatisch erweicht werden. Ein dienstbeflissener Abraham beeilt sich, es seinen Gästen bequem zu machen: ». . . wascht eure Füße und ruht euch unter dem Baum aus« (Gen 18,4). Esau ist verzweifelt: »Segne auch mich, mein Vater« (Gen 27,34.38). Die von der Erbfolge ausgeschlossenen Mädchen bitten: »Gib uns Erbland . . .« (Num 27,4). Das Volk möchte Mose in die vorderste Linie der Begegnung mit Gott schicken: »Gehe du und höre . . .« (Dtn 5,27). Die Gibeoniter erschleichen sich ein Freundschaftsbündnis: »Nun schließt einen Vertrag mit uns« (Jos 9,6.11). Jaël holt den flüchtenden Sisera in ihr Zelt: »Komm, Herr, komm herein zu mir« (Ri 4,18). Bäume und Sträucher suchen in der Fabel einen König: »Bitte, herrsche du über uns!« (Ri 9,10.12.14). Die belagerten Jabeschiter antworten auf die Drohung des Ammoniterkönigs: »Gib uns sieben Tage Zeit . . .« (1Sam 11,3). Die Bittstellerin vor dem Königsthron ruft: »Hilf, o König!« (2Sam 14,4). Also können auch die Bitten des Untergeordneten vom direkten und verlangenden Typ sein und mit Hilfe des Imperativs ausgedrückt werden. Das Maß der Höflichkeit und der Grad der Dringlichkeit schwanken naturgemäß von Fall zu Fall. Eine institutionelle Prägung der Bittform wäre unter den zuletzt angeführten Beispielen zu vermuten bei Gen 18,4 und Ri 4,18[42], Gen 27,34.38 (Segensbitte), Jos 9,6.11 (Bündnisantrag)[43] und 2Sam 14,4 (Hilfeschrei; seine lange und interessante Geschichte reicht vom Zeterruf nach Gerechtigkeit bis zum Festjubel »Hosianna«, vgl. Jos 10,6; 2Kön 6,26; 16,7; 19,19; Jer 2,27; 17,14; Ps 3,8; 6,5, weitere 18 Psalmenstellen und Mk 11,9).

Mit dem vorgeführten Gebrauch des Imperativs in der direkten und verlangenden Bitte – sei es die Bitte eines Hoch-, Gleich- oder Niedriggestellten, sei es die Bitte, die durch verschiedene Höflichkeits- und Dringlichkeitsstufen sowie institutionalisierte Situationen geprägt ist – sind die Anwendungsmöglichkeiten dieser grammatischen Form noch nicht erschöpft. Obwohl für die abwehrende Bitte genügend negative Formulierungen zur Verfügung stehen, hat der Imperativ gelegentlich auch diese Funktion; und trotz der Fülle indirekter Bittformen dient der Imperativ in Ausnahmefällen auch dazu, den Bittempfänger aus der Linie des direkten Anspruchs herauszuhalten. Einige Beispiele für den ersten Fall: Gen 12,13: »Sage doch, du seist meine Schwester«, um nämlich die Gefahr für Leib und Leben Abrahams abzuwenden. Gen 13,9: »Trenne dich von mir«; Gen 21,20: »Vertreibe diese Sklavin . . .«; 1Sam 19,2: »Hüte dich . . .« Ähnliche, mit einem Verb der Trennung, Abweisung, Warnung ausgedrückte abwehrende Bitten: Gen 26,16; Ex 10,7; 10,16; Ri 11,37; 1Sam 11,3; 15,25; 2Sam 2,21.22; 1Kön 12,4; 2Kön 18,14. Umgekehrt kann die negativ formulierte Bitte auch einen positiven Wunsch übermitteln z.B. Gen 18,3: »Gehe nicht an deinem Knecht vorüber« (= komm herein, vgl. Gen 19,2; Ri 4,18); Ex 21,5: »Ich will nicht frei werden« (= Treueformel, vgl. 2Kön 2,2.6; Rut 1,16f); Num 10,31: »Verlaß uns nicht« (= »geh mit uns«, V. 29); 2Sam 13,4: »Willst du mir nicht sagen . . .« (= sage doch, vgl. 1Sam 10,15; 14,43; 2Sam 1,4; 2Kön 9,12). Weitere Beispiele für die negative Bitte mit positivem Sinn: Num 22,16; 1Sam 7,8; 18,25; 2Sam 13,26; 1Kön 2,16; 22,16.

---

42 Einladungsformeln; dazu vgl. *ILande*, 43ff; *HGrapow*, 113ff.
43 Vgl. Gen 26,28; 31,44; 1Sam 11,1; 2Sam 3,12; Jes 28,15; *JBegrich*, Berīt, in: Gesammelte Studien zum Alten Testament, hg. v. W. Zimmerli (TB 21), München 1964, 56ff; *DMcCarthy*, Treaty and Covenant (AnBib 21), Rom 1963.

Bei der indirekten Bitte ist die Sache nicht ganz so eindeutig: Die Imperativform kann ihrem Wesen nach nur auf eine anwesende oder als anwesend gedachte Person hingesprochen werden; diese ›Direktheit‹ ist ihr also mitgegeben und wird nur dort abgelegt, wo häufig gebrauchte Befehlswörter zu aufmunternden oder warnenden Interjektionen verblassen. Innerhalb des Bittvorganges aber erfüllen die an einen Fürsprecher oder Vermittler gerichteten Ersuchen den Tatbestand der indirekten Bitte (vgl. Gen 23,8: »Hört mich an, bearbeitet mir den Efron . . .«; Gen 34,4; Ri 14,2f; 16,5; 1Sam 12,19; 1Kön 2,17; 5,20; 13,6). In Einzelfällen finden sich imperativische Bitten, die nicht die erwartete geradlinige Verbindung zwischen Bittsteller und Bittempfänger herzustellen scheinen, z.B. 2Sam 16,20: »Holt euch Rat«[44], 1Kön 3,26: »Gebt ihr das Kind . . .« (Die Bitte geht gleichsam am König, der V. 20 noch als Gesprächspartner vor Augen steht, vorbei an eine Mehrzahl von Personen.) Die Gegenprobe läßt sich leicht machen: Manche Bittformen, die eigentlich oder ursprünglich auf Indirektheit angelegt sind, lassen einen massiven Anspruch auf den Bittempfänger erkennen. Gen 27,31: »Mein Vater erhebe sich . . .« entspricht genau dem Imperativ »Erhebe dich . . .« in V. 19. Als Beispiele für die ursprünglich indirekt gemeinte, jetzt aber unterschiedslos mit der direkten Anrede verwendeten Nennung des Bittempfängers in der 3. Person können dienen: Gen 33,14; 1Sam 16,16; 16,22; 22,3; 2Sam 13,34; 24,21; 1Kön 1,51; 22,13; 22,50; 2Kön 1,13; 2,9; 2,16; 5,8. Die Willensäußerung Num 20,17: »Wir wollen durch dein (!) Land ziehen« zielt nach Ausweis des Personalsuffixes auf den Bittempfänger. Anstatt »Sie sei nun dein . . .« (Ri 15,2) könnte sicher auch stehen »Nimm sie dir«. Das auftrumpfende »Jetzt will ich den König sehen« (2Sam 14,32) ist dem Zusammenhang nach nur als energische Bitte mit dem Sinn zu verstehen: Verschaffe mir eine Audienz beim König! Der Angstruf 2Kön 4,40 verrät durch seine persönliche Adressierung, daß er als Hilfeschrei gemeint ist.

Bei der geschilderten Verwendungsbreite des Bitt-Imperativs liegt es auf der Hand, daß die grammatische Form allein kein ausreichendes Indiz für Herkunft und Bedeutung eines sprachlichen Ausdrucks ist.

2.1.5
Bittrede: Die Rahmung des Bittelements

Durch die Analyse eines einzigen Formelementes der Bittrede, und sei es auch das zentrale, ist der Grundriß der Gattung sicherlich noch nicht festgelegt. Wir haben nach den übrigen Bausteinen zu fragen, die sich zur Bittrede zusammenfügen. Aus den angeführten Textbeispielen geht hervor, daß die reine Bittformulierung auch im Zusammenhang einer Erzählung meist nicht genügt, die Absicht und die Legitimation des Bittenden deutlich zu machen. Dazu bedarf es näherer Erläuterungen und Begründungen, welche die Bitte unterstützen.

Die schon erwähnten Höflichkeitsformeln[45] sind sehr schnell als Beigaben zu erkennen; wir brauchen auf sie nicht mehr näher einzugehen. Wohl aber ist ein Wort zur Anrede am Platze, bevor wir uns weiteren Strukturelementen der Bittrede zuwenden. Nach unseren Begriffen muß eine formvollendete Bitte mit einer höflichen Anrede beginnen; es gehört zum guten Ton, denjenigen, den man um etwas bittet, bei seinem Namen zu nennen. Das

44 Vgl. *CBrockelmann*, HeSy § 107f.
45 Oben Anm. 41.

hebräische Bittformular, das wir in der literarischen Spiegelung vor uns haben, legt erstaunlich geringen Wert auf eine ordentliche Anrede. Von den etwa 250 Textstellen haben knapp 50 eine allgemeine Anrede[46], und ganze fünf weitere benutzen den Namen des Angesprochenen (1Sam 26,21; 2Sam 9,6; 1Kön 1,51; 14,6; 2Kön 2,4). Das kann kein Zufall sein. Entweder hat der Prozeß der Literaturwerdung die Bittrede an dieser Stelle verstümmelt: Wenn der Erzähler die Situation geschildert und die agierenden Personen genannt hatte, konnte die Anrede wegfallen. Oder die israelitische Gattung kommt von Hause aus mehr oder weniger ohne Anrede aus. Einiges spricht für die zweite Annahme: Das Fehlen einer namentlichen Anrede ließe sich vielleicht aus der Furcht vor dem Namensmißbrauch erklären[47]. Stand die Identität des Bittempfängers fest (vgl. 2Sam 20,17!), galt es anscheinend als unanstößig, »mit der Tür ins Haus zu fallen« und die Bitte unumwunden vorzutragen. Die allgemeine Anrede will ohne direkte Namensnennung in der Wortwahl (Termini des gesellschaftlichen Verhältnisses!) und im Bezug (Suffixe der 1. Person!) eine Verbindung zwischen Bittsteller und Bittempfänger herstellen; es ist durchaus möglich, daß diese Art der Anrede häufiger gebraucht wurde, als unsere literarischen Quellen vermuten lassen.

Wichtiger als dieses Formelgut sind für uns die anderen Redeteile, die dem Bittelement zugeordnet sind. Die Bitte wird im Unterschied zum Befehl oder Erlaß in der Regel einer Begründung bedürfen. Es ist weiter leicht einsichtig, daß der Bittende seinem Ersuchen gerne Elemente beifügen möchte, die sein Anliegen unterstützen, die den Bittempfänger geneigter machen, seinem Wunsch stattzugeben. Wir wollen in diesem Zusammenhang die Klage aus praktischen Gründen noch ausklammern: Sie ist relativ eigenständig und spielt nachher in der Diskussion des Klagegebetes eine beson-

---

46   Die Anrede אדני wird selbst unter Verwandten gebraucht: Gen 18,3; 19,2; 23,6; 33,13.14; 42,10; 44,18*; Ex 32,22; Num 12,11*; Ri 4,18; 1Sam 1,15; 25,24*; 26,18; 2Sam 19,20; 1Kön 1,17; 3,17*; 3,26*; 2Kön 2,19; 4,16.28; 6,5; 6,15; Rut 2,13 (die mit Sternchen versehenen Stellen haben כי אדני), sie ist die vorherrschende Form. Gelegentlich tritt zu diesem Relationsbegriff eine Amtsbezeichnung hinzu, etwa: »König« (2Sam 14,9; 15,21; 19,21; 19,27.28; 19,36.38; 24,21; 1Kön 1,20f; 1,24.27; 2Kön 6,26). Der Bittsteller kann sich auch mit dem »Amtsanruf« begnügen: »König« (Ri 3,19; 1Sam 19,4; 2Sam 13,24; 14,4.41) oder »Mann Gottes« (2Kön 1,9.11.13; 4,16; 4,40) oder »Prinz« (2Sam 13,4). Ansonsten werden vorzugsweise Verwandtschaftsbezeichnungen mit dem Suffix der 1. Person zur Anrede benutzt: »mein Vater« (Gen 27,18.31.34.38; Ri 11,36; 2Kön 5,13; 6,21), »mein Sohn« (1Sam 26,21), »meine Tochter« (Ri 11,35); »mein Bruder« (Gen 19,7; Ri 19,23; 2Sam 13,12), »meine Schwester« (2Sam 13,11); einmal läßt sich eine preisende Anrede feststellen: »Gesegneter Jahwes« (Gen 24,31).

47   Eigentümlicherweise werden innerhalb der Bittrede die Namen Dritter frei gebraucht, vgl. Gen 23,8; 2Sam 13,6; 1Kön 15,19 u.ö. Die oben Anm. 35 angeführten ugaritischen Parallelstellen zeigen keinerlei Scheu, den Bittempfänger mit Namen zu nennen. Wenn man jedoch bedenkt, wie wichtig die Namengebung (vgl. *JJStamm*, RGG³ IV, 1300f) und wie groß die Furcht vor Namensmanipulation und Mißbrauch des in persönlichen Gebrauchsgegenständen enthaltenen ›Personenstoffs‹ im Alten Orient war (vgl. *MNoth*, JSSt 1, 1956, 322–333 = Aufsätze zur biblischen Landes- und Altertumskunde, Bd. II, Neukirchen-Vluyn 1971, 234–244), dann gewinnt die Vermutung an Wahrscheinlichkeit.

dere Rolle. Darum soll ihr schon in diesem Kapitel ein eigener Abschnitt gewidmet sein.

2.1.5.1

Die *Situationsschilderung*, mit der ein Erzähler, oft in Wiederholung seines Berichtes, die Bittrede beginnen lassen kann, ist bereits eine Art Begründung der Bitte; wir wollen sie wegen ihrer charakteristischen Einführungsformeln und ihrer Stellung innerhalb der Bittrede von der Begründung im engeren Sinn unterscheiden. Eine die allgemeine Lage beschreibende Eröffnung der Bittrede ist sicher dem Leben abgeguckt: Der Bittende hat überall die Pflicht, den Hintergrund zu klären, vor dem seine Anwesenheit und seine Bitte überhaupt berechtigt sind. Er tut das in Israel häufig mit einer Erklärung, die mit der Interjektion הן oder הנה (נא)[48], was wir in unserem kulturellen Kontext vielleicht am besten mit »Die Sache ist folgende« oder mit »Sehen Sie (ich bin . . .)« wiedergeben würden. Oder der Erzähler beginnt mit einem Zustimmung heischenden, den Bittempfänger von vornherein ins Vertrauen ziehenden אתה ידעת oder einer entsprechenden Form[49]. Die Situationsschilderung scheint also in hohem Maße durch einleitende Hinweis- oder Zustimmungsformeln standardisiert gewesen zu sein.

Eine solche Uniformierung erstreckt sich naturgemäß nicht auf die Aussagen, die dieses Element zum Ausdruck bringen soll. Die Situationsschilderung kann Angaben zur Person des Bittstellers machen[50], sie kann die Vorgeschichte des Problems aufrollen, die jetzt zur Äußerung der Bitte führt[51]. Sie kann ein Ereignis, ein Faktum, eine Verhaltensweise der Vergangenheit zur Erklärung heranziehen[52], sie kann schlaglichtartige Informationen der Gegenwart bieten, welche die Berechtigung der Bitte verständlich werden lassen[53], oder die Folgen beschreiben, die nach der Entscheidung des Bittempfängers eintreten müssen: die Gefahren bei Nichtbewilligung der Bitte und die Vorteile bei einer wunschgemäßen Erledigung[54]. Die Situationsschilderung wird gelegentlich auch schon auf die Person des Bittempfängers zugehen, auf seine Position hinweisen, welche die Erfüllung der Bitte mög-

---

48 Vgl. Gen 12,11; 16,2; 27,2; Num 20,16; 22,5; Dtn 5,24; Ri 9,31; 1Sam 8,5; 9,6; 16,15; 20,5; 2Sam 4,8; 13,24; 14,32; 15,36; 1Kön 1,18.25; 5,19; 14,2; 2Kön 2,16.19; 5,6.22; 6,1; Rut 1,15. Seltener ist die Einleitung ראה נא (2Sam 7,2) oder וראיתם (2Kön 10,3).
49 Gen 33,13; Ex 32,22; Num 20,14; Jos 14,6; 1Kön 2,15; 5,17; 2Kön 4,1; vgl. Jos 14,12 (»du hast gehört«).
50 Vgl. Gen 16,2; 23,4; 27,2.19.32; 32,5f; 33,13; 34,8; 47,3; Ex 21,5; Num 27,3; Jos 9,6.9f; 17,14; 1Sam 1,15; 2Sam 14,5ff; 1Kön 13,18; Rut 3,9.
51 Vgl. Gen 44,19ff; Ex 32,23f (eine abwehrende Bitte geht vorauf); Num 20,14ff; Dtn 5,24; Jos 14,6ff; 1Kön 3,17ff; 5,17ff; 18,10f; 2Kön 6,28f; 17,26.
52 Vgl. Ri 14,2; 1Sam 21,3; 2Sam 14,32; 1Kön 1,17.18f.25f; 2,15; 2Kön 5,6.22.
53 Vgl. Num 10,29; 22,5; Ri 9,31; 1Sam 23,19; 2Sam 17,6; 20,21; 2Kön 3,7; 4,1.
54 Vgl. Gen 12,11f; 33,13; 34,21ff; 44,30f; Num 32,3f; 1Sam 9,6; 19,2; 20,5ff; 2Sam 15,33ff; 1Kön 18,12.14; 2Kön 2,19.

lich oder notwendig macht[55]. Schließlich können wir die wenigen Beschreibungen des Bittens oder der Bitthandlung, die in unseren Bittreden vorkommen, hier anfügen, weil auch sie die unmittelbare Situation verdeutlichen wollen: Der Bittende erwähnt, daß sein (Beschwichtigungs-)Geschenk bereitsteht oder überreicht wird (Gen 32,6; 1Sam 25,27); er beschreibt das eigene Bitten (Ri 8,24; 1Sam 28,15; 2Sam 3,13; 1Kön 2,16; 2,20). Daß die Situationsschilderung auch oft dazu genutzt wird, den kläglichen Zustand des Bittstellers zu schildern und auf die Verantwortlichkeit des Bittempfängers hinzuweisen, wird uns unten im Zusammenhang mit der Klage noch gesondert beschäftigen. Hier ist zunächst wichtig, festzustellen, daß das die Lage schildernde Element eine erklärende und begründende Funktion hat und in aller Regel der Bitte voraufgeht, dabei streng auf diese bezogen ist. In einfachen Fällen kann also eine Bittrede aus einer kurzen Situationsschilderung und dem eigentlichen Bittelement bestehen:

Ich habe in Timna ein Mädchen gesehen, eine Philisterin;
nun nimm du (sie) mir zur Frau.   Ri 14,2

Sieh, du bist alt, und deine Söhne treten nicht in deine
Fußstapfen; (darum) setze nun einen König für uns ein ...   1Sam 8,5

Sieh, dein Knecht hält Schafschur;
der König und seine Leute
mögen doch mit deinem Knecht gehen.   2Sam 13,24

Der Moabiterkönig hat sich gegen mich aufgelehnt.
Willst du mit mir gegen Moab zu Felde ziehen?   2Kön 3,7

2.1.5.2

Die Bitte bedarf über eine allgemeine Hintergrundsschilderung hinaus einer gezielteren *Begründung*. Sie kann darin bestehen, daß der Bittsteller einzelne Umstände oder Vorgänge nennt, die ihn zu seiner Bitte veranlassen, oder aber darin, daß er die Absicht offenlegt, die er verfolgt. Diese eigentliche Begründung der Bitte ist erklärlicherweise häufig durch kausales כי gekennzeichnet. Unter unseren 250 Textstellen befinden sich mehr als 50, in denen ein solcher Kausalsatz zur Bitte selbst hinzutritt. Wenn sich diese Begründung auch manchmal sachlich nicht von der Situationsschilderung unterscheidet, so hat sie eben doch eine etwas andere Funktion zu erfüllen: Die Situationsschilderung bereitet die Bitte stimmungsmäßig vor; die spezielle Begründung, mit kausalem כי eingeleitet und der Bitte in aller Regel nachgestellt, weist präzise deren Berechtigung nach. So lautet dann eine Bitte ohne Situationsschilderung aber mit zugehöriger, punktueller Begründung:

---

55 Vgl. Gen 21,22; 1Sam 8,5; 16,15; 25,6f; 2Sam 13,24; 19,13; 2Kön 2,16; Rut 1,15. In Gen 43,20ff; 2Sam 4,8; 7,2 sagt die Situationsschilderung alles: eine Bitte wird formell gar nicht ausgesprochen.

Verjage diese Sklavin mit ihrem Sohn,
denn der Sohn dieser Sklavin darf nicht
zusammen mit meinem Sohn erben.   Gen 21,10

Gib mir doch einen Schluck Wasser,
denn ich habe Durst.   Ri 4,19[56]

Die Allerweltspartikel כי kann aber nicht alle jene Beziehungen zwischen Bittelement und begründendem Redeteil herstellen, welche für den Aufbau der Bittrede erforderlich sein können. Andere ›Konjunktionen‹ und mancherlei Weisen der ›konjunktionslosen‹ Zueinanderordnung von Sätzen müssen die Lücke ausfüllen.

Die Absichtserklärung wird z.B. durch בעבור (vgl. Gen 27,4.19.31), למען (vgl. Gen 12,13) oder לכן (vgl. Ri 11,8: vorangestellte Rechtfertigung der Bitte!) ausgedrückt, während die Warnung vor einer schlimmen Folge in einem durch פן eingeleiteten Satz signalisiert wird (vgl. Gen 44,34; Ex 5,3; 20,19; Ri 9,54; 1Sam 9,5; 31,4; 2Kön 2,16). אולי im Gefolge einer Bitte deutet den Wunsch an, daß das Anliegen erfüllt werden möge (vgl. Gen 16,2; Num 22,6; 23,27; Jos 14,12; 1Sam 9,6; 1Kön 18,5), dieselbe Bedeutung hat אך in 2Kön 5,3. Infinitivsätze[57] können ebenfalls einen finalen Sinn haben und so die Bitte ›begründen‹; 1Sam 26,21 nennt, mit תחת אשר eingeführt, als zweiten Grund für die Bitte die empfangene Wohltat (über Leistung und Gegenleistung s.u. 2.1.5.3).

Häufiger noch als mit Partikeln eingeleitete Folgesätze finden sich in den Bittreden unserer Erzähler nach der eigentlichen Bittformulierung verbale Ausdrücke, die konjunktionslos, mit kopulativem w- angeschlossen sind. In den meisten dieser Fälle ist schwierig zu entscheiden, ob die Bitte einfach fortgeführt oder ob zur Begründung der Bitte eine Absichtserklärung oder Grundangabe intendiert ist. Womöglich sind die beiden Alternativen gar nicht so reinlich zu scheiden. Wenn, wie häufig der Fall, eine direkte Bitte ausgesprochen wird und darauf ein Verbalausdruck in der ersten Person folgt, kann man über die Funktion des letzteren Redeteils im Zweifel sein:

Laß mich gehen,
ich möchte in mein Land zurückkehren
(oder: damit ich in mein Land zurückkehren kann).   1Kön 11,21

Liegt hier eine begründete Absichtserklärung oder eine Fortsetzung der Bitte in Gestalt einer persönlichen Wunschformulierung vor? Vgl. die ähnlichen Konstruktionen in Gen 23,4; 24,49; 24,56; 27,4; 43,8; Ex 4,18; 17,2; Ri 11,6; 11,37; 16,5; 2Sam 21,6; 24,24; 1Kön 17,10; 19,20; 21,2. In manchen Fällen scheint der persönliche Wunsch, also die Fortsetzung der Bitte,

---

56   Vgl. ähnliche, aus diesen beiden Elementen bestehende Bittreden in Gen 25,30; 26,16; Ex 32,1; Num 10,31; Jos 10,4; 10,6; 15,19; Ri 1,15; 8,5.21.22; 14,3; 1Sam 12,19; 16,22; 21,9; 2Sam 1,9; 15,7f; 18,19; 1Kön 22,34; 2Kön 2,2.4.6; 9,34. Eine ausnahmsweise vorangestellte, mit כי eingeleitete Begründung, die dann auch praktisch die Funktion der Situationsschilderung mit übernimmt, findet sich in Ri 11,3. In einen größeren Zusammenhang ist der Begründungssatz eingebettet in Gen 13,2; 18,5; 33,10.11; 40,15; 44,34; Ex 10,26; Num 21,5; Jos 2,12; 14,12; Ri 8,24; 1Sam 1,16; 14,45; 19,4f; 20,29; 25,25; 26,19; 2Sam 19,8; 1Kön 5,20; 21,2; 2Kön 18,31f; Rut 1,20; 2,13; 3,9.
57   Vgl. Gen 32,6; 1Sam 28,15; 2Sam 14,11; GK § 114f.g.

das entscheidende Moment zu sein. So ist in Ex 4,18; 2Sam 24,24; 1Kön 19,20 die Bitte selbst schon in der Wunschform formuliert; der Folgesatz schließt sich in völligem formalen und inhaltlichen Gleichklang, vor allem: ohne Subjektwechsel!, an und ist ganz natürlich als Weiterführung der Bitte aufzufassen. Hinzu kommt, daß vielfach auch das Verb des Folgesatzes ein kohortatives *h-* aufweist (vgl. Gen 23,4; 24,56; Ex 4,18; Ri 11,37; 1Kön 19,20; Ri 11,6); in einem Fall steht der Jussiv (1Kön 21,2). Die gängigen ›Kann‹-Regeln unserer hebräischen Grammatiker[58], welche die Modalitäten der verbalen consecutio klären wollen, lassen die Deutung offen. In den Fällen, wo von der Bitte zum Folgesatz hin das logische Subjekt wechselt, scheint die finale oder konsekutive Bedeutung des Nachsatzes klarer zu liegen: vgl. Gen 24,56; Ex 2,20; 8,4 (= 10,16); 10,7; 1Sam 2,15; 7,8; 16,16; 28,22 (Jussiv!); 1Kön 13,6; 15,19; 2Kön 5,8.

Wir halten fest, daß das eigentliche Bittelement fast immer durch begründende Zusätze ergänzt und gestützt wird. Beide Zusatzelemente, die allgemeinere und meist vorangestellte Situationsschilderung und die speziellere und meist der Bitte folgende Begründung bieten eine Rechtfertigung: Die Bitte bedarf nach herkömmlicher Auffassung einer nachprüfbaren Grundlage. Die Berechtigung der Bitte wird nicht in einer einklagbaren Forderung bestehen, sie ist nicht rechtlicher, sondern moralischer Art[59], wie wir zu sagen pflegen. Der Bittempfänger steht umgekehrt unter einer gewissen ›moralischen‹ Verpflichtung zu helfen. Dieser aus den innersten Notwendigkeiten sozialen Zusammenlebens zu erklärenden Sachlage tun die begründenden Elemente der Bittrede Genüge. Wo sie gänzlich fehlen, muß nach den besonderen Gründen für die (unnatürliche) Verkürzung der Bitte gesucht werden.
Eine Bittrede, welche die drei zuletzt besprochenen Elemente, nämlich Situationsschilderung (b), Bitte (c) und Begründung (d) aufeinander folgen läßt – eine Anrede (a) fehlt wie so oft –, hat etwa dieses Aussehen:

Sieh, ein Volk ist von Ägypten hergezogen,
es bedeckt das ganze Land; es lagert mir gegenüber. (b)
Nun komm doch, verfluche mir dieses Volk, (c)
denn es ist mir zu mächtig . . . (d)   Num 22,5f[60]

2.1.5.3
Die Bitte muß nicht einseitig auf die Leistung des Bittempfängers ausgerichtet sein. Sie begründet ihren Anspruch aus der bestehenden Gemeinschaftsverpflichtung, sagten wir oben. Und in der Darstellung der Bitthandlung

58   Vgl. z.B. *OGrether*, Hebräische Grammatik, München ²1955, § 83b: Folgen sie mit w-copul auf andere Verbformen, dann »können« »Kohortativ oder Jussiv . . . eine Absicht ausdrücken«; vgl. GK § 108d.
59   Das Recht zu bitten kann man verscherzen (2Sam 19,29!), denn es gründet in der Solidarität der Beteiligten, vgl. *HJStoebe*, VT 2 (1952) 244ff.
60   Eine ähnliche Abfolge dieser Elemente zeigen die Bittreden Gen 16,2; 23,4; 27,2–4.19; 47,3f (b – d – c); Num 10,29; Ri 14,2f; 1Sam 9,6; 16,15f; 19,2f; 20,5–8; 21,3.4.9; 1Kön 15,19; 2Kön 2,16; 6,1f; Rut 3,9.

war vorher schon klargeworden, daß ein Geschenk das Ersuchen wirkungsvoll unterstützen kann. So kann es nicht wundernehmen, wenn ziemlich häufig auch die Bittrede nach dem Prinzip: Do ut des! oder nach dessen Umkehrung: Gib mir – dann gebe auch ich dir! verfährt. Sie enthält dann das *Angebot oder Versprechen einer Vor- bzw. Gegenleistung,* oder sie weist auf schon geschehene Taten des Bittstellers zugunsten des Bittempfängers hin. Die begründenden Elemente sollen die Bitte verständlich machen und nach Maßgabe der geltenden gesellschaftlichen Normen als berechtigt erweisen. Das Angebots-Element betont die gegenseitige Verpflichtung; es beweist die Bereitwilligkeit des Bittenden, sich loyal zu verhalten, und es fordert andererseits die Solidarität des Adressaten heraus. Etwa 60 der genannten 250 Bezugsstellen bieten auf diese Weise in irgendeiner Form Kompensation an. Unter diesen Texten beziehen sich einige, z.B. Gen 23,13; 2Sam 24,22ff, ausdrücklich auf den kommerziellen Austausch[61]. Sie sind in diesem Zusammenhang weniger interessant; unser Augenmerk gilt der Masse der Belegstellen, die das Angebotselement in einer alltäglichen, aber von speziell wirtschaftlichen Tauschgeschäften unabhängigen Bittsituation zeigen.

Formal sind dem Angebot zahlreiche Ausdrucksmöglichkeiten gegeben. Um nur wenige Beispiele zu nennen: Der Bittende kann sein Gegenüber mit einem Imperativ zu einem Tun auf seine, des Bittstellers, Kosten auffordern, z.B. Gen 14,21: »Gib mir (imp.) die Leute, und nimm dir (imp.) die Sachen«, nämlich als Beuteanteil, oder Ri 19,24: ». . . vergewaltigt sie (imp.) und tut mit ihnen (imp.), was euch gefällt«. Mit dieser Gegenbitte, sich schadlos zu halten, erbringt der Bittsteller eine Leistung, vgl. die Imperative in Gen 23,6; 34,10. Aus der »Gegenbitte« wird natürlich oft formal ein Zugeständnis: »(Dann) dürft ihr bei uns wohnen (impf.), das Land soll euch offenstehen (impf.), laßt euch nieder (imp.), bewegt euch frei darin (imp.), und siedelt euch in ihm an (imp.)« (Gen 34,10, vgl. auch Gen 42,37; 43,9; 2Kön 18,31). Die Imperfektform eignet sich gut dazu, die Erlaubnis auszudrücken[62]. Manchmal wird der Bittsteller auch versprechen, gewisse Handlungen zu unterlassen, auch das kann eine Leistung im Rahmen des Bittvorganges sein, vgl. Num 20,17; 21,22; 1Sam 26,11.

Gewöhnlich aber enthält das Angebotselement die Offerte einer eigenen Leistung in der unmißverständlichen Wendung: »Ich will (werde) geben . . .«, also in einem Verbalausdruck der 1. Person. So verhandelt Joab um die Auslieferung des Rebellen Scheba:

Gebt nur ihn allein heraus,
(dann) will ich von der Stadt abziehen. 2Sam 20,21

Das Versprechen ist hier in eine Absichtserklärung gekleidet, wie sie formal schon unter den Begründungssätzen begegnete. Typisch ist auch die Bitte

61 Vgl. *GMTucker,* Contracts in the Old Testament, Diss. Yale University, New Haven 1963; ders., VT 15 (1965) 487–503.
62 Vgl. GK § 107s.

der Pharaonentochter: Sie verspricht eine Belohnung für eine zusätzliche
Dienstleistung:

Nimm das Kind mit und ziehe es mir auf,
ich belohne dich dafür. Ex 2,9

Wiederum eine Absichtserklärung, die gleichzeitig der Begründung der
Bitte dient[63]. Gelegentlich kann der Bittende auf eine schon vollbrachte Lei-
stung zurückverweisen, die den Adressaten günstig stimmen mag, so in
Gen 21,23:

. . . so wie ich dir Freundschaft
erwiesen habe
so tue du mir auch . . .

Man vergleiche die ähnlichen Konstruktionen in Gen 24,31; 1Sam 28,21;
2Kön 4,1. In einigen Fällen wird nicht auf die eigene, sondern auf die Lei-
stung oder Gabe eines Dritten oder auf ein sonst in Betracht kommendes
Objekt verwiesen, dessen Existenz sich der Bittsteller zum Verdienst an-
rechnen kann[64].
Das Angebot einer Leistung spielt also in höchst mannigfaltiger Weise in die
Bittrede hinein. Verschaffen wir uns noch einen kurzen Überblick über die
Art der versprochenen Leistung; die im Angebotselement verwendeten
Verben geben einen Hinweis. Man bietet an, etwas materialiter zu geben,
herauszubringen, zurückzuerstatten, oder zu übersenden[65]. Gegenstände
oder Personen, über die man verfügen kann, werden auf diese Weise zum
Tauschobjekt. Oder aber man bietet die eigene Dienstleistung an, bis zu
dem extremen Fall, daß man sich selbst für die erwartete Hilfeleistung in die
Sklaverei zu geben gewillt ist[66]. Wer dazu in der Lage ist, wird dem Bittempfänger pauschal ein gutes Leben versprechen (vgl. Num 10,29) oder
nicht näher bezeichnete Ehrungen (vgl. Num 22,17). Der Bittsteller kann

---

63 Ähnliche Willenserklärungen, immer auf die Person des redenden Bittstellers bezogen:
Gen 18,5; 19,8; 29,18; 33,14; 34,11; 38,16; 42,37; 43,9; Ex 2,9; 8,4 (= 9,28); 8,24; Num
10,29; 20,17.19; 21,22; 22,17; Dtn 5,27; Ri 15,2; 16,5; 17,10; 1Sam 11,1; 15,25.30; 19,3;
20,12f (Schwur!); 28,22; 2Sam 3,13; 19,21; 19,37; 20,21; 1Kön 5,20; 12,4; 15,19; 20,34;
21,2; 2Kön 18,14. Sie bringen in verschiedener Weise den Willen zur Gegenleistung zum Ausdruck.
64 Vgl. Gen 30,15; 44,16; 47,19; Ri 15,2; 1Sam 25,7; 2Sam 3,12; 24,22; 1Kön 5,18; 2Kön
5,20; 6,28.
65 Gegeben werden (נתן): Geld (Gen 23,13; Ri 16,5; 17,10); Lohn (Ex 2,9; 1Kön 5,20); ein
Weinberg (1Kön 21,2); alles Verlangte (Gen 34,11). Töchter sollen herausgebracht werden
(יצא, hif; Gen 19,8; Ri 19,24). Zu erstatten sind (שוב, hif): Städte (1Kön 20,34); der Bruder
(Gen 42,37). Übersendet wird (שלח): ein Ziegenbock (Gen 38,17); eine Botschaft (1Sam
20,12); eine Tributzahlung (1Kön 15,19).
66 Solche verschiedenen Dienstverpflichtungen erwähnen Gen 29,18; 44,16; 47,19.25;
50,18; 1Sam 11,1; 1Kön 12,4.

also zur Unterstützung seines Anliegens Güter und Leistungen im weitesten Sinn anbieten.

Ein Text, in dem die bisher besprochenen Elemente der Bittrede: Situationsschilderung (Rückblick) (b); Bitte (c); Begründung (Zielangabe) (d); Angebot (e) vereint sind, sieht so aus:

Es bestand ein Bündnis zwischen mir und dir,
zwischen deinem Vater und meinem Vater; (b)
sieh, ich schicke dir goldene und silberne Geschenke, (e)
nun brich dein Bündnis mit Bascha, dem König von Israel, (c)
damit der von mir abzieht. (d)   1Kön 15,19

Die Frage ist, ob das so häufig verwendete Abgebotselement gattungsprägende Kraft hat, d.h.: Reicht der Befund aus, von einem Bittyp mit angebotener Leistung gegenüber einem solchen ohne Angebot zu sprechen? Die Antwort ist schwierig, weil das wahre Ausmaß der Verwendung von Angebotselementen schwer abzuschätzen ist. Es könnte nämlich sein, daß *jede* Bitte, wenn auch noch so rudimentär, vielleicht in der bloßen Andeutung einer Geste, ein Angebot enthalten mußte[67]. Sagt nicht die Demutshaltung vor dem Bittempfänger auch dies: Du kannst über mich verfügen? So gesehen brauchte die Bittrede vielleicht nicht ausdrücklich auf diesen integrierenden Bestandteil der Bitthandlung einzugehen; wo sie es doch tut, nimmt sie dann nur ein ständiges Element des Bittverhaltens auf. Eine weitere Schwierigkeit liegt darin, daß die Wechselwirkung zwischen allgemeiner Bittrede und den Redeformen der Verkaufsverhandlung nicht durchsichtig ist. Man kann die Regeln des kommerziellen Austauschs als spezialisierte Formen des allgemeinen Bittverhaltens ansehen; vielleicht läßt sich das ökonomische Gebaren aber auch als völlig selbständige Sonderform oder sogar als das Urmodell alles Bittens begreifen. Wie dem auch sei: Nach den uns vorliegenden Textbeispielen muß man das Angebotselement als einen besonderen Faktor der Bitthandlung werten.

2.1.5.4

Einige Elemente treten in unseren Beispieltexten nicht sehr stark hervor, oder sie haben teilweise dieselben Funktionen wie bereits besprochene Strukturteile der Bittrede, so daß eine kurze Erwähnung genügt. Der *Rückblick* in die vergangene Zeit – ein wichtiges Formelement bei politischen Verträgen[68] und in einigen Klagepsalmen (vgl. Ps 22,5f; 77,6) – berührt sich in seiner Intention eng mit der Situationsschilderung, gelegentlich

---

67   Rollenverteilung und Besitzverhältnisse sind oft schon in der kleinen Gruppe miteinander verzahnt, so daß Veränderungen auf der einen sich auch auf die andere Seite auswirken, vgl. *MSOlmsted*, 119ff (der Verfasser bezieht sich hier auf *RFBales*, Interaction Process Analysis, Cambridge 1950).
68   Vgl. *KBaltzer*, Das Bundesformular (WMANT 4), Neukirchen 1960, 21f; *DMcCarthy*, Treaty and Covenant (AnBib 21), Rom 1963, 24ff u.ö.

auch mit dem Angebot (Hinweis auf eigene Leistungen in der Vergangenheit) oder mit der Klage (Bericht über erlittene Unbill!)[69]. Das *Schuld- bzw.
Unschuldsbekenntnis* steht in seiner Funktion ebenfalls dem Angebot und
der Situationsschilderung nahe: Es weist nach, daß der Bittsteller nichts
Schädliches unternommen hat, bzw. daß er sein Fehlverhalten bereut. Beides kommt einer Leistung zugunsten des Bittempfängers gleich, die neben-
her noch die bestehende Bittsituation erklären hilft[70]. Die beiden genannten Elemente exponieren den Bittsteller vor demjenigen, an den er sich
wendet. Sie haben überwiegend erklärende und begründende Funktionen
und lassen sich zum Teil aus dem System der Leistung und Gegenleistung
verstehen.

Etwas anders steht es mit zwei weiteren Strukturteilen der Bittrede: Sie
orientieren sich an der Person des Bittempfängers; indem sie mithelfen, die
Position des Adressaten zu festigen, sind sie ein Beitrag des Schwächeren
und genügen dessen Verpflichtung zu gemeinschaftförderndem Verhalten.
Das *Lobelement* hebt Verdienste, Eigenschaften oder die Macht des Bittempfängers hervor. Es kann schon in der Anrede oder in anderen Elementen
anklingen, ehe es zu einem selbständigen Redeteil wird[71]. Die *Feindverwünschung* soll mitwirken, das Wohlergehen des Bittempfängers zu sichern[72]. Es läge nahe, in beiden Fällen auf ein magisches Weltverständnis
zurückzuschließen, nach dem Segen und abwehrender Fluch auch von seiten eines Schwächeren für den Bittempfänger Machtzuwachs bedeutete[73].
Wir verstehen die Funktion der genannten Elemente wahrscheinlich besser
– und schließen ein magisches Verständnis damit keineswegs aus –, wenn
wir Kategorien der heutigen Gruppenanalyse zu Hilfe nehmen. Der Bittende erkennt in Lob und parallelgehender Feindverwünschung die bestehende Sozialstruktur an; er erfüllt damit die Erwartungen, die in ihn als
Gruppenmitglied gesetzt sind, und übernimmt die für den Notleidenden
vorgeprägte Rolle. Sofern dies alles aus Überzeugung, d.h. ohne selbstzer-
störerische Skrupel, geschieht, wird vermutlich auf beiden Seiten des Bitt-
geschehens schon in der Bitthandlung selbst Wohlbefinden ausgelöst. Das

---

69 Vgl. Num 11,5; Jos 2,12; Ri 9,2; 1Sam 14,45; 28,21; 2Sam 19,20; 20,18; 1Kön 1,17;
5,17; 12,4; 15,19; 18,10.
70 Vgl. Gen 40,15; 42,10f; 44,16; Ex 9,27; 10,16; Num 22,30; 27,3; Ri 15,2; 1Sam 1,15;
15,24.30; 20,1.8; 24,11–15; 25,25; 26,21; 2Sam 14,9.32; 19,21.27f.29; 20,19; 1Kön 18,9.18;
2Kön 18,14.
71 Vgl. Gen 23,6; 24,31; Num 22,6; 1Sam 25,28; 2Sam 4,8; 15,3; 19,28.29; 24,23; 1Kön
1,20; Rut 1,8f.16f.
72 Vgl. z.B. 1Sam 20,16; 25,29. Die Feindverwünschung richtet sich auch einmal gegen die
Feinde des Bittstellers selbst (1Sam 26,18–20), was aber letztlich auch im wohlverstandenen
Interesse des Bittempfängers liegen muß.
73 In der Religionswissenschaft hat man lange Zeit mit Vorliebe an derlei Kraftübertragun-
gen gedacht, die auch durch das machtgefüllte Wort geschehen konnten, vgl. *J*Pedersen, *Israel,
its Life and Culture* Bd. I/II, London 1946, 182ff.437ff; *ders.*, *Der Eid bei den Semiten,* Straßburg 1914, 64ff; *J*Hempel, *Apoxysmata. Vorarbeiten zu einer Religionsgeschichte und Theologie des Alten Testaments* (BZAW 81), Berlin 1961, 30–113.

Ich des Bittenden und des Bittempfängers erfahren im Dialog eine Stärkung, die sich aus der Sublimierung aggressiver Impulse ergibt; für die beteiligte Gruppe bedeutet die Kommunikation zwischen Notleidendem und Besitzendem Stabilisierung[74]. Segens- und Fluchelemente in der alltäglichen Bitthandlung drücken also zusammen mit begleitenden Gebärden der Unterwerfung, der Demut, der Beschwichtigung usw. am deutlichsten die gruppenerhaltende Funktion des Bittverhaltens allgemein aus. Von daher gesehen ist es nicht verwunderlich, daß – auf der sprachlichen Ebene – Segen und Fluch zugunsten des Bittempfängers auch in die altorientalischen (einschließlich der alttestamentlichen) Gebete eingegangen sind[75].

2.1.6
Bittrede: Vorwurf und Klage

Bei der Besprechung der Situationsschilderung ist deutlich geworden, daß leicht ein klagender Ton in die Bittrede einfließen kann, wenn der Bittsteller sich in Not befindet. Hemmungen, der Klage freien Lauf zu lassen, sind im Alten Testament nicht zu erkennen[76]. Welche Rolle spielt die Klage im Zusammenhang mit der Bitte? Und wo ist der Vorwurf einzuordnen? Man hat schon vielfach darauf aufmerksam gemacht, daß die Klage z.B. im Gebet Mitleid und Hilfsbereitschaft des Bittempfängers wecken soll[77]. Das ist sicher richtig. Doch zeigt schon eine flüchtige Übersicht, daß noch andere Funktionen davor- und dahinterliegen: Zieht man die Wirkungen der Klage zeitlupenartig auseinander, dann entdeckt man als ihre vermutlich erste Aufgabe: Sie soll die Notsituation kenntlich machen. Zusammen mit der äußeren Erscheinung des Bittenden (Klagegebärden, Trauerkleidung) ist die Klage ein Leitsignal; erst nachdem sie auf die Not aufmerksam gemacht hat, kann sie mitleiderregend wirken und schließlich die Hilfeleistung des Angesprochenen auslösen. Mit diesem letzten Schritt übernimmt sie bereits die Funktion des Bittelements. Und wie kommt der Vorwurf in der Bittrede zustande? Er scheint dem eigentlichen Anliegen der Bitte direkt zu widersprechen. Doch ist er ein notwendiges Korrelat zur Klage. Der Hilfesuchende muß die Ursachen seiner Not namhaft machen. Wenn der Bittempfänger in

---

74 Vgl. *TBrocher*, Anpassung und Aggression in Gruppen, in: *AMitscherlich* (Hg.), Bis hierher und nicht weiter, München 1969, 152–206; *IEibl-Eibesfeldt*, Anthr. 66 (1971) 774ff (»Das Kontraktsingen und die bindende Funktion des Zwiegesprächs«).
75 Beide Elemente mögen in Israel spezifischen Sinngebungsprozessen unterworfen gewesen sein; das ändert nichts an der Tatsache, daß sie in Analogie zu den entsprechenden altorientalischen Erscheinungen gesehen werden müssen. *OKeel* erklärt z.B. die Feindverwünschungen in den Individualpsalmen ständig vor dem Hintergrund der altorientalischen Anschauungen und dazu interessanterweise mittels sozialpsychologischer Begriffe: Das Feindbild entsteht durch Projektion aus der eigenen Gruppe heraus und auf die »feindliche« Umwelt hin (Feinde 36ff).
76 Von einer Unterdrückung der Klage aus Statusgründen, wie sie in asiatischen Kulturen geübt wird, kann weder im Alten Orient noch im Griechentum, noch auch im christlichen Mittelalter die Rede sein, vgl. *WFrenzen*.
77 Vgl. *HGunkel* u. *JBegrich*, 216; *SMowinckel*, Psalms I, 196f.

irgendeiner Weise für die schlimme Lage mit verantwortlich ist, dann
schlägt die Klage – sofern sie ehrlich ist – in einen Vorwurf um.

Die Besonderheit des Klageelements kommt z.b. darin zum Ausdruck, daß es als pars pro toto
die Bitte mit vertreten kann. Ähnliches hatten wir bereits oben Anm. 55 für die Situationsschilderung festgestellt, jedoch scheint diese Möglichkeit beim Klageelement in größerem
Maßstab genutzt zu sein. Im Zusammenhang der Wüstentradition läßt der Erzähler die Israeliten wiederholt »murren«; daß hinter den Unmutsäußerungen in jedem Fall massive Bitten an
Mose (und damit auch an Jahwe) stehen, beweist der jeweilige Kontext, man vergleiche Ex
16,2ff; Num 20,2ff; 21,4ff. An anderen Stellen steht ebenfalls die Klage für die ganze Bittrede:
Jiftach trauert um seine Tochter und will damit gleichzeitig ihre Verzeihung oder Zustimmung
erbitten:

Ach, meine Tochter, du machst mich unglücklich;
du machst mich zu einem Ausgestoßenen!
Ich habe Jahwe etwas versprochen,
und ich kann es nicht zurücknehmen!   Ri 11,35

Die Angstrufe 2Kön 4,40; 6,5.15 werden richtig als Bitten verstanden: Elischa greift helfend
ein. Der Seufzer des gefangenen Amalekiterkönigs 1Sam 15,32: »Wirklich, der Tod ist bit-
ter!«, könnte eine auf die Bitte hin angelegte Klage sein. Die eigentliche Bitte fehlt z.B. auch in
Ex 5,16; Dtn 1,27f; 2Kön 2,19; 4,1: dort sind neben dem Klageelement noch andere Teile der
Bittrede vorhanden, aber es scheint speziell die Klage zu sein, die eine ausdrückliche Bitte über-
flüssig macht. Das gleiche gilt von den vorwurfsvollen Fragen und Bemerkungen in Num
22,28; Ri 11,12; 2Sam 19,12f.
Die natürliche Verflechtung von Klage und Vorwurf läßt sich an folgendem Text zeigen:

Ihr macht mich kinderlos! (Vorwurf)
Josef ist nicht mehr da, Simeon ist nicht mehr da, (Klage)
und Benjamin wollt ihr (mir) wegnehmen! (Vorwurf)
Über mir schlägt alles (Unglück) zusammen! (Klage)   Gen 42,36

Jakob will mit dieser vorwurfsvollen Klage die Reise seines Jüngsten nach Ägypten verhindern;
eine Bittformulierung fehlt auch hier. Die zwischen Vorwurf und Klage schwankende Rede ist
eine Einheit. Es hat wenig Sinn, sie in beschreibende Klage und persönliche Anklage zu zerle-
gen[78], denn im Rahmen der Bittsituation – und die Fortsetzung V. 37f beweist, daß eine Bitte
intendiert ist – muß der Bittende die Verantwortlichen für sein Unglück haftbar machen. Man
kann sagen: In diesem Übergang von der Klage zum Vorwurf äußert sich der Anspruch des
Bittstellers, in diesem Umschlag zur persönlichen Anrede wird die Bitte laut. Die enge Verbindung von Klage und Vorwurf läßt sich weiter an folgenden Stellen gut beobachten: Gen 47,18f;
Ex 5,15f; 10,7; 16,3; Num 14,2f; 20,3–5; 21,5; Dtn 1,27f; hinzu kommt ein Teil der Stellen,
die mit dem typischen למה den Vorwurf in die Bittrede einbringen (s. unten).

Die umfassende und relativ eigenständige Bedeutung des Klageelements ist
damit erwiesen. Welche formalen Ausdrucksmöglichkeiten sind ihm in der
Bittsituation gegeben? Aufgrund der wenigen oben angeführten Beispiele

---

78 Anders C Westermann, ZAW 66 (1954) 52ff = TB 24, 273ff im Blick auf die kultische
Klage des Volkes wie des Einzelnen.

läßt sich vermuten: Die Palette der Sprachformen, mit denen der Israelit seine Klage kundtun konnte, ist reichhaltig und bunt. Schmerzensrufe, Äußerungen des Entsetzens oder Erschreckens, Zeichen der Trauer[79] gehören ebenso dazu wie Schilderungen der drohenden oder hereingebrochenen Not[80]. Von größtem Interesse sind jedoch die Klagen in Frageform. In ihnen wird ein wesentlicher Beweggrund sichtbar, der den Menschen zu Klage und Bitte veranlaßt. Der Klagende ist auf der Suche nach der Ursache, besser: dem Verursacher seines Unglücks. Denn in einer personal verstandenen Welt ist die Wahrscheinlichkeit groß, daß alle Arten von Mangel, Krankheit, Unglück, Not auf eine Willensentscheidung zurückzuführen sind. David spricht das gegenüber dem verfolgungswütigen Saul aus:

Wenn Jahwe dich gegen mich aufreizt,
dann möge er ein Opfer (zu) riechen (bekommen);
wenn es Menschen sind,
dann sollen sie vor Jahwe verflucht sein. 1Sam 26,19[81]

Die klagende Frage ist dem Verantwortlichen auf der Spur; sie sucht denjenigen zu erreichen, der das Unheil wenden kann.

Gelegentlich richtet sie sich an Unbekannt: »Wer gibt uns Fleisch zu essen?« (Num 11,4); »Wie lange soll dieser (Mensch) unser Unglück sein?« (Ex 10,7); »Wohin sollen wir gehen?« (Dtn 1,28); »Wer macht mich zum Richter im Lande?« (2Sam 15,4). – Vor allem aber taucht immer wieder die Warum-Frage auf[82]. Sie greift in der Regel den wirklich oder vermeintlich Schuldigen direkt an; in vielen Fällen ist das der Bittempfänger selbst: vgl. Gen 29,25; Ex 2,20; 5,15; Num 20,4f; 21,5; 1Sam 24,10 (vgl. V. 12b); 26,15.18; 28,15; 2Sam 19,12f; 20,19; 1Kön 14,6; 2Kön 5,8; Rut 1,21. »Warum hast du (mir) das getan?« ist das Grundmodell dieser Frage. Sie will den Verantwortlichen bewegen, seine ›Täterschaft‹ anzuerkennen und Abhilfe für die Not zu schaffen. Einige mit anderen Fragepartikeln eingeführte vorwurfsvolle Fragen erfüllen den gleichen Zweck: vgl. Gen 29,25; Ex 17,2; Num 22,28; 1Sam 16,18b; Jos 17,14; Ex 10,7; 1Kön 1,24; 2Kön 4,28; 5,13. Hierher gehören auch jene Vorwürfe, die Jahwe als den eigentlich Verantwortlichen benennen, die aber gleichwohl an den menschlichen Vertreter Jahwes adressiert sind, z.B. Num 14,3. In anderen Fällen bezieht sich die Warum-Frage auf den Vorgang, welcher die Bitte auslöst (vgl. z.B. Gen 33,15) oder auf das Schicksal des Bittstellers (vgl. Gen 47,15.19; Num 27,4; Dtn 5,25; 1Sam 27,5; 2Sam 14,32). Grundmuster dieser Fragen wären die Sätze: Warum geschieht das? oder: Warum muß ich dies ertragen? Der Vorwurf an den Verantwortlichen und der Appell an ihn, zu helfen, sind unüberhörbar. Wo auf die Frageform verzichtet wird, wo man dem Gegenüber sein Verhalten oder seine Tat auf den Kopf zusagt, er-

---

79 Folgende Interjektionen leiten in unseren Beispielen die Klage ein: אִי (Gen 44,34; Ri 16,15; 2Sam 2,22); אֲהָהּ (Ri 11,35; 2Kön 6,5.15); אָכֵן (1Sam 15,32); אֲבָל (2Sam 14,5; 2Kön 4,14); כַּמָּה (2Sam 19,35); אַהֲלַי (2Kön 5,3); מִי יִתֵּן (Ex 16,3); לוּ (Num 14,2; 20,3); in ihnen spiegeln sich Trauer- und Selbstminderungsriten (vgl. HJahnow; EKutsch).
80 Schilderungen der Not oder Gefahr finden sich in Gen 12,12; 27,36; 42,36; Ex 5,16; 10,26; 16,3; Num 11,6; 21,5; Dtn 1,27; Ri 11,35; 16,10.13.15; 1Sam 1,15; 20,3; 28,15; 2Sam 14,5ff; 15,3; 19,6f; 1Kön 1,21; 18,12; 2Kön 2,19; 4,1; 6,29; 17,26; Rut 1,21.
81 Vgl. die Diagnose der Besessenheit Sauls in 1Sam 16,15f; 19,9.
82 Vgl. AJepsen, Warum? Eine lexikalische und theologische Studie (BZAW 105), Berlin 1967, 106–113.

scheint der Vorwurf noch gravierender: Num 22,28b; Ri 16,10.13.15; 2Sam 13,16; 19,6f;
1Kön 1,27; 18,11.14. Du hast es getan! Das ist die Redeweise des Anklägers vor Gericht, und es
wäre nachzuprüfen, wie weit auch die vorwurfsvolle Frage in der Bittrede sich mit dem Stil der
gerichtlichen Auseinandersetzung berührt. Den Höhepunkt erreicht die Klage, wenn sie in offene Drohung übergeht, vgl. Gen 30,1; 1Sam 2,16; 2Sam 19,8.

Die Formensprache von Klage und Vorwurf umfaßt also eine breite Skala,
die bestens geeignet ist, den mannigfachen Stimmungen des Bittenden
Ausdruck zu geben. Sie reicht von beschreibenden Aussagen über die vorwurfsvolle Frage bis zur Drohung, vom Schmerz über das eigene Leid bis
zur Beschuldigung Dritter, vom Angstruf bis zum Todeswunsch. Daß die
Frage als Stilmittel der Klage so stark in den Vordergrund tritt, läßt erkennen, wie stark der Bittende an der Wiederherstellung der Ordnung interessiert ist, deren Störung er beklagt, und wie nahe die Formen- und Gedan-
kenwelt des israelitischen Rechtswesens an die Bitte heranreicht.
Um das Bild des Klageelements abzurunden, seien einige Bemerkungen
zum Inhalt der Klage angefügt, die gleichzeitig die Verbindung zu dem herstellen sollen, was oben über die Bittsituation gesagt wurde. Ein Großteil
der herangezogenen Bittbeispiele entstammt einfachen Bedarfs- und keineswegs schwierigen Notsituationen. Der alltägliche Mangel und das ele-
mentare Bedürfnis nach Sicherheit und Fürsorge, welche die normalen Le-
bensvorgänge vorantreiben, finden häufig in den begründenden Elementen
ihren Niederschlag. Die kritische Schwelle wird da überschritten, wo Mangel oder Gefahr die Lebensabläufe blockiert. In solchen Fällen können wir
erwarten, daß in der Bittrede ein eigenes Klageelement auftaucht, auch
wenn die Übergänge von der einfachen Bedarfs- zur ausgeprägten Notsituation fließend sind.
Was läßt sich aus den Klageelementen der Bittrede über die Situation des
Klagenden und den Gegenstand seiner Klage erkennen? Da fehlen die le-
bensnotwendigsten Dinge, Nahrungsmittel und Wasser (vgl. Gen 47,18f;
Ex 17,3; Num 11,4.6; 21,5), es fehlen Opfertiere (Ex 10,26) – wie lebensbe-
drohend dieser Mangel ist, können wir schwer ermessen; da gibt es angeblich keinen gerechten Richter mehr (2Sam 15,3); da ist der Bestand der Familie bedroht (Gen 42,36); es mangelt an Rohmaterial, das zur Erfüllung
der Arbeitsnorm nötig ist (Ex 5,16), oder an der Kenntnis des Gottesrechtes
(2Kön 17,26). Steigt die Entbehrung (Ex 16,3; Num 14,2; 20,3ff) oder die
Schande (Gen 30,1) aufs höchste, dann wünscht man sich den Tod[83]. Man
klagt über die allgemeine Bedrängnis (1Sam 28,15), den drohenden Tod
(1Sam 20,3), die abzusehende Lebensgefahr (Gen 12,12; 1Kön 1,21), das
hohe Alter (2Sam 19,35f). Gelegentlich richten sich Klage und Vorwurf gegen eine dritte Person, die an allem Unglück schuld ist oder von der Gefahr
droht (vgl. Gen 27,36; 1Sam 20,1; 2Kön 4,1; 6,29). So wird auch Jahwe das

---

83 Todeswunsch und Selbstverfluchung (vgl. Hi 3,1ff; Jer 20,14ff) sind Elemente der Klage;
sie enthalten allerdings einen drohenden und ultimativen Zug.

Ziel der Klage (vgl. Num 14,3; Rut 1,21). Alles, was das Leben schmälert oder gefährdet, so können wir sagen, ist dem Israeliten Anlaß zur Klage, die, wenn sie auf den Urheber der Not hingesprochen wird, gewöhnlich in den Vorwurf umschlägt.

Wir haben die Hauptelemente der alltäglichen Bittrede besprochen; wir haben versucht, die Funktionen eines jeden Redeteils im Zusammenhang mit der Bitthandlung zu bestimmen. Wie kaum anders zu erwarten, stellte sich heraus, daß die Einzelelemente funktional nicht eng abgegrenzt sind, daß sie sich vielmehr berühren, überlagern oder gar vertreten können. Bitte, Begründungen, Angebot und Klage schienen uns die Hauptlast der Bittrede zu tragen. Die begründenden Elemente sind dabei dem Bittelement zu- und untergeordnet; das Angebot unterstreicht die Demutshaltung des Bittenden und kompensiert in gewisser Weise die Bitte. Die Abzweckung der Klage deckt sich weitgehend mit der der Bitte. Bekenntnis- und Verwünschungselemente haben ihrerseits eine Beziehung zur Klage: Auch sie sind auf der Suche nach demjenigen, der für die Notlage verantwortlich zu machen ist. Kleinere, besonders stark formalisierte Elemente wie Anrede und Höflichkeitsformeln haben für die Gattung der Bittrede in den älteren Erzählungen eine überraschend geringe Bedeutung.

Nun kann es natürlich nicht genügen, nur die Wirkungsweise der Einzelelemente in der Bittrede zur Kenntnis zu nehmen. Wir müssen vielmehr versuchen, die Funktion der Redegattung im Handlungszusammenhang und, wenn möglich, Sonderausprägungen der Bitte zu erkennen, die eventuell eine Unterteilung des weitverästelten Phänomens gestatten.

2.1.7
Die Funktion der Bittrede

Die Zusammenschau der Einzelteile der Bittrede muß möglichst im größeren Rahmen der Bittsituationen und Bitthandlungen geschehen. Eine bloß literarische Betrachtung kann zu keinem echten Ergebnis führen. Die Schwierigkeiten, die einem solchen Unterfangen im Wege stehen, sind schon genannt worden: Wie kann es gelingen, einen Weg zu den Situationen und Handlungen zu finden, in die hinein das gesprochene Wort, in unserem Fall: die Bittrede, gehört? Und wie ist es möglich, so müssen wir nach der Untersuchung der Einzelelemente hinzufügen, der Vielzahl der Lebenssituationen gerecht zu werden, ohne daß man sich in der Diskussion der Sonderformen verliert? Wir tun auf jeden Fall gut daran, jetzt unser Interesse auf einen Ausschnitt des bisher behandelten Materials zu konzentrieren, und wir sind weiter gut beraten, wenn wir im Vorblick auf die Klagepsalmen den Lichtkegel auf die ausgesprochenen Notsituationen richten.

Natürlich ist das ein ›moderner‹ Gesichtspunkt. Wir wissen nicht, ob nach israelitischem Empfinden ein gattungsmäßiger Unterschied zwischen der ›leichten‹ und ›alltäglichen‹ Bitte und der Bitte aus der Grenzsituation des bedrohten Lebens bestand. Aber wir können nichts anderes tun, als unsere eigenen Verstehenskategorien verwenden. Die Unterteilung in ›leichte‹ und ›schwere‹ Fälle ist uns aus vielen Lebensbereichen vertraut; sie drängt sich uns auch bei der Betrachtung der Bittsituationen auf. Außerdem gibt es sachliche Argumente, die eine derartige Beschränkung auf die Notsituationen unterstützen: a) Die Unterscheidung von alltäglicher und Not-Bitte ist in hohem Grade formal und kulturunabhängig, d.h., es besteht die Chance, daß auch in Israel dieser Unterschied (wenn vielleicht auch nicht als gattungsspezifischer) empfunden wurde. b) Die kleinen Bitten des Alltags sind in der Mehrzahl in stark ritualisierte Handlungszusammenhänge eingebettet (z.B. ›Begrüßung‹) und oft bis zur Unkenntlichkeit verschliffen. Eine Analyse des Phänomens ›Bitte‹ wird sich darum besser an die Extremsituationen halten, in denen vermutlich die bewußte Gestaltung der Interaktion, die ›Bittarbeit‹, noch deutlicher sichtbar wird[84]. c) Die Klagelieder des Einzelnen, zu deren Verständnis diese Untersuchung beitragen soll, setzen in der Regel Grenzsituationen voraus; es dürfte also für einen Vergleich mit zwischenmenschlichen Bittformen nützlich sein, auch diese auf ›Ernstfälle‹ zu beschränken. – Der Vollständigkeit halber seien die jetzt ausgeschiedenen Texte, nach typischen Lebenssituationen geordnet, noch einmal zusammengestellt.

(1) Aufnahme eines Gastes (Gen 18,3; 19,2; 24,23.31; Ex 2,20; Num 22,16f; Ri 3,19f; 4,18; 19,5ff; 1Sam 28,22f; 1Kön 13,7; 13,15; 20,14).

(2) Brautwerbung (Gen 24,49; 29,18ff; 34,4.8ff; Ri 14,2f; 1Sam 18,25; 1Kön 2,15ff; 2,20ff; 2Kön 14,9; Rut 3,9).

(3) Geschäftsverkehr (Gen 23,4ff; 25,31; Ri 15,2; 2Sam 24,20ff).

(4) Begleitung und Abschied (Gen 13,7ff; 24,54.56; 33,12ff; Ex 4,18; 5,3; Num 10,29.31f; Ri 4,8; 1Sam 17,32; 20,28f; 2Sam 19,35ff; 1Kön 11,21f; 19,20; 2Kön 2,2.4.6; 4,22; 6,3; Rut 1,10.16; 1,8.15; vgl. Num 14,2; Ri 19,11f; 2Sam 18,2; 1Kön 18,5).

(5) Suche nach Information, Rat, Orakel (Gen 24,23; 40,8; Ri 16,6.10.13.15; 1Sam 9,11.18; 10,14f; 17,55.58; 28,7f.11; 28,15; 30,13.15; 2Sam 13,4; 16,20; 17,5f; 21,3f; 1Kön 1,42; 22,5; 22,15; 2Kön 6,11.13; 6,21; 8,4; 8,9; 9,11f).

(6) Fürsprache (Gen 34,21ff; Ex 10,7; 2Sam 14,45; 19,4f; 1Kön 1,16ff; 1,23ff; vgl. 1Sam 16,15f; 19,21; 2Kön 2,16f; 5,3; 5,13; 1Sam 23,20).

(7) Bitte um Gefälligkeit oder kleine Dienstleistung (Gen 24,17; 27,2ff; Ex 2,9; 2Sam 13,6; 15,33ff; 1Kön 13,13.27; 14,2; 20,35.37); vgl. 2Sam 2,21f; 7,2; 13,24ff; 15,7f; 18,19.22f; 2Kön 6,1f; Rut 1,20f; 2,2; 2,7ff.

(8) Forderungen rechtlicher Art (Gen 14,21; 21,10; Ex 21,5; Ri 8,24; 1Sam 2,15f; 25,6–8; 2Sam 4,8; 20,20f; 21,4f; 2Kön 5,8.10; 5,22; 10,2f.6; 18,29–35).

Die übriggebliebenen Textbeispiele müßten nun ebenfalls nach den typischen Lebenssituationen unterschieden werden, d.h. aber, nach den agierenden Personen, ihren Bezugsgruppen, ihrem sozialen Status, der Art der Not usw. Die schon erwähnten Schwierigkeiten: kulturelle und geschichtliche Ferne, spärliche, dazu noch in jedem Fall fragmentarische Überlieferung, lassen das kaum zu. Wir haben nur ganz wenige Beispielerzählungen darüber, wie Bitten im Familienverband oder vor dem König artikuliert

---

84 Wie so oft in der at.en Wissenschaft sucht man in den Texten vergeblich nach einem Spezialbegriff, der unserer Vorstellung von ›Bitte‹ entsprechen könnte. C Westermann stellt z.B. die erstaunliche Bedeutungsbreite von בקש und דרש fest (KuD 6, 1960, 3.15) und entwickelt die Bedeutung von שאל, fragen, analog zum altdeutschen »heischen«. »Die Erkundigungsfrage wurzelt in der Gemeinschaft, in der sie sich vollzieht . . . sie fordert, was dem Fragenden zukommt, nämlich eben den Anteil an der Existenz dessen, den er oder nach dem er fragt. Es ist immer darin ein Erbitten, ein Fordern, Heischen . . .« (a.a.O. 10).

wurden. Andererseits sind unsere Vorstellungen von Lebensgefahr, Hunger, Krankheit selbstverständlich von unsern eigenen gesellschaftlichen Erfahrungen und Wertvorstellungen geprägt[85] und umgreifen schon wieder eine breitere Palette soziologischer Sachverhalte. In diesem Dilemma ziehen wir uns zunächst wieder auf uns naheliegende formale Kriterien zurück. Wir besprechen zuerst die Bitten um persönliche Hilfeleistung, dann solche Bitten, die sich über den Bittempfänger auf einen dritten Gegenstand beziehen, und schließlich die abwehrenden Bitten[86]. Nach dieser Untersuchung soll dann eine mehr soziologisch orientierte Auswertung versucht werden.

Wir haben bereits mehrmals die einzelnen Bittelemente mit Buchstaben bezeichnet; dieses System soll, obwohl es die Merkmale einer unsystematischen Entstehung zeigt, als arbeitserleichternd beibehalten werden. Eine vollständige Liste der besprochenen Elemente enthält dann folgende Redeteile: Anrede (a); Situationsschilderung (b); Bitte (c); Begründung (d); Angebot (e); Klage (f); das sind die tragenden Elemente der Bittrede. Hinzu kommen die für das Gesamtbild weniger wichtigen, möglicherweise aber in Sonderausprägungen des Bittschemas entscheidenden Stücke: Rückblick (g); Schuld- bzw. Unschuldsbekenntnis (h); Lobpreis des Bittempfängers (i); Feindverwünschung (j); Beschreibung des Bittens (k).

2.1.7.1

In einer Notsituation ersucht der Bittsteller durch eine direkte Bitte seinen Partner um persönlichen Beistand: so etwa stellt sich die Lage des Bittenden in der ersten Gruppe von Beispieltexten dar. Einige Proben sollen Situation und Redeweise verdeutlichen:

Abraham befürchtet im Ausland Schwierigkeiten, weil seine Frau die Begehrlichkeit der Fremden wecken und ihn selbst dadurch in Lebensgefahr bringen könnte. Er braucht die Kooperation Sarais, um solchen Komplikationen aus dem Wege zu gehen:

(A)
Sieh mal, ich weiß,
daß du eine gutaussehende Frau bist. (b + i)
Wenn die Ägypter dich sehen,
werden sie denken: Das ist seine Ehefrau!
Und sie werden mich umbringen,
dich aber am Leben lassen. (f)
Sage doch, du seist meine Schwester, (c)
damit es mir deinetwegen nicht schlecht ergeht
und ich am Leben bleibe. (d)   Gen 12,10–13

---

85 Die sorgfältige Untersuchung *KSeybolds* zu den »Krankheitspsalmen« z.B. krankt m.E. an der zu engen Definition der »Krankheit«, vgl. meine Kritik in VF 19 (1974/2) 38f.
86 Die hier gemeinte Dreidimensionalität ist lediglich Formalkriterium ohne tiefere theologische oder ontologische Bedeutung.

Sauls Reichsgründung ist aufs äußerste gefährdet. Unter Umgehung der von ihm selbst erlassenen Gesetze (V. 9!) wendet sich der glücklose König an eine Totenbeschwörerin. Sie holt für ihn den Propheten Samuel aus der Unterwelt; und Saul redet den Toten an:

(B)
Ich bin in großer Not,
die Philister kämpfen gegen mich,
Gott hat mich verlassen, er antwortet mir nicht mehr,
weder durch Propheten noch durch Träume (f + b)
Darum rufe ich dich, (k + c)
damit du mir sagst, was ich tun soll. (c + d)   1Sam 28,15[87]

Saul hat den Krieg gegen die Amalekiter nicht streng genug nach den Regeln Jahwes geführt. Samuel bringt ihm das Verwerfungsurteil des Gottes Israels, und Saul antwortet:

(C)
Ich habe nicht richtig gehandelt,
als ich Jahwes und deinen Befehl übertrat. (h)
Ich habe mich vor dem Volk gefürchtet
und auf seine Stimme gehört. (h)[88]
Aber nun nimm meine Sünde weg
und kehre mit mir um, (c)
dann will ich mich vor Jahwe niederwerfen (e?; d?)   1Sam 15,24f

David wird von dem krankhaft mißtrauischen König verfolgt. Der Flüchtling wendet sich klagend und hilfesuchend an den Kronprinzen Jonatan, seinen Freund:

(D)
Was habe ich getan? Was ist mein Vergehen,
was meine Schuld deinem Vater gegenüber? (h)
Warum verfolgt er mich? (f)
(nach einem Beschwichtigungsversuch Jonatans):
Dein Vater weiß genau, daß du mich gut leiden magst;
er denkt: Das darf Jonatan nicht wissen,
damit er sich nicht grämt. (b)
So wahr Jahwe lebt und so wahr du lebst[89]:
Für mich ist es nur noch ein Schritt bis zum Grab. (f + c)   1Sam 20,1.3[90]

87 A Wendel, 217f, möchte diesen Text als »Orakelgebet« verstehen. Wir können annehmen, daß die Orakelbefragung in Israel bestimmte Formen der Bittrede hervorgebracht hat (vgl. die von C Westermann herausgestellte Erzählstruktur zum Thema, KuD 6, 1960, 17ff), nur fehlen uns die Belege. Man vergleiche die Orakelbitten an Šamaš (J A Knudtzon) und das von W G Lambert (in: Divination, 119ff), J Nougayrol (in: Divination, 5ff) und A L Oppenheim (Mesopotamia, 217) erwähnte Material.
88 Ein Zusatz zum Schuldbekenntnis, der auf ›mildernde Umstände‹ plädiert, vgl. Ex 32,22f.
89 Schwurformeln werden in der Bittrede zur Bekräftigung der feststellenden oder verlangenden Äußerungen gebraucht, vgl. Gen 24,2f; 1Kön 22,16.
90 Vgl. außer den zitierten Beispielen: Gen 24,2–4; Num 22,5f.11; Jos 10,4.6; Ri 9,31; 16,5; 17,10; 1Sam 16,22; 20,1–8.14; 22,3; 27,5; 2Sam 14,4ff.32; 19,6ff; 1Kön 15,19; 22,4.34.50; 2Kön 3,7; 4,28.30.40; 5,6; 6,5.15; 10,15f; 16,7f; 17,26. In loser Anlehnung an

Die vorgeführten Beispiele lassen erahnen, was man anhand aller 49 Texte dieser ersten Gruppe belegen kann: (1) Es kommen nie alle ermittelten Elemente in einer einzigen Bittrede zusammen. (2) Einige Elemente sind in ihrer Funktion mehrdeutig. (3) Die Reihenfolge der Redeteile ist sehr flexibel. (4) Manche Kombinationen von Elementen treten auffallend oft auf.

In einer trockenen Statistik bieten die 49 Bittreden der ersten Gruppe folgendes Bild (dabei wird eine Bittrede auch dann als Einheit gewertet, wenn sie durch die Gegenrede des Adressaten unterbrochen ist; mehrdeutige Elemente werden in jeder Funktion mitgezählt): Die Zahl der Elemente einer Rede schwankt zwischen 1 und 8, der Schnitt liegt bei 2,8 (137 : 49). Einige Elemente kommen selten vor: (a) = 3mal; (g) = 3mal – allerdings verschmilzt dieses Element oft in (b); (h) = 3mal und immer in erster Position; (i) = 4mal; (j) = 1mal; (k) = 1mal. Die Hauptelemente dagegen haben diese Frequenz: (b) = 17mal; (c) = 45mal; (d) = 19mal; (e) = 11mal (in allen drei Bündnisbitten vertreten); (f) = 12mal. – Die Mehrdeutigkeit der Elemente ist oben schon erwähnt worden, wir zählen 9 solcher Fälle. – Zur Reihenfolge: Das Bittelement (c) steht 20mal am Anfang der Bittrede bzw. völlig isoliert; 17mal ist es regelrecht von anderen Redeteilen eingerahmt, behauptet also eine strategische Stelle im Mittelfeld. 6mal hält es die Endposition und 5mal ist die Bitte am Schluß der Rede wiederholt oder präzisiert. Die Begründung (d) hat ihre feste Stellung – wenn sie überhaupt vorkommt – hinter dem Bittelement (c), die Situationsschilderung (b) in der Regel (3 Ausnahmen) vor ihm. Ansonsten sind die Elemente in ihrer Position nicht festgelegt. – Eine sehr häufige Kombination geht die Bitte (c) mit den begründenden Elementen (b) und (d) ein: In 28 Fällen begleitet eins dieser Teile die Bitte, oder sie sind beide präsent. Weder die Klage (f) noch das Angebot (e) treten in erkennbaren Kombinationen auf.

Die statistische Auswertung dieser Textgruppe bestätigt die Ergebnisse der allgemeinen Untersuchung; sie kann aber nur den äußeren Rahmen abstekken. Wir müssen darüber hinaus nach der inneren Motivation der Gattung und nach möglichen Differenzierungen, die sich aus der Situation erklären lassen, fragen. Die schon angesprochene Einstellung des Bittenden zur Ursache der Not ist möglicherweise ein brauchbarer Leitfaden. Die Bittreden dieser ersten Gruppe nehmen z.T. das Problem der Verantwortlichkeit für Mangel und Not nicht zur Kenntnis; sie akzeptieren die beschwerliche Lage (vgl. oben Beispiel A), sie übergehen geflissentlich die eigentliche Schuldfrage (vgl. oben Beispiel B) oder scheinen an der Aufdeckung der Notursache uninteressiert[91]. Wo aber die Klage in den Vorwurf übergeht, wo Schuld- oder Unschuldsbekenntnis in die Bittrede einfließen oder wo in anderen Redeteilen Hinweise auf die Urheber des Unglücks enthalten sind, da gewinnt die Gattung in der Frontstellung gegen den oder die Bösen eine andere Dimension. Von den in Anm. 90 angeführten primären Belegstellen,

diese Texte können wir die ›letzten Wünsche Sterbender‹ hierherzählen (vgl. Gen 47,29f; Ri 8,21; 9,54; 11,36f; 1Sam 31,4) oder das Bündnisersuchen (vgl. Gen 21,22f; Jos 9,6ff; 2Sam 3,12) und die Bitte um Herrschaftsübernahme bzw. Herrschaftsübertragung (vgl. Ri 8,22; 9,8ff; 11.6.8; 2Sam 19,15; 2Sam 15,2ff; 19,12ff).

91 Hungersnöte, Epidemien, Feindverheerungen sind Strafen Gottes (vgl. 2Sam 24,15) und werden manchmal als unausweichlich hingenommen: vgl. Num 22,4; Ri 16,5; 17,10; 1Sam 16,22; 1Kön 22,4 (vgl. V.3!); 22,34.50; 2Kön 4,40; 6,5.15; 10,15f.

36 an der Zahl, zeigen mehr als die Hälfte diese Stoßrichtung, und zwar gegen die Feinde (in Klammern das Redeelement, das den Hinweis enthält):
Jos 10,4 (d); 10,6 (d); Ri 9,31ff (b); 1Sam 20,1ff (h + f); 20,12ff (j); 2Sam
14,4ff (f); 14,32 (h); 1Kön 15,19 (c + d); 2Kön 3,7 (b); 2Kön 16,7 (c); 17,26
(f), gegen den Bittempfänger selbst: 1Sam 22,7f (f); 27,5 (f); 2Sam 19,6ff
(f); 2Kön 4,28 (f), gegen den Bittsteller (Schuldbekenntnis!): 1Sam
15,24.30 (h). In einigen Texten wird mehr oder weniger deutlich ausgesprochen, daß der eigentliche Verantwortliche Jahwe ist, vgl. Num 14,3; 1Sam
22,3; 28,15; 2Kön 5,6; 2Kön 17,16. Das Motiv der Abwehr des Bösen ist
damit auch in den verlangenden Bitten festgestellt.

2.1.7.2

In der zweiten Gruppe von Texten geht es um die Übereignung von lebenswichtigen Gegenständen, um die Bereitstellung des Lebensunterhaltes oder
die Freigabe von Personen, die dem Bittsteller zugehören. Die Grenzen zu
den Bitten um persönliches Eingreifen sind deshalb fließend, weil dort neben der persönlichen Hilfe sachliche Aufwendungen mit eingeschlossen
sein können; umgekehrt erfordert hier die Gewährung der Bitte um einen
lebensnotwendigen ›Gegenstand‹ auch persönlichen Einsatz[92].
Ein ausgeführtes Beispiel und die statistische Auswertung der Texte mögen
für diesen Sachbereich genügen. – Die hungernden Ägypter bitten den
Hauptverwalter des Pharaonenreiches, Josef, zum zweitenmal um Brot:

(E)
Wir wollen dem Herrn nicht verschweigen,
daß wir kein Geld mehr haben; (b)
unser Viehbesitz gehört dem Herrn,
es ist (uns) nichts vor dem Herrn geblieben,
als unsere Leiber und unser Land. (f)
Warum sollen wir vor dir sterben,
wir und unser Land? (f)
Kaufe uns und unser Land mit Brot, (c)
dann wollen wir und unser Land dem Pharao dienstbar sein. (e)
Gib uns Saatgut, (c)
damit wir am Leben bleiben und nicht sterben,
und das Land nicht verödet. (d)   Gen 47,18f

---

92 Die Bitten der Gruppe II zielen auf Nachkommenschaft (Gen 16,2; 30,1) und Landbesitz
(Num 27,3f; 32,4; Jos 14,12; 15,18f; 17,14; Ri 1,14f; 1Kön 21,2), auf die Rückgabe der Frau
oder des Kindes (Gen 29,21; 2Sam 3,13f; 1Kön 3,17ff; 17,19) und Überlassung einer Geisel
(Gen 42,37; 43,8ff), auf Erstellung eines Gottesbildes (Ex 32,1) und den lebenswichtigen Segensspruch (Gen 27,19.31ff), auf die Überlassung eines Zaubermittels (Gen 30,14), die Asyl-
gewährung oder ein Nutzungsrecht (Gen 47,3f; Num 20,14ff; 21,22), auf die Lieferung von
Waffen oder Baumaterial (1Sam 21,9; 1Kön 5,17ff) und die Herbeiführung eines Waffenstill-
standes (2Sam 2,26) – in der Mehrzahl der Fälle jedoch auf Speise und Trank (Gen 24,17.45;
25,30; 40,7f.14f; 47,15.18f.25; Ex 16,3; 17,2f; Num 11,4ff; 20,3ff; 21,5; Ri 4,19f; 8,5; 1Sam
21,4; 2Sam 23,15; 1Kön 17,10f.13; 2Kön 2,19; 4,1; 6,26).

Die 49 Bittreden dieser Gruppe haben insgesamt 125 Einzelelemente, im Durchschnitt also 2,5 pro Rede; die einzelnen Bittreden zeigen einen Bestand von maximal 6 Elementen. Einzelvorkommen der Elemente: (a) = 3mal; (g) = 5mal; (h) = 1mal; (i), (j), (k) kommen nicht vor. Die Hauptelemente: (b) = 15mal; (c) = 36mal; (d) = 19mal; (e) = 10mal; (f) = 18mal. Beim Zahlenvergleich fällt einmal die geringere Durchschnittszahl der Bestandteile einer Bittrede auf, zum anderen die Abnahme des Bittelements (c) und die Zunahme der Klage (f). Anscheinend ist bei der Bitte um Objekte die Situation oft so klar, daß die ausdrückliche Bitte fehlen, bzw. leicht durch das Klageelement (f) vertreten werden kann. Über die Reihenfolge der Elemente ist kaum etwas Neues zu sagen. Die Bittrede beginnt 24mal mit dem Bittelement, bzw. sie besteht nur aus diesem; 9mal ist die Bitte beiderseitig eingerahmt und 8mal beschließt sie die Rede, bzw. sie wird am Ende wiederholt. Die Begründung (d) folgt wieder unmittelbar auf die Bitte (17mal; 1mal geht sie der Bitte voraus, 1mal ist sie durch das Angebotselement von ihr getrennt). Die Situationsschilderung (b) steht in allen Fällen vor der Bitte; das Angebot (e) nur in 2 Fällen vor, sonst nach der Bitte. Die Klage ist 7mal mit dem Bittelement kombiniert, 11mal aber unabhängig von ihm: Dann vertritt sie die fehlende Bitte. In den 7 erstgenannten Fällen findet man die Klage 3mal vor und 4mal hinter dem Bittelement, ihre Stellung ist also in keiner Weise fixiert. Die begründenden Elemente (b) und (d) treten gemeinsam oder einzeln in 27 Texten auf.

An einer Verfolgung der Schuldfrage uninteressiert zeigen sich 21 der 49 Texte: Num 32,4ff; Jos 14,12; 1Kön 21,2, die einen Neubedarf an Land anmelden; Gen 29,21; 2Sam 3,13, die verdienten Arbeitslohn einfordern; Gen 24,17.45; 25,30; 42,7; Ri 8,5; 2Sam 23,15; 1Kön 17,10ff, die Hunger oder Durst zu stillen versuchen; Gen 27,19, das die normale Segensbitte ausspricht, und diverse andere Stellen: Gen 30,14; 42,37; 47,3f; Num 20,14ff; 21,22; 1Kön 17,19; 2Kön 2,19; 6,26. Texte, welche der Schuldfrage nachgehen, suchen die Verantwortung in keinem Falle beim Bittsteller selbst (Schuldbekenntnisse fehlen), sondern in der Mehrheit beim Bittempfänger (in Klammern die Elemente, die derartige Andeutungen enthalten): Gen 30,1 (f); Num 27,4 (f); Jos 15,19 = Ri 1,14 (b); 17,14 (f); Gen 29,25 (f); 43,10 (f); 2Sam 2,26 (f); Gen 47,15 (f); 47,18f (f); Ex 16,3 (f); 17,3 (f); Num 20,4f (f); 21,5 (f), in kleinerer Zahl bei einem Dritten oder einem Feind: 1Kön 3,20 (g); 3,22 (b); Ex 32,1 (d); Gen 27,36 (f); 1Kön 5,17 (g); 1Sam 21,3 (b); Ri 4,20 (c); 2Kön 4,1 (f). Jahwes Verantwortung deuten an Gen 16,2 (b); Num 11,4f (f).

2.1.7.3

Die abwehrende Bitte hatte sich uns schon bei der Besprechung der negativen Bittformen, aber auch bei der Analyse der Einzelelemente der Bittrede sowie bei der Diskussion der positiven Bitte als Sonderform angekündigt. Wir konnten feststellen, daß die abwehrende Haltung mit zu den Vorgegebenheiten der unter dem Eindruck der Not gesprochenen Bitte gehört. Sosehr der Bittsteller darauf aus sein muß, Hilfe zu erhalten und sein eigenes Los zu verbessern, sosehr wird er andererseits alles Schlimme von sich fernhalten wollen. Wir halten uns wieder an jene Textbeispiele, in denen die Abwehr schwerer Not und gefährlichen Mangels im Vordergrund steht. Das ist oft in Situationen der Fall, in denen ein Mensch um Verschonung oder Verzeihung bittet. Einige Textbeispiele und die kurze statistische Übersicht mögen das verdeutlichen.

Aaron wendet sich, nachdem seine Schwester Mirjam zur Strafe für ihren Ungehorsam aussätzig geworden ist, an Mose:

(F)
Ach, Herr, (a)
laß doch die Sünde nicht auf uns sitzen,
die wir törichterweise getan haben. (c)
Laß sie nicht wie eine Totgeburt aussehen,
der das Fleisch zur Hälfte weggefressen ist,
wenn sie aus dem Mutterleib kommt. (c)   Num 12,11f

Schimi, der David bei dessen überstürzter Flucht aus Jerusalem verflucht hatte (2Sam 16,6ff),
muß den zurückkehrenden König um Gnade anflehen:

(G)
Rechne mir, Herr, (a)
die Schuld nicht an; denke nicht (mehr) daran,
was dein Knecht Schlimmes getan hat, (c)
als der Herr König aus Jerusalem ging; (g)
der König trage es nicht nach. (c)
Denn (ich) dein Knecht weiß, daß ich gesündigt habe. (d + h)
Sieh, heute komme ich als erster vom ganzen Stamm Josef
dem Herrn König entgegen. (e)   2Sam 19,20f

Der Großgrundbesitzer Nabal ist in Lebensgefahr, weil er dem Kondottiere David die fälligen
Abgaben verweigert hat (1Sam 25,1ff). Nabals Frau Abigajil erkennt richtig, daß nur ein sofor-
tiger Bußgang zum tödlich gekränkten Söldnerführer helfen kann; sie fällt vor David nieder
und sagt:

(H)
Ich allein bin schuldig, Herr, (h) (a)
laß doch deine Magd vor dir reden,
höre dir die Worte deiner Magd an. (c)
Mein Herr möge sich nicht über diesen törichten Kerl Nabal aufregen, (c)
denn wie sein Name schon sagt:
Er ist ein Narr, in ihm steckt nur Dummheit. (d)
Ich selbst, deine Magd, habe die Leute,
die du geschickt hast, nicht gesehen. (h)
Nun, Herr, so wahr Jahwe lebt und du lebendig bist:
Jahwe hat dich davor bewahrt, in Blutschuld zu fallen
und dir selbst Recht zu verschaffen. (b)
Nun soll es deinen Feinden wie dem Nabal gehen,
allen denen, die meinem Herrn Böses wünschen. (j)
Hier ist nun das Geschenk, das deine Magd für dich
mitgebracht hat: Es soll den Männern gegeben werden,
die mit meinem Herrn ziehen. (e)
Vergib deiner Magd die Dreistigkeit, (c)
aber Jahwe möge meinem Herrn ein mächtiges Haus gründen, (i)
denn mein Herr führt die Kriege Jahwes. (d)
Kein Unglück soll dich dein Leben lang behelligen. (i)
Wenn sich jemand gegen dich auflehnt,
dir nachstellt und dir ans Leben will,

so soll mein Herr unter den Lebenden bei Jahwe,
deinem Gott, aufgehoben sein. (c)
Das Leben deiner Feinde aber
möge er mit einer Schleuder fortschießen. (j)
Jahwe möge all das Gute, das er dir zugesagt hat,
eintreffen lassen und dich zum Führer Israels machen.
Dann soll dich dies nicht belasten,
daß mein Herr etwa unnötig Blut vergossen
und sich selbst Recht verschafft hätte.
Jahwe möge meinem Herrn Glück verleihen! (c + i)
Wenn das geschieht, denke bitte an deine Magd. (c)

Die Statistik zeigt, daß sich die Bittreden dieser Gruppe z.T. erheblich von den in den beiden vorigen Abschnitten behandelten unterscheiden. Die Gesamtzahl der Einzelelemente ist 152, sie verteilen sich auf 40 Kompositionen. (Außer den zitierten Beispielen rechnen wir zu dieser Gruppe: Gen 19,7f; 26,16; 32,5; 33,8.10.11; 42,10; 42,36; 44,16ff; 50,17f; Ex 5,15; 20,19; 32,22.24; Num 22,28.30; Dtn 1,27f; 5,24ff; Jos 2,12f; 9,6.11; Ri 11,12; 11,35; 19,23; 1Sam 11,1.3; 15,32; 24,9.10ff; 26,18ff; 26,21; 2Sam 19,27ff; 20,16ff; 20,21b; 1Kön 1,51.53; 12,4; 18,9ff; 20,32; 20,39; 2Kön 1,13f; 4,16; 18,14f.) Das macht im Schnitt 3,8 gegenüber 2,8 und 2,5 in Gruppe I bzw. II. Die Minimalzahl von 1 Element pro Bittrede ist nur in 4 Texten belegt (Ri 11,12; 1Sam 15,32; 1Kön 1,51; 20,39f); daneben stehen ungewöhnlich breit angelegte Reden, wie die der Abigajil (Beispiel H: 17 Glieder) oder die Ausführungen Davids vor Saul 1Sam 26,18ff (12 Glieder), die Bitte der Brüder vor Josef Gen 44,18ff und eine weitere Rede Davids vor Saul 1Sam 24,10ff mit je 8 Gliedern. Eine solche Anhäufung von Einzelteilen zu komplexen Gebilden ist sicher nicht ausschließlich auf das Konto des Erzählers oder Schriftstellers zu setzen; sie muß in der Sache begründet sein. – Im einzelnen kommen vor: (a) = 8mal; (g) = 9mal; (h) = 11mal; (i) = 3mal; (j) = 1mal, und von den Hauptelementen: (b) = 14mal; (c) = 29mal; (d) = 11mal; (e) = 13mal; (f) = 17mal. Der numerische Abstand zwischen Haupt- und Nebenelementen ist also beträchtlich zusammengeschrumpft; die Zahlen für (a) Anrede und (h) Bekenntnis sprechen dafür, daß mit höherem persönlichen Einsatz gesprochen wird. Die Rückblicke (g) beweisen, wie wichtig für die Bitten um Verschonung und Vergebung die Vorgeschichte ist. Weiter ist eine Verschiebung der Zahlenwerte für Bitte (c) und Begründung (d) gegenüber den beiden ersten Gruppen festzustellen: Der Anteil der Bittreden, welche diese Elemente enthalten, ist in

	Gruppe I	II	III
(c)	90%	72%	72,5%
(d)	38%	38%	27,5%

Im Vergleich zu Gruppe I haben die Werte für Gruppe III bei beiden Elementen stark abgenommen; im Vergleich zu Gruppe II ist nur das Begründungselement rückläufig. Ein deutliches Ansteigen der Verhältniszahlen ist für Angebot (e) und Klage (f) zu konstatieren:

	Gruppe I	II	III
(e)	22%	21%	32,5%
(f)	24%	37%	42,5%

Die Anordnung der Elemente scheint noch weniger an eine feste Reihenfolge gebunden als in den beiden ersten Gruppen. Das Bittelement (c) beginnt in 12 Fällen die Rede, manchmal allerdings nur als einleitende Bitte. Es wird 13mal innerhalb derselben Rede wiederholt, oft natürlich in verschiedener Sprechrichtung. 12mal hat es eine Mittel- oder Endposition. Am Beginn der Bittrede stehen außerdem: Die Situationsschilderung (b) = 4mal; die Klage (f) = 9mal; ein Bekenntnis (h) = 4mal; der Rückblick (g) = 2mal. Da die Anrede in der Eröffnung nur 8mal vorkommt, fehlt eine typische Anfangsformel. Die Rede beschließen: die Begründung (d) = 6mal; die Bitte (c) = 11mal; die Situationsschilderung (b) = 4mal; die Klage (f) = 6mal; das Angebot (e) = 8mal; der Rückblick (g) = 2mal; das Bekenntnis (h) = 3mal. Bitte und Angebot halten eine knappe Mehrheit gegenüber den anderen Elementen; man wird auch hier nicht von typischen Schlußformulierungen sprechen können. – Ins Auge fallende Kombinationen von Elementen sind ebenfalls rar: (c) + (d) erscheinen 8mal; (c) + (e) 11mal; (f) + (c) 5mal; (h) + (c) 3mal, dazu (c) + (h) 1mal. Von gattungsmäßig signifikanten Zusammenstellungen kann auch dabei nicht die Rede sein.

2.1.8
Die Gattung »Bitte« im Alten Testament

Die Gattungsanalyse der alttestamentlichen Bitte, so können wir im Rückblick sagen, muß auf sehr komplexe Sachverhalte eingehen, die z.T. nur mit Hilfe von sozialwissenschaftlichen Kategorien erfaßbar sind. Die ausformulierte Bittrede, bei der wir ansetzen müssen, ist jeweils nur das literarische, im langen Überlieferungsprozeß möglicherweise verformte Überbleibsel eines ehemaligen Bittrituals. Hintergrundsituation (Art des Mangels; Sozialstruktur; Rollenverteilung; Rechte und Pflichten der Akteure etc.), aktuelle Handlungsabläufe, Gestik, Mimik, Stimmlage des Bittenden sind integrale Bestandteile der Bitte. Die Analyse der Bittrede und ihrer Elemente muß diesen Gesamtrahmen berücksichtigen; unerläßliche Voraussetzung dazu ist eine sozialwissenschaftliche Betrachtungsweise.
Wie stellt sich die alttestamentliche, zwischenmenschliche Bitte unter diesem Gesichtswinkel dar? Wir beschränken uns bewußt auf die Bitte des Einzelnen. Wie oben aus dem Beispiel E ersichtlich, gibt es sicherlich auch kollektives Bittverhalten; aber es ist, zumindest in unserer Literatur, nur Abklatsch des individuellen Vorgehens. Wir werden nicht fehlgehen, wenn wir feststellen: Die Bitte ist primär ein dem Individuum dienendes, konventioniertes Zeichen- und Handlungssystem. Es soll – im weitesten Sinn – die Existenz der Einzelperson in der Gesellschaft sichern. Das ist nur möglich, wenn aus gegebenem Anlaß ein Güter- oder Kräfteausgleich zwischen Bittsteller und Bittempfänger erreicht werden kann. Der Besitzende muß von seinem ›Überfluß‹ mitteilen, soll der Bittende zu seinem aufgrund gesellschaftlicher Erwartungen und Wertsetzungen berechtigten Anteil kommen. Das Bittritual richtet sich also in allen seinen Schattierungen eindeutig auf die »Gewährung der Bitte« *(Westermann)*; wir brauchen jedoch diese Reaktion des Bittempfängers nicht in die Untersuchung der Bittgattung einzubeziehen. Die Bitte will also eine Mangelsituation zugunsten des Bittstellers im vorgegebenen sozialen Beziehungsfeld ausgleichen.

Wir wüßten natürlich gerne mehr über die in Israel jeweils für bestimmte gesellschaftliche Konstellationen geltenden Sonderausprägungen des Bittverhaltens. Leider sind unsere Quellen zu dürftig, als daß wir gesicherte Aussagen machen könnten. Doch lassen sich – teils aufgrund des heute beobachtbaren Gruppenverhaltens, teils anhand der aus den Texten erhebbaren Bittmuster gewisse Konstanten angeben, die die Bestimmung der Gattung und ihrer Funktion erleichtern. Die Möglichkeit, eine Bitte zu äußern, hängt sicherlich von einem Bittsteller und Bittempfänger umfassenden Wertsystem ab, das seinerseits Ausdruck eines gemeinsamen sozialen oder kulturellen Beziehungsfeldes ist. Genauer gesagt: Das Maß an vorgegebener, Bittenden und Besitzenden verbindender Solidarität ist für das Bittverhalten grundlegend wichtig. Der Notleidende wird sich unter der Voraussetzung, daß seine Mangelsituation ihm Alternativmöglichkeiten läßt, vorzugsweise an den Mitmenschen wenden, mit dem er in einem primären Bezugsverhältnis lebt. David und Jonatan geben ein gutes Beispiel dafür ab[93]. Mit abnehmender Intensität der zwischenmenschlichen Bindung wird das Bitten erschwert, müssen Barrieren der sozialen Distanz oder der kulturellen Fremdheit überwunden werden. Beispiel H zeigt, welche Anstrengungen das kosten kann, zumal dann, wenn die gemeinsame Solidaritätsbasis erschüttert ist. Nun ist es oft schwer, in den alttestamentlichen Beispielerzählungen den vorausgesetzten Grad an Solidarität abzuschätzen. In welchem Verhältnis stehen z. B. Saul und Samuel (oben Beispiele B und C) oder Aaron und Mose (Beispiel F), die hier sicher nicht als Brüder agieren? Die Analyse der Einzelelemente der Bittrede wird vielleicht von Fall zu Fall Auskunft darüber geben können, welches Maß an Solidarität vorausgesetzt wird. Anrede, Angebotselement, Klage und Vorwurf, Situationsschilderung, Begründung, Lob, Verwünschung, d. h. aber: praktisch alle Elemente

---

93 Vgl. oben Beispiel D, dazu den ganzen Kontext 1Sam 18–20 und folgende Texte: Gen 16,2; 19,7f; 24,2–4; 25,30; 27,19.31; 31,1.14; 32,5; 33,10f; 42,36f; 43,8f; 50,17f; Ri 11,35; 19,23; 2Sam 23,15; 2Kön 4,1; 6,1–3.5. Der überlieferte Stoff bringt es mit sich, daß über die Verhältnisse in den Primärgruppen relativ wenig zu erfahren ist. Es macht ja gerade den Reiz des Erzählens und der Geschichtsschreibung aus, die Spannungen und Konflikte wiederzugeben, die zwischen konkurrierenden Gruppen entstehen können. Das gilt gleichermaßen für Gruppen im selben kulturellen und ethnischen Beziehungsfeld, also sozusagen ›innenpolitisch‹, wie interkulturell und ›international‹, also ›außenpolitisch‹. Im ersteren Fall wendet sich der Bittende in der Regel an den Höherstehenden, zu dessen ›Besitz‹ unter Umständen auch die jurisdiktionelle Gewalt gehört, vgl. Gen 47,15.18f.25; Ex 5,15f; 16,3; 17,2f; 32,22–24; Num 20,3–5; 21,5; Ri 9,31ff; 1Sam 24,9.10–16; 26,18–20; 2Sam 14,4–7; 19,6–8.27–29; 20,16–18; 1Kön 1,51; 3,17ff; 12,4; 20,39; 2Kön 6,26. Den eigenen gesellschaftlichen Bereich verlassen die Bittenden in folgenden Texten; die Bittrede richtet sich ausdrücklich oder deutlich erkennbar an Angehörige einer Fremdgruppe: Gen 21,22f; 47,4; Jos 2,12f; 9,6; Ri 4,19f; 8,5; 11,12; 1Sam 11,1.3; 15,32; 22,3; 27,5; 1Kön 5,17–20; 15,19; 20,32; 2Kön 16,7; 18,14. Ein Sonderfall scheint dann vorzuliegen, wenn das Hilfsbegehren an einen sehr fernen ›Experten‹, Wahrsager, Beschwörer, Priester etc., ergeht (vgl. Gen 40,8; Num 22,5f; Ri 17,10; 2Kön 2,19; 4,30; 5,6ff); die angeführten Texte – und viele andere – machen gleichzeitig deutlich, daß die Bitte an einen ›berufsmäßigen Helfer‹ (man darf dabei ruhig an heutige Sozialarbeiter, Mediziner, Therapeuten, Advokaten etc. denken) spezielle Probleme aufwirft; vgl. *LvFerber*, KZS 27 (1975) 86–96.

der Bittrede, einschließlich der Bitte selbst, können Hinweise auf das gemeinsame Beziehungsfeld und die dort verankerten Normen und Verpflichtungen enthalten, die die Bitte ermöglichen.

Eine zweite Konstante ergibt sich aus der Tendenz aller sozialer Organis-
men, einen harmonischen Gleichgewichtszustand zwischen allen Beteiligten herzustellen. Wir sehen der Einfachheit halber von den auch feststellba-
ren entgegengesetzten Bestrebungen, die auf Selbstzerstörung oder Auflösung der sozialen Bindung zielen, ab und denken modellhaft an eine Primärgruppe. (Die Selbstregulierung zur Erreichung der sozialen Harmonie
gilt in abgeschwächter Form auch für sekundäre oder tertiäre Organisationen der Gesellschaft.) Wird an irgendeiner Stelle das Gruppengleichgewicht
gestört, müssen Ausgleichs- oder Abwehrmechanismen in Funktion treten,
damit der Bestand der Gruppe gewahrt wird. Die Gefährdung des Einzelnen
ist darum immer gleichzeitig eine Gefährdung der ganzen Primärgruppe,
der er zugehört. Bitrituale können Teil des Instrumentariums sein, das die
Gruppe zum Selbsterhalt einsetzt. Weil Abarahams Leben bedroht ist (oben
Beispiel A), ist auch die Gruppe in ihrer Existenz bedroht. Auf Bitte des Fa-
milienchefs erfolgt eine scheinbare Umstrukturierung der Gruppe, die das
Opfer der Frau als geringeres Übel ermöglicht, so auch z.B. Ri 11,34ff;
19,23ff. Wo das Gruppenverhältnis intern schuldhaft gestört ist, muß die
Bitte um Wiederherstellung der Ordnung natürlich ein Schuldbekenntnis
des Täters enthalten, so Gen 50,15ff. Materieller Ausgleich von Mangeler-
scheinungen innerhalb der Primärgruppe gehört zu den Selbstverständlich-
keiten, die im Alten Testament kaum erwähnt sind. Wer wird dem Sohn,
der um Brot bittet, denn Steine bieten (Mt 7,9)? Das bedeutet: Nicht nur der
Einzelne, der im Bittritual die Solidarität der Gruppe in Anspruch nimmt,
hat Interesse an der regulierenden Funktion der Bitte, sondern auch die
Gruppe ihrerseits, die das Bittschema zur Verfügung stellt und mit ihren
Erwartungen und Sanktionen seine Ausführung überwacht.

Die alltägliche Bittrede gehört demnach auch im Alten Testament zu den gesellschaftlichen Ausgleichs- und Abwehrmechanismen, die gleichzeitig die
Existenz der Einzelperson und der mitbetroffenen sozialen Gruppe schützen. Wir werden fragen müssen, wie weit diese grundsätzliche Klassifizierung auch für die Bittgebete des Psalters zutrifft. Außerdem wollen wir folgende Ergebnisse festhalten, die eventuell für das Verständnis der Klagepsalmen wichtig sein können:

(1) Die Kenntnis der Lebenssituation, in der die Bitte geschieht, der Handlungsabläufe, durch die sie sich verwirklicht und des ebenfalls gesellschaftlich konventionierten persönlichen Gebarens des Bittstellers ist unabdingbare Voraussetzung für das volle Verständnis der Gattung.

(2) Jede Gattungsdefinition muß die ritualisierten Begleithandlungen und
sonstige standardisierte Elemente der zum Sprechakt gehörenden Handlung
mit berücksichtigen. Wenn wir die literarisch erhaltene Bittrede des Alten
Testaments als eine ›Gattung‹ ansprechen, dann nur als pars pro toto, d.h.
für die gesamte Bitthandlung. Im weiteren Sinn heißt das: Die Gattungs-

analyse muß die gesellschaftlichen Beziehungen der Texte aufdecken; eine Gattungsgeschichte des Alten Testaments könnte nur im Zusammenhang mit seiner Sozialgeschichte geschrieben werden.

(3) Eine literarische Erklärung alttestamentlicher Texte allein kann also nicht genügen. Das ergibt sich auch daraus, daß die Oberflächengestalt der Sprache sich nicht unbedingt mit der Aussageintention deckt. Sprache und Literatur werden nur durch den jeweiligen gesellschaftlichen Kontext einigermaßen eindeutig.

(4) Redeteile, die innerhalb einer bestimmten Gattung erkennbare Teilfunktionen übernehmen, nennen wir die ›Elemente‹ dieser Gattung. Wir konnten beobachten, wie die Elemente der Bittrede auf vielfache Weise miteinander verknüpft und dem eigentlichen Bittelement zugeordnet werden können. So wie Bittsituation, Bitthandlung und Bittrede zusammen das Signal ›Bitte‹ vermitteln, wirkt auch die Bittrede für sich betrachtet nur durch das Zusammenspiel aller Einzelelemente.

(5) Eine auffällige, in der Gattungsanalyse noch zu wenig beachtete Erscheinung ist die Auswechselbarkeit mancher Elemente einer Gattung. In der Bittrede können z.B. Situationsschilderung oder Klage für die explizite Bitte eintreten; nach unseren Vorstellungen untergeordnete Elemente können also die Funktion des Hauptelements übernehmen. Die Funktion einer literarischen Gattung oder eines Gattungselements wird also nicht allein von der Sprachgestalt bestimmt; vielerlei Faktoren der Gesamthandlung spielen mit.

(6) Bei der Gattungsanalyse der Psalmen wie auch anderer Texte sind immer wieder Formenreichtum und vielseitige Kombinationsmöglichkeiten der Gattungselemente aufgefallen. Wir gehen davon aus, daß jede Bittsituation in ihrem kulturellen und gesellschaftlichen Kontext eine gewisse Bandbreite der Ausdrucksmöglichkeiten sowohl verbaler als nichtverbaler Art gestattet. Eine Grenze dürfte jeweils dadurch gesetzt sein, daß im Zusammenspiel der Einzelelemente das Signal ›Bitte‹ klar erkennbar sein muß. Darüber hinaus können wir damit rechnen, daß die stammesgeschichtlich weitaus älteren, ritualisierten Handlungselemente tiefer eingeschliffen und stärker fixiert sind als die Redeteile der Bitthandlung.

(7) Das in den Erzähltexten des Alten Testaments erkennbare Bittschema ähnelt in seinen Einzelteilen und seiner Gesamtstruktur dem Vorgang, den wir aus den Klageliedern des Einzelnen erschließen können. Dies ist unsere Arbeitshypothese für das dritte Kapitel; sie muß sich allerdings erst bei der Analyse der babylonischen Gebetsbeschwörung, deren Bittgebete seit langem mit den alttestamentlichen Klageliedern des Einzelnen verglichen werden[94], bewähren.

---

94 Vgl. HGunkel u. JBegrich, 186; 217f; 222f; 225; 243; 260f; u.ö. SMowinckel, Worship II, 176–192; FStummer, Sumerisch-akkadische Parallelen zum Aufbau alttestamentlicher Psalmen, Paderborn 1922; GWidengren; RGCastellino. Alle Arbeiten konzentrieren die Aufmerksamkeit jedoch auf den literarischen Vergleich; die Analyse des ›Sitzes im Leben‹ kommt zu kurz.

2.2
Das Gebet in der babylonischen Beschwörung

2.2.1
Ausgangspunkt und Quellenlage

Dem Alttestamentler, der sich in den Bereich der anderen altorientalischen Wissenschaften begibt, ergeht es wie Alice im Wunderland: Er ist überwältigt von der Vielfalt der Erscheinungen, die sein Interesse beanspruchen. Um unser Ziel im Auge zu behalten und der Gefahr einer dogmatischen Verzeichnung altorientalischer Verhältnisse möglichst zu entgehen, sind ein paar Vorbemerkungen am Platze.

2.2.1.1
Die Wissenschaftler, die sich mit den Kulturen des Alten Orients beschäftigen[1], stehen vor denselben Schwierigkeiten wie ihre alttestamentlichen Kollegen. Ihnen stehen für ihre Arbeit nur solche Quellen zur Verfügung, die zufällig die Jahrtausende überdauert haben und die wiederum mehr oder weniger zufällig in unserer Zeit neu entdeckt worden sind. Ein direkter Zugang zu den antiken Kulturen fehlt. Wir können nicht einmal mehr die Impulse, die einst von ihnen ausgegangen sind, in ihren Nachwirkungen rein und klar empfangen und als Richtstrahl für unsere Forschungen benutzen. Geistige und geschichtliche Bewegungen und Verwerfungen größten Ausmaßes haben die Zugangsstraßen verschüttet[2].

Bei dieser Sachlage ist es verständlich, daß alle auf uns gekommenen Kulturreste aus dem Vorderen Orient in hohem Maße interpretationsbedürftig sind. Und weil jeder Verstehensvorgang Aufnahme und Aneignung dessen ist, was dem Verstehenden gemäß ist, kann es nicht weiter verwundern, wenn sich das in der Rückschau entworfene Bild vom Alten Orient in jedem

---

1 Wenn wir vom Alten Orient sprechen, meinen wir geographisch jene vier Großräume mit z.T. mehreren miteinander verzahnten und aufeinander folgenden Kulturen: das Niltal, Syrien und Palästina, das Zweistromland mit seinen Randgebirgen und Kleinasien. Zeitlich sind die rund drei Jahrtausende von Belang, die zwischen dem Auftauchen der ersten Schriftdokumente und der endgültigen Eingliederung der das östliche Mittelmeer begrenzenden Länder in das westlich orientierte römische Weltreich liegen.
2 Das AT hat kontinuierlich auf die jüdischen und christlichen Glaubensgemeinschaften eingewirkt; dennoch nimmt es nur scheinbar eine Sonderstellung in dieser Frage ein. Die fortschreitende Interpretation hat sehr bald die ursprünglichen Aussagen der at.n Erzähler, Dichter, Schriftsteller überlagert. Nicht einmal die Kenntnis der hebräischen Sprache blieb von diesem Prozeß verschont (vgl. die eigenwillige Kritik von *ASperber*, A Historical Grammar of Biblical Hebrew, Leiden 1966). Die at.e Wissenschaft bestätigt unbewußt die verfremdende Wirkung der Tradition: sie ignoriert weitgehend die jüdische und christliche Exegese zwischen dem 2. vorchristlichen und dem 19. nachchristlichen Jahrhundert.

Fall auf die Welt des jeweiligen Betrachters bezieht. Gelegentlich ist die Abhängigkeit von der Kultur der Gegenwart größer als der Anspruch auf wissenschaftliche Objektivität zuläßt. Das gilt auch dort, wo man die antike Kultur als Gegenpol zur eigenen ansehen möchte, sie also als mythisch, ungeschichtlich, vorrational usw. abqualifiziert. Mit solchen vereinfachenden Darstellungen, die ihre Maßstäbe einer Weltanschauung der Moderne entnehmen, ist uns wenig geholfen. *RBenedicts* schon erwähnte Devise, jede Kultur als ein sehr kompliziertes Gewebe von Wertungen und Gewohnheiten mit je eigenem Muster zu verstehen, sollte uns darum zu der nötigen Vorsicht in der Darstellung und Beurteilung antiker Kulturen verhelfen.

Die Altoritentalisten und die Alttestamentler unter ihnen sitzen also in einem Boot. Was die Arbeitsbedingungen angeht, lassen sich natürlich beachtliche Differenzen zwischen den Fachgebieten feststellen. Aber die Ausgangsposition ist für Ägyptologen, Assyriologen, Sumerologen usw. dieselbe wie für den Alttestamentler; und die Methoden und Ziele der Forschung decken sich bis zu dem Punkt, wo der Alttestamentler seiner Glaubensgemeinschaft Rechenschaft über die Ergebnisse seiner Arbeit zu geben hat. Die Zusammenarbeit aller Altorientalisten ist daher möglich; sie wird zur Notwendigkeit, wenn die weitreichende Verflechtung der alten Kulturen untereinander erkannt und anerkannt ist[3].

2.2.1.2

Es geht uns in dieser Arbeit speziell um die Gebetsliteratur des Alten Orients. Das alltägliche Bittformular, das bei den Nachbarn Israels verwendet wurde, wollen wir ausklammern[4], weil seine Untersuchung keine wesentlichen neuen Erkenntnisse verspricht und zu weit vom Ziel wegführen würde. Wir wollen zu den eigentlich religiösen Bitten übergehen. Um der Übersichtlichkeit willen müssen wir uns auf einige Texttypen und wenn möglich auf eine bestimmte Zeitperiode beschränken; eine umfassende Untersuchung würde alle hier gesetzten Grenzen sprengen. Wir werden also z.B. auf eine Diskussion der wichtigen hethitischen Gebete[5] verzichten.

---

3 Vgl. *MNoth*, WAT³ VII: »Ohne Rücksicht auf diese Zusammenhänge ist . . . eine Wissenschaft vom Alten Testament nicht mehr möglich.« Es wäre reizvoll, diese Grundfragen unter folgenden Gesichtspunkten weiter zu verfolgen: a) Das Selbstverständnis der altorientalischen Wissenschaften; b) Die Beeinflussung der Altorientalistik durch die christliche Theologie (Begriffsinstrumentarium und Wertmaßstäbe sind oft ganz augenfällig der zeitgenössischen Theologie und Philosophie entlehnt, vgl. z.B. *MJastrow*; *SMorenz*, Gott und Mensch im alten Ägypten, Leipzig 1964); c) Die Auswirkungen altorientalischer Studien auf die at.e Forschung (vgl. *HJKraus*, Geschichte passim); d) Die Altorientalistik in den sozialistischen Staaten und in den neuen Nationalstaaten des Vorderen Orients.
4 Vgl. *HGrapow*, 101ff; *ESalonen*.
5 Eine gute Übersicht über das vorhandene Textmaterial und seinen Inhalt bieten *AGoetze*, 146ff; *GFurlani*, *HOtten*, RLA III, 170–175; eine repräsentative Textauswahl in Übersetzung: *AGoetze*, ANET³ 393ff; die Untersuchung eines Stadtkultes: *VHaas*, Der Kult von Nerik, Rom 1970; ein (von den Assyrern entlehntes?) Heilungsritual: *OCarruba*, Das Beschwörungsritual für die Göttin Wišurijanza (StBT 2) Wiesbaden 1966.

Ebenso werden die ägyptischen Beispiele[6] außerhalb unseres Gesichtskreises bleiben müssen. Wir wenden uns hauptsächlich den babylonisch-assyrischen Gebeten zu und berücksichtigen auch die sumerischen Texte nur am Rande[7]. Aber selbst innerhalb der akkadisch überlieferten Literatur gilt es nach einer kursorischen Übersicht eine repräsentative Auswahl zu treffen. Wo können wir in dem uns zur Verfügung stehenden Korpus von Texten Gebete erwarten, die situationsmäßig mit der ›Bitte aus der Not‹ zu vergleichen sind? Epen, Annalen, Königsinschriften, Briefe, kurz, die erzählenden und informierenden Quellen, bezeugen wohl häufig das Gebet an einen und vor einem Gott[8], sie lassen uns den äußeren Rahmen des Betens erkennen, bieten aber kaum ausgeführte Proben. Weil die Überlieferung in dieser Hinsicht karg ist, sind wir auch über das freie, spontane Gebet nur ungenügend unterrichtet. Die direkteste und beste Bezeugung finden die babylonisch-assyrischen Gebete in der sogenannten Ritual- und Beschwörungsliteratur[9]. Es handelt sich im großen und ganzen um agendarische Textsammlungen, die den Exorzisten, Priestern, Diagnostikern und Heilpraktikern Anhaltspunkte für die korrekte Amtsführung bieten. Die zu rezitierenden Gebete sind entweder durch ihre Anfangszeilen oder im vollen Wortlaut verzeichnet. Zu den relevanten Zeugnissen zählen auch die Tafeln, die Vorbereitung und Durchführung der Opferschau regelten[10], ferner die Anweisungen, die der medizinischen Diagnostik und Therapie dienten[11]. Auch sie können Gebete enthalten oder auf die Rezitation von Gebeten hinweisen.

Unsere Vorstellung vom Gebet, die stark von einer späten christlichen Tradition des privaten Betens geprägt ist, wird durch die babylonischen Beispiele in Frage gestellt. Sie kennen das Gebet nicht als solitäre Veranstaltung. Selbst die Form des Gottesbriefes dürfte nicht so sehr die Übung des

6 Vgl. *LJCazemier*, Das Gebet in den Pyramidentexten, Ex Oriente Lux 15 (1957/1958) 47ff; *HKees*, Der Götterglaube im alten Ägypten, ²1956, passim; *SMorenz*, a.a.O. 88ff.

7 Die in sumerischer Sprache erhaltenen Gebete nehmen eine Zwischenstellung ein: Sie entstammen der sumerischen Tradition, sind aber im akkadischen Kultbetrieb überliefert und zum Teil sogar neu gebildet worden (vgl. *AFalkenstein*, RLA III, 157ff; *WvSoden*, RLA III, 166; *JKrecher*, 12ff). Man kann sie so wenig für die sumerische Kultur allein in Anspruch nehmen wie man die lateinischen Gesänge des Mittelalters als Zeugnisse für das Römische Reich werten darf. (Vgl. *AFalkenstein*, Zur Chronologie der sumerischen Literatur, MDOG 85, 1953, 1–13; *WWHallo*.)

8 Vgl. *WvSoden*, RLA III, 163.

9 Textausgaben und Interpretationsversuche sind zahlreich. Hier nur die wichtigste Literatur:: *LWKing*; *HZimmern*, BBR; *AFalkenstein*, Haupttypen; *WGKunstmann*; *EEbeling*, AGH; *ders.*, Beiträge (in RA 48–50); *RCaplice*, Namburbi (in Or. 34; 36; 39); *GMeier*; *EReiner*; *WvSoden*, Iraq 31 (1969) 82–89. Eine sehr gute formgeschichtliche Analyse bietet jetzt *WMayer*.

10 Vgl. *JAKnudtzon*; *WGLambert*, tamītu-Texts; *AGoetze*, JCS 22 (1968) 25–29.

11 Vgl. *RLabat*; *WGLambert*, Iraq 31 (1969) 28–39; *ders.*, AfO 23 (1970) 39–45; *RBorger*, Die erste Teiltafel der zi-pà-Beschwörungen (ASKT 11), in: W. Röllig (Hg.), lišān mitḫurti (Festschr. W. v. Soden = AOAT 1), Kevelaer/Neukirchen-Vluyn 1969, 1–22; *FKöcher*, Die babylonisch-assyrische Medizin in Texten und Untersuchungen, Berlin 1963ff (bes. Einleitung zu Bd. III, Berlin 1964); *ders.*, AfO 21 (1966) 13–20.

individuellen Betens als das Ritualgebet reflektieren[12]. Oppenheim hat also recht, wenn er meint, wir dürften die akkadischen Gebete nur in ihrem Handlungsrahmen betrachten[13]. Dabei muß allerdings klar bleiben, daß die sumerisch-akkadische Tradition uns nur eine Auswahl von Texten und Gattungen erhalten hat. Das berufliche Interesse der Fachleute, der *bārû-, āšipu-, mašmašu-* und anderer Priesterklassen, hat zur schriftlichen Fixierung der Ritüaltexte geführt. Für echte Privatgebete, falls es solche gegeben hat, lag keinerlei Anlaß zur literarischen Konservierung vor. Wie von anderen Gattungen bekannt, bahnte sich später auch für die Beschwörungsliteratur ein gewisser Kanonisierungsprozeß an, den man an den erhaltenen Tafeln in Ansätzen nachweisen kann[14].

Wir müssen mithin die babylonischen Gebete aus der Lebenssituation der Beschwörung zu verstehen suchen. Die sumerisch-akkadischen Gattungsbezeichnungen, die vielfach mit den Texten überliefert sind, können uns Hinweise auf Struktur und Gebrauch der Gebete geben; sie reichen aber für die Typenbestimmung der Gebete nicht aus[15].

2.2.2
Der Beschwörer im Ritual

Nach allem Gesagten muß klar sein, daß in den babylonischen Beschwörungen der ›liturgische Fachmann‹ der Hauptakteur ist. Er trägt die Verantwortung für die Vorbereitung und Durchführung der rituellen Handlungen, auch wenn Teile der Zeremonie, und zwar in Wort und Tat, vom Auftraggeber oder von anderen Teilnehmern ausgeführt werden. Wir wollen die im alten Babylonien vielfach spezialisierten Ritualexperten als ›Beschwörer‹ bezeichnen. Das ist ein wenigstens halbwegs zutreffender Sammelname,

12 Vgl. *AFalkenstein*, ZA 44 (1938) 1–25; *WWHallo*, JAOS 88 (1968) 71–89. *Hallo* meint, der Gottesbrief wurzele in einem ganz persönlichen Gebetsakt (»our letters reflect a practice of leaving petitions in the temple . . .« a.a.O. 79). Andererseits stellt er den Typ des Gottesbriefes als Bindeglied zwischen die neusumerischen *eršemma*-Psalmen (a.a.O. 80) und die nachsumerischen Bußpsalmen (*eršaḫunga*; a.a.O. 81f). Die Strukturanalyse bestätigt diese Gattungszugehörigkeit der Gottesbriefe; damit ist m.E. aber auch ihre Verwurzelung im Ritus erwiesen.
13 *ALOppenheim*, Mesopotamia 175: »Prayers . . . are always linked to concomitant rituals . . . To interpret the prayer without regard to the rituals . . . distorts the testimony.«
14 Die Serien *šurpu* und *maqlû* sind z.B. in fester Tafelfolge zusammengefügt. Die *šu'illa*- und *namburbi*-Texte zeigen nur spärliche Spuren einer literarischen Kanonisierung (vgl. RA 49 34,b11 = »122. Tafel *namburbi*«; 49 184,a16b = »135. Tafel *namburbi*«; AGH 123,31 = »134. Tafel *šu'illa*«).
15 Der Wert der alten Gattungsnamen wird von den Fachleuten seltsamerweise immer noch sehr hoch veranschlagt, vgl. *AFalkenstein* u. *WvSoden*, SAHG 18ff.43ff; *ERDalgish*, 19ff; *JKrecher*, 18ff. Abgesehen von der überall eingestandenen Schwierigkeit, Ursprung und Bedeutung der sumerisch-akkadischen Fachausdrücke genau zu erfassen, entsteht immer wieder dadurch Verwirrung, daß einzelne Gattungen in unerwarteten Ritualzusammenhängen auftauchen. D.h., die alten Gattungsbezeichnungen wandern mit den Texten und verändern dementsprechend ihren Bedeutunggehalt (vgl. z.B. den Bedeutungswandel von *šu'illa*: *Kunstmann*, 43f; *JSCooper*, Iraq 32, 1970, 51ff). Auch im AT sind die ursprünglichen Gattungsnamen der Psalmen und Gebete kaum für unsere Gruppeneinteilungen zu gebrauchen.

denn keiner der sumerisch-akkadischen Berufsbezeichnungen läßt sich unmittelbar in unsere Welt übertragen. Die Bezeichnung ›Beschwörer‹ kann
annähernd die ärztlichen und liturgischen Funktionen des babylonischen
Heilpraktikers und Nothelfers beschreiben.

Erwartungsgemäß fehlen theoretische Abhandlungen über den Beschwörerberuf, seine Funktion in der Gesellschaft und in den Ritualen; aber die
Indizien sind zahlreich und klar: in den *namburbi*-Texten z.B. weisen manche Kolophone den *mašmašu* (bzw. *āšipu*), den Beschwörungspriester, als
den Eigentümer (und gleichzeitig den Schreiber?) des Rituals aus[16]. Er ist
mit dem verantwortlichen Leiter der Handlung identisch, denn die Ritualanweisungen wenden sich ausdrücklich an ihn, den Ausführenden, und
zwar in der direkten Anredeform der 2. Person! Das mutet im ersten Au-
genblick seltsam an. Der Eigentümer empfängt Anweisungen zur korrekten
Ausführung der heiligen Handlung. Formgeschichtlich ist diese Redeweise
jedoch leicht zu klären. Ritualanweisungen werden im Überlieferungsprozeß (auch vor der Benutzung der Schrift) vom Erfahrenen an den Lernenden
weitergereicht. Diese Form der mündlichen Unterweisung ist in den akkadischen Schrifttafeln weitgehend beibehalten[17]. Die Ritualanweisungen re-

---

16   Eine repräsentative Übersicht über das Auftauchen des Beschwörers in Kolophonen bietet
CAD 1, II 434. Wichtig an den Unterschriften etwa der *namburbi*-Serie ist: a) die Besitzeran-
gabe: z.B. »Tafel des Kiṣir-Aššur« (vgl. RA 48   180,16; 186,21; 49   188,41; 50   32,17); b)
die Tatsache, daß der Eigentümer sich als Sproß einer Beschwörerfamilie vorstellt (vgl. RA
48   180,17f; 186,21; 50   32,18); c) daß er auf seine feste Anstellung am Tempel Assurs Wert
legt (*mašmaš bīt aššur*: RA 48   180,16ff; 49   188,41; auch die Väter haben diese Position
gehalten!); d) daß manchmal Abschriften für den unmittelbaren Gebrauch hergestellt wurden
(vgl. RA 48   132,29f; 186,20; 49   188,40). Vgl. *HHunger*, Babylonische und assyrische Kolophone (AOAT 2), Kevelaer/Neukirchen-Vluyn 1968. Der Einwand *KDellers* gegen das oben
unter c) Gesagte ist sehr bedenkenswert: *Deller* argumentiert so: Der assyrische Tempel war
für das private Gebet ungeeignet, weil der Notleidende in seiner kultischen Unreinheit den offiziellen Kult störte. Der Tempel war auch Finanz-, Industrie- und Bildungszentrum, so daß
eine Bezugnahme auf ihn nicht gleichzusetzen ist mit einer Bestallung als Kultfunktionär
(schriftlich an mich; vgl. unten Anm. 26).
17   In den noch nicht zu umfangreichen Zyklen verknüpften Beschwörungssammlungen sind
die Anweisungen in der 2. Person Singular ganz klar in der Überzahl, man vergleiche nur die
von Ebeling herausgegebenen *namburbi*-Texte: RA 48   10,24ff; 130,46ff; 130,8ff; 132,2ff;
134,9ff; 136,8ff; 138,3ff; 178,7ff; 180,11ff; 182,3ff; 184,6ff; 186,14ff; 186,36ff;
49   38,15ff; 40,10ff; 137,2ff; 138,3ff; 140,10f; 140,7ff; 144,7ff; 148,14ff; 178,2ff; 182,10ff;
184,3ff; 184,25ff; 188,28ff; 50   22,4ff; 26,17ff; 26,1ff; 28,1ff; 30,4ff; 32,6ff; 86,5ff; 90,1ff;
90,14ff; 92,4f; 94,19ff. Mit dieser Masse an Belegstellen aus einer einzigen Teilsammlung ist
allerdings das Problem nicht aus der Welt geschafft, daß auch Anweisungen in der 3. Person
vorkommen (vgl. *HZimmern*, BBR 96ff passim). Vgl. *Ebeling*, resignierend, RA 50   25 Anm. 9: »Der Wechsel zwischen der
3. und 2. Person ist störend. Es ist wohl in den meisten Fällen mit beiden der Priester ge-
meint«), und daß man gelegentlich meinen kann, nicht der Priester, sondern sein Klient sei angeredet. Für das Hereinkommen der unpersönlichen Redeweise in der 3. Person Singular bieten sich zwei mögliche Erklärungen an: Im Zuge der schriftlichen Fixierung kann der Beschwörer, z.B. in überschriftartigen Zusätzen, in der 3. Person eingeführt werden (vgl. RA
49   179,1: *ana išdiḫ ṣābi lū^{amel}bārû lū^{amel}asû lū^{amel}mašmaš šiptu tummu bīti imannuma,*
»um den (guten) Geschäftsgang des Bierverkäufers (zu gewährleisten), soll entweder der Seher

den den Beschwörer nicht nur an, sie zeigen ihn auch als den, der am ›Patienten‹ handelt, der Gebete und Beschwörungsformeln spricht und sich gelegentlich sogar persönlich in die Passagen einschaltet, die seinem Klienten vorbehalten sind[18]. Wir haben uns absichtlich zunächst auf die Ritualtexte selbst beschränkt; der zahlreichen Nachweise aus anderen Quellen, etwa aus literarischen und administrativen Texten oder aus der umfangreichen Briefliteratur, bedarf es dann gar nicht mehr[19]. Wir erfahren durch sie, daß Seher und Beschwörer auch am königlichen Hof und bei (wohlhabenden) Privatpersonen mehr oder weniger fest angestellt sein konnten.

Wie lassen sich die Funktionen der babylonischen Beschwörungsspezialisten näher verstehen und beschreiben? Da sich für die altassyrische Periode wenig Anhaltspunkte bieten[20], setzen wir mit den in der Hauptsache altbabylonischen Texten ein, die *JRenger* für seine Darstellung des Priestertums ausgewertet hat[21]. Die Fachleute für Divination und Exorzismus folgen in

oder der Arzt, oder der Beschwörer die Beschwörung *tummu bīti* rezitieren . . .«). Oder aber der eigenartige Wechsel von der 2. in die 3. Person läßt sich aus dem »vokativen« Gebrauch der 3. Person in der Anrede verstehen (vgl. z.B. RA 49 38,28f: *amēlu ina muḫḫi tušzazzuma* [amel]*mašmašu qāt amēli iṣabbatma šiptu 3-šu kam iqabbi*, »den Menschen sollst du darauf treten lassen, der Beschwörer soll die Hand des Menschen fassen, die Beschwörung 3mal sprechen . . .«; ähnlich ›unmotivierte‹ Übergänge: RA 49 36,10ff; 184,24ff; 188,35ff; 50 24,6ff. Zum vokativen Gebrauch der 3. Person vgl. *Caplice*, Or. 34 [1965] 120: »Alternation from second to third person is a widely attested stylistic device . . .«).

Der Auftraggeber ist in den Ritualanweisungen entweder einfach »er« (finite Verbformen in der 3. Person oder Suffixe in der 3. Person) oder *amēlu šuātu*, »jener Mensch« (dem böse Vorzeichen oder Unglück begegnet sind; er unterliegt der Behandlung durch den Beschwörer vgl. RA 48 130,50f; 134,3; 136,10ff; 140,12ff; 178,3; 182,13.18; 49 138,10; 140,7; 50 28,4; 32,10ff; 86,14; 90,22f) oder *bēl niqê*, »der Herr des Opfers« (vgl. *HZimmern*, BBR 102,89.93.96; 108,188.193 u.ö.). In manchen Zusammenhängen scheinen allerdings Beschwörer und Patient eine einzige Person zu agieren, vgl. RA 50 86,14: *amēlu šuātu ikammisma kīam iqabbi*, »jener Mensch soll hinknien und folgendermaßen sprechen: . . .« Es folgt Z. 15–22 der zu sprechende Text, danach 88,23: *šiptu annitam 3-šu taqabbi*, »diese Beschwörung sollst du (!!) 3mal rezitieren«. Dieses »Du« muß der Beschwörer sein (vgl. 88,37), der vielleicht im Namen des Klienten Formeln und Gebete spricht! Vgl. *WMayer*, Kap. 3: »Der Ritualfachmann und das Gebet« (a.a.O. 59–66); *Mayer* kommt zu ähnlichen Ergebnissen, warnt aber brieflich davor, die mit Wortzeichen geschriebenen Anweisungen als Belege für die Anrede in der zweiten Person zu gebrauchen, weil sie ebensogut als Formen der 3. Person gelesen werden können.

18 Gelegentlich erklärt sich der Beschwörer mit der Doxologie des Patienten solidarisch: »Und ich, der Beschwörungspriester (*mašmašu*), dein Knecht, will dir huldigen« (AGH 18,10f; 82,94). »May this man sing your praises, and may I too, the incantation priest (*lú.tu₆.tu₆*) your servant, sing your praises« (Or. 36 289,18′ff); vgl. *WMayer*, 59ff.

19 Das CAD bringt s.v. *āšipu* reiches Belegmaterial (CAD 1, II 432ff); vgl. dazu *Oppenheim, Mesopotamia* 294ff.

20 *HHirsch*, AfO.B 13/14, Graz 1961, verzeichnet für diesen Zeitabschnitt aus administrativen und wirtschaftlichen Texten zwar einiges Kultpersonal (a.a.O. 55ff) und einige Seher und Seherinnen (a.a.O. 72), aber keine Beschwörer. Die Exorzisten sind (in sicher datierbaren Texten) erst seit der mittelbabylonischen und mittelassyrischen Periode belegt (so CAD 1, II 431).

21 *JRenger*, ZA 58 (1967) 110–188; 59 (1968) 104–230; vgl. *BMeißner*, Bd. II, 61ff; *Oppenheim, Mesopotamia* 206ff.289ff. *Renger* geht von der Liste *lú = amēlum* aus, die ihm in einer Autographie von FWGeers vorgelegen hat (ZA 58 110 Anm. 1). Die bei *Renger* a.a.O. 113

der erst aus jungbabylonischer Zeit bekannten, aber sicher ihrer Substanz
nach weiter hinaufreichenden lexikalischen Liste *lú = amēlum* mit ihren
insgesamt etwa 400 Berufseintragungen auf das eigentliche Tempelpersonal. Der sonst in altbabylonischen Texten recht gut bezeugte Arzt (*asû*;
man vgl. die einschlägigen Gesetzesbestimmungen des Kodex Hammurapi)
wird bei *Renger* trotz seiner dem Beschwörerberuf vergleichbaren Tätigkeit
nicht beachtet[22]; er scheint auch in der Liste *lú* ein Schattendasein zu führen
und seit der altbabylonischen Zeit zunehmend an Rang verloren zu haben[23].
Also lassen sich außer den Tempelpriestern nach *Renger* folgende ›geistliche
Berufe‹ erkennen: *bārûm* (Seher); *edammûm, šā'ilum* (Spezialisten der
Traumdeutung); *āpilum, kumrum, maḫḫûm, qabbātum, zabbum* (verschiedene Prophetenberufe); *(w)āšipum, mašmašum, mullilum, mušlaḫḫu*
(Arten von Beschwörern). *Renger* hält diese Männer und Frauen – die weiblichen Berufsbezeichnungen sind verständlicherweise seltener belegt als die
der männlichen Kollegen – ganz wie die am Tempel angestellten Kultfunk-
tionäre für Experten, die mit »einem immanenten Gegenüber« verkehrten,
aber auf einer völlig verschiedenen Kommunikationsebene als jene[24]. Diese
Feststellung verliert an Eindeutigkeit, wenn man sieht, daß auch die Tempelangestellten mit Reinigungs- und Abwehrriten befaßt waren und daß
eine Priesterklasse darüber hinaus die mit *(w)āšipum* etymologisch ver-

fein säuberlich in Priester, Wahrsager und Beschwörer gruppierte Aufstellung ist aber nur
»unter Berücksichtigung der erkennbaren Rangfolge und in Anlehnung an die Serie *lú =
amēlu* (a.a.O. 112) zustande gekommen, verrät also die systematisch ordnende Hand Rengers,
vgl. die Textausgaben von *BMeißner*, MAOG 13/ 2,37ff; *ders.*, in: AS 1,I,76ff. Die Tafeln und
Tafelfragmente zeigen eine sehr unterschiedliche Anordnung der Berufe. Vgl. Materialien
zum sumerischen Lexikon (MSL) Bd. XII, hg. von *EReiner* und *MCivil*, Rom 1969 (Serien *lú =
ša*).

22   Der *asû* erscheint in einem Text der Serie *lú = amēlum* nach dem *mumassû* (AS 1,I
82,10; s. AHw II691 unter *muwassû* = Sklaveninspizient?) und dem *gallābu* (AS 1,I
82,11–13 = Friseur) und vor dem *muna''išu* (AS 1,I 82,15 = Tierarzt); aber diese Position in
der Serie besagt noch wenig über die Funktionen des *asû*; vgl. CTBT 19,24 III 14f: *bārû – asû*
(nach AHw I 109).

23   *Oppenheim* will anhand der Nachrichten über den *asû* und *āšipu* eine praktische und eine
wissenschaftliche (= magische) Medizin bei den Babyloniern unterscheiden, wobei die volks-
tümlichere Kunst des *asû* stetig an Bedeutung verloren habe und von der magisch-wissen-
schaftlichen Berufsausübung verdrängt worden sei (Mesopotamia 294ff.304f; vgl. *ERitter*, AS
16, 299ff). »... The Mesopotamians believed in the effectiveness of two media, two fronts of
action, in the treatment of disease: the application of medication and the use of magic. These
two media were not kept rigidly apart« (*Oppenheim*, a.a.O. 295). Auch *Renger* schätzt – wohl
wegen der in der Omenliteratur am Tage liegenden Bemühung um feinste Details und deren
Deutung – die Divinatoren als »wissenschaftlicher« als ihre fest angestellten Tempelkollegen:
»Während für den Kult und seine Träger magische Operationen mehr oder weniger bestim-
mend waren, ist die Tätigkeit der Wahrsager stärker rational bestimmt« (ZA 59   202). Beide
Stellungnahmen zeigen, wie wenig wir im Grunde bei der Analyse babylonischer Kulterschei-
nungen mit unseren Begriffen ›Kult‹, ›Magie‹, ›Wissenschaft‹ anfangen können. Siehe unten
Exkurs: Gebet und Magie (2.2.3).

24   ZA 58 (1967) 113; 59 (1968) 202.219; mit dem »immanenten Gegenüber« meint er wohl
Götter und Gottwesen.

wandte Berufsbezeichnung *išippum* trägt[25]. Wir wissen zu wenig über den organisatorischen Aufbau der Priesterschaft und ihre Verflechtung mit Seher- und Beschwörergilden[26] und können darum letztere nur mit einem gewissen Vorbehalt als freiberufliche Heilpraktiker und Unheilbanner ansprechen. Das Berufsbild und die soziale Stellung der einzelnen Seher- und Beschwörerklassen lassen sich zudem nur ungefähr voneinander abgrenzen. Der *bārû* war z. B. vor allem für die Einholung und Deutung von Vorzeichen zuständig, aber er taucht in *Rengers* Berufsliste auch neben dem *āšipu* als Äquivalent des sumerischen *šim-mú* auf und betätigt sich gelegentlich exorzistisch[27]. Der *āšipu* andererseits hat deutlich auch divinatorische Aufgaben, wie am besten die Serie *enūma ana bīt marṣi āšipu illiku*, »wenn ein Beschwörer zum Hause eines Kranken geht«[28], zeigt. *(w)āšipu* und *mašmašu* scheinen schließlich zumindest in den jüngeren Texten so eng miteinander verwandt zu sein, daß man Zweifel haben kann, wie das Logogramm *lúMAŠ.MAŠ* jeweils zu lesen ist[29].

Wie sich im einzelnen die uns hier besonders interessierenden Berufe des *bārû*, *āšipu* und *asû* in der zweiten Hälfte des 2. Jahrtausends und weiter bis zur neubabylonischen Zeit entwickelt haben, können wir hier nicht verfolgen. Fest steht, daß in den jüngeren Beschwörungsserien, die immer reichlicher mit Ritualanweisungen ausgestattet sind, besonders der *āšipu (mašmašu)* eine hervorragende Rolle spielt. Wo andere, bei *Renger* noch nicht

---

25 *Renger* verzeichnet exorzistische Aufgaben für den *išippum* (ZA 59 122f), die *šita*-Priester (a.a.O. 129ff), den *gudapsûm* (a.a.O. 132ff) und den *nêšakkum* (a.a.O. 138ff); er weist selbst darauf hin, daß sich die Funktionen der Tempelpriester im einzelnen nicht klar voneinander unterscheiden lassen (a.a.O. 136).

26 *Meißner*, Bd. II, 64ff rechnet Seher und Beschwörer zu den Tempelangestellten; *Oppenheim*, Mesopotamia 81f.294ff scheint den Beschwörern eine größere berufsständische Unabhängigkeit von der Kultinstitution zuzugestehen. Man wird hier an das at.e Problem des freien und kultisch gebundenen Prophetentums erinnert, vgl. *JJeremias*. KDeller möchte Tempelkult und Beschwörungspraxis mit den zugehörigen Funktionären sorgfältig unterscheiden. »So muß deutlich unterstrichen werden, daß Gebet als Bitte und Gebet als Lobpreis (und Dank?) auf zwei streng getrennten Ebenen vollzogen wird: zu Hause (oder in schnell errichteten Rohrhütten, innerhalb von Rohrzäunen, manchmal auch im Ödland) durch den *āšipu*; im Tempel, mehr oder weniger unter Ausschluß der Öffentlichkeit, durch den *nāru*, *nargallu*, den Chor, und den *kalû*. Letztere sind priesterliche Berufe; ob man den *āšipu* usw. als ›Priester‹ bezeichnen soll, ist eine Frage der Definition . . . Daß die Kolophone von Beschwörungen bisweilen . . . als Schreiber und/oder Besitzer derselben einen *āšipu* + Tempelnamen ausweisen, muß nicht zu dem Schluß zwingen, er sei dort ›fest angestellt‹ und walte im Tempel seines ›Amtes‹. ›Tempel‹ war in Assyrien eine sehr komplexe, sehr autarke Organisation, ein Staat im Staate, der außer seinen kultischen noch eine ganze Reihe weiterer Funktionen erfüllte . . .« (schriftlich an mich).

27 Vgl. ZA 58 113; 59 223ff; RA 49 190f und die oben Anm. 17 zitierte Überschrift zu einem *namburbi*-Text (RA 49 179,1).

28 RLabat, 2,1. Die Beziehungen der Beschwörungsserie *namburbi* zur Omenserie *šumma ālu* (vgl. *Ebeling*, RA 48, 1954, 2; *Caplice*, Or. 34, 1965, 105) deuten in dieselbe Richtung.

29 Vgl. schon *HZimmern*, BBR 93; CAD 1, II 435: »The parallelism in contexts indicates that LÚ.MAŠ.MAŠ represents the same person as the *āšipu* and most likely is to be read as *āšipu* . . .«

berücksichtigte Bezeichnungen für den Beschwörer auftauchen, wie z.B. *ramku*, der Gewaschene[30], ist die Bezeugung in den Ritualen so dünn, daß seine speziellen Aufgaben kaum erkennbar sind. Im Laufe der Jahrhunderte werden sich überdies nicht unerhebliche Verschiebungen der Berufsbilder und Berufsbezeichnungen ergeben haben, die für uns heute schwer faßbar sind; ferner kamm man mit regionalen Besonderheiten rechnen. Tiefgreifende weltanschauliche Differenzen können jedenfalls aus den verschiedenen Bezeichnungen und dem, was wir über die Tätigkeit der Beschwörungsfachleute wissen, schwerlich abgeleitet werden.

Es ergibt sich also schon an dieser Stelle ein wesentlich neuer Aspekt gegenüber dem alltäglichen Bittschema, wie wir es im Alten Testament vorfanden. Die religiöse Bitte der Babylonier, die sich in den Beschwörungstexten darstellt, liegt in der Hand eines Dritten, eines Fachmannes. Das alltägliche Bitten unter Menschen kennt natürlich den Fürsprecher; normalerweise aber stellt sich der Bittende dem Bittempfänger direkt und in eigener Verantwortung gegenüber. Die religiöse Bitte bedarf in viel stärkerem Maße des Mittlers; das Gebet ist in den babylonischen Ritualen vom Experten vorgeformt, die Gebetshandlung von ihm bestimmt. Zwar bleibt ein Rest Spontaneität erhalten, wenn »jener Mensch«, der Auftraggeber, in der Bittzeremonie »aussprechen« soll, was »sein Herz ergriffen hat« *(mala libbīšu šabtum iddanabbub)*[31]. Aber die Regel ist, daß der Beschwörer den ›Patienten‹ in das ihm gehörige Ritual eintreten läßt.

Die Seher und Beschwörer, in deren Händen die Ausführung und das Risiko des Rituals lagen, waren Menschen, die zur Elite der babylonischen Gesellschaft gehörten. Sie hatten die Schreiberschule absolviert, waren wahrscheinlich durch eine theologische Ausbildung gegangen, und standen schließlich als Fachleute für Abwendung des Unglücks und Mehrung des Heils der Stadt, dem Staat, dem Tempel oder Einzelpersonen, die sich finanziell ihre Hilfe leisten wollten und konnten, zur Verfügung[32]. Sie waren alles andere als gefährliche Magier und Winkelpropheten; mit schwarzer Kunst, Gaukelei und Scharlatanerie hatten diese Menschen nichts zu tun[33].

---

30 AGH 78,45f. B*Meißner*, Bd. II 64 übersetzt »Waschpriester« und verweist auf BBR Nr. 26 III 22.25; IV 35; V 35, sowie LSS II 1,97. Man wird an das Ritual *bīt rimki* erinnert und an die Bedeutung dieses Gebäudes für das rituelle Geschehen (vgl. *JLaessøe*).

31 RA 48   184,2; vgl. 49   180,11: *amāti ša libbīšu idabbubma*, »Worte seines Herzens soll er aussprechen«.

32 *Meißner*, Bd. II 52ff; *Oppenheim*, Mesopotamia 81f. Über die Einkünfte der Seher und Beschwörer vgl. *Meißner*, a.a.O. 57; zu ihrer Tätigkeit und gesellschaftlichen Stellung vgl. *Renger*, ZA 59   207ff.

33 *Meißner* verzeichnet genüßlich, »wessen diese Herren unter Umständen fähig waren« (Bd. II 59), aber die angeführten Vorwürfe zielen auf Vergehen wirtschaftlicher Art (vgl. 1Sam 2,13ff), nicht auf den Mißbrauch der magischen Fähigkeiten. Feindliche Zauberer (*kaššāpu*, fem. *kaššaptu*, vgl. AGH 66,14.17; 78,62; RA 48   130,11 u.ö. oder *ēpišu*, fem. *ēpištu* vgl. AGH 58,25; *Maqlû* II, 171; III, 63.190; RA 48   130,11) sind durch diese Bezeichnungen eindeutig negativ qualifiziert; erstaunlich ist, daß Freunde und Verwandte in den Kreis der möglichen Übeltäter und Hexer mit einbezogen werden, vgl. RA 48   130,9–14; 49   144,6–23.

Vielmehr standen sie für die Gemeinschaft im Kampf gegen das Böse, und zwar in vorderster Front. Man holte sie vielleicht, wie man heute einen Arzt oder einen Rechtsanwalt beizieht, wenn die Gefahr aus eigener Kraft nicht mehr zu meistern war. Viele Krankheiten, das beweisen die Zweckangaben auf manchen Ritualtafeln[34], stellten für den Babylonier eine solche Notsituation dar, aber auch das böse Vorzeichen war eine unmittelbare Bedrohung von Leben, Sicherheit oder Glück, so wie es für uns die Frühsymptome schlimmer Krisen und Erkrankungen sind. Daß Privatpersonen, aber auch Offizielle, im Interesse einer gedeihlichen Entwicklung vorsorglich Untersuchungen anstellen und möglichen schädlichen Einflüssen schon entgegenwirken lassen konnten, ist nur zu verständlich[35].
Welche Rolle kam dem Seher oder Beschwörer im Ablauf eines Rituals zu? Er war der Vertreter und Beauftragte seines Klienten. Er war der mit heiligem Wissen ausgestattete Fachmann[36]. Er wußte mit den Mächten umzugehen, darin bestand seine Macht. Er hatte zuerst die Ursachen für das Leid zu ergründen oder mögliche Gefahren zu identifizieren, sich also als Diagnostiker zu betätigen. Zweitens mußte er nach bestem Wissen und Gewissen ein Ritual zusammenstellen[37], drittens durch sachgemäße Ausführung des Rituals auf die Götter und Gottwesen einwirken. So kamen drei wichtige Funktionen in einer Person zusammen: Der Beschwörer war nach unseren Begriffen Diagnostiker, er war Machtträger und Mittler, und schließlich auch Mediziner und Psychotherapeut[38]. Diese verschiedenen Funktionen sind eng ineinander verzahnt und bedingen einander. Dem Beschwörer und Heilpraktiker standen zahlreiche Mittel zur Verfügung; sie ergänzen sich nach der Anschauung der Babylonier: Wort und rituelle Handlung, Beschwörungsformel und Gebet, medizinische, magische, kultische Praktiken stehen gleichberechtigt nebeneinander.

---

34 Eine Zusammenstellung der ›Indikationen‹ bei *Meißner*, Bd. II 212f.
35 Die Prognostik war Aufgabe der Vorzeichenwissenschaft; sie hat sich in Babylonien unendlich vielseitig entfaltet und ist lange über das Ende des neubabylonischen Reiches wirksam geblieben, vgl. *ALOppenheim*, Mesopotamia 206ff; *GPettinato*, Die Ölwahrsagung bei den Babyloniern, 2 Bde. Rom 1966; Divination.
36 Die Beschwörungen berufen sich vor allem auf Ea und Marduk; so schon in den sumerischen Texten des Legitimations- und des Marduk-Ea-Typs (*AFalkenstein*, LSSt NS 1 20ff); vgl. *EEbeling*, RLA II, 374ff.
37 Die Quellen lassen erkennen, daß der Experte in der Auswahl und Zusammenstellung des Rituals einen erheblichen Spielraum hatte, vgl. die Komplexität der großen Beschwörungsserien und die darin vorgesehenen Alternativmöglichkeiten: *JLaessoe; EReiner; GMeier*.
38 Das Berufsbild eines heutigen Arztes oder Seelsorgers ist ebenfalls ungeheuer komplex, vgl. *MBalint*, Der Arzt, sein Patient und die Krankheit (1964), Fischer Bücherei Nr. 6005, 1970; *AMitscherlich*, Die Krankheit als Konflikt, 2 Bde., Frankfurt 1966 und 1968. Die Kombination der diagnostischen und therapeutischen Funktionen findet sich auch häufig bei den Schamanen verschiedener Kulturkreise; vgl. *MEliade*, Schamanismus, RGG³ V, 1386–1388 und z.B. die drei folgenden Aufsätze in Anthr. 70 (1975): *EBeuchelt*, Die Rückrufung der Ahnen auf Cheju do (Südkorea), a.a.O. 145–179; *LKrader*, The Shamanist Tradition of the Buryats (Siberia), a.a.O. 105–144; *MBWatson-Franke*, Guajiro-Schamanen (Kolumbien und Venezuela), a.a.O. 194–207.

2.2.3
Exkurs: Gebet und Magie

Wir haben gelegentlich darauf hingewiesen, daß das eigene, in langer Kulturtradition geprägte Begriffsinstrumentarium uns möglicherweise den Zugang zu den antiken Kulturerscheinungen verbauen kann. Dies gilt in besonders hohem Maße für das Verständnis des babylonischen Gebets. Die eigene Kulturtradition sagt uns, daß Gebet und Beschwörung zwei völlig entgegengesetzten und nicht miteinander zu vereinbarenden Denkweisen und Verhaltensmustern entspringen. Im Gebet wende sich der Mensch ehrfürchtig an einen übermächtigen Willen; ihm stelle er es letzten Endes anheim, ob sein Wunsch erfüllt werde. Der Magier dagegen sei wie ein Handwerker Meister seiner Materie; er zwinge die ihm gegenüberstehenden Mächte durch Formel und Handlung in seine Gewalt[39]. Nach griechisch-christlicher Auffassung müssen sich aber geistige und dingliche Weltsicht gegenseitig ausschließen. In der sumerisch-akkadischen Überlieferung scheint der Übergang in beiden Richtungen mit Leichtigkeit vollzogen worden zu sein. Darum haben viele Assyriologen mit Bedauern oder Entrüstung davon Kenntnis genommen, daß ein so hochstehendes Kulturvolk wie die Babylonier es nicht vermocht habe, sich über das primitive magische Brauchtum hinwegzusetzen. Hier einige Stimmen. Zu den *šu'illa*-Gebeten erklärt *HZimmern*: ». . . es werden liturgische Stücke, die ursprünglich gar nichts mit dem Beschwörungsritual zu tun haben, einfach für letzteres verwendet. . . . So erklärt es sich auch, daß namentlich vielfach Götterhymnen geradezu als Beschwörungsformeln gebraucht werden.«[40] *MJastrow jr.* schätzt die Bußpsalmen als »den Gipfel in der Entwicklung der babylonisch-assyrischen Religion«, muß aber mehrfach, z.B. bei der Besprechung des großen Ischtar-Gebetes *King* BMS I 222ff (= AGH 130ff) betrübt feststellen, daß die alten Vorstellungen noch nicht überwunden sind: »Es macht auf uns einen eigentümlichen Eindruck, einerseits das Bekenntnis des um Hilfe Nachsuchenden entgegenzunehmen, daß er seit seiner Kindheit gesündigt habe, und andererseits eine lange Aufzählung der Dämonen und Personen zu vernehmen, durch die er behext worden ist.«[41] *WvSoden* macht vom selben Gebet und vom gleichen Standort aus diese Anmerkung: Es »gehört zu den wenigen Stücken dieser Gattung, die trotz Überschrift und Anfügung einer Ritualanweisung fast ganz frei von magischen Gedankengängen sind«[42]. *BMeißner* beschreibt in großer Ausführlichkeit die magische und medizinische Kunst und beklagt das Vordringen der Magie: »Im Laufe der Zeit wuchs die Vorliebe der Menschheit für diese düsteren Studien immer mehr . . .«[43] »Schon der Umstand, daß die Bezeichnung ›Be-

---

39 Vgl. *ABertholet* u. *DMEdsman*, RGG³ IV, 595ff; *SMowinckel*, Religion 27ff.
40 *HZimmern*, BBR 91.
41 *MJastrow*, 65 und 71.
42 *AFalkenstein* u. *WvSoden*, 401.
43 *BMeißner*, Bd. II, 198ff und 283ff; Zitat a.a.O. 211.

schwörung‹ auch für Gebete angewendet wurde, sofern sie nur mit magischen Ritualen verbunden waren, zeigt deutlich, daß die Magie mit als ein Hauptbestandteil des ganzen Kultus angesehen wurde.«[44] Auch *Kunstmanns* Unterscheidung von »allgemeinen« und »speziellen« šu'illas basiert auf der strikten Unterscheidung von Religion und Magie: »Ist hier (d.h. in den speziellen *šu'illas*) der magische Vorgang zentral, das Gebet nur Beigabe, so verhält sich dies beim allgemeinen š.-i. gerade umgekehrt: das Gebet und die es notwendig begleitenden Opfer sind hier die Hauptsache . . .«[45] Die Beispiele lassen sich beliebig vermehren.

Was zeigt sich in diesen Stellungnahmen zum babylonischen Gebet? Man findet zwei Denk- und Handlungsweisen, das ›Beten‹ und das ›Beschwören‹, in einem Ritual beieinander und muß von den Voraussetzungen, nach denen man angetreten, eine solche Verbindung als widernatürlich empfinden. Die Erklärungsversuche laufen darum alle darauf hinaus zu zeigen, wie die ursprünglich eigenständigen und ›reinen‹ Gattungen sich (zufällig, widerrechtlich, dummerweise) vermischen konnten. Diese Betrachtungsweise muß an dem Zeugnis der Quellen vorbeigehen. Beten und Beschwören sind für den Babylonier eben keine sich ausschließenden Handlungsweisen; sie sind vielmehr komplementär, und es spricht alles dafür, daß sie es zumindest in der akkadischen Überlieferung von Anfang an gewesen sind[46]. Wäre es dann nicht angemessen, anstatt vom Gegensatz Gebet – Beschwörung auszugehen, deren grundsätzliche Zusammengehörigkeit zur Kenntnis zu nehmen und nach den Vorstellungen der Babylonier zu verstehen zu versuchen? Texte wie jener Abschnitt der weisen Lebensregeln, der die Pflichten gegenüber den Göttern behandelt[47], zeigen deutlich, daß Gebet, Gaben, rituelle Handlungen gleichermaßen zum rechten Verhalten des Menschen zählen und mit der Gunst der Götter belohnt werden. Die zweite Tafel des Gedichts *ludlul bēl nēmeqi* beweist[48], wie sehr das Beten und Rufen mit der Tätigkeit der Seher und Beschwörer in Einklang steht, erscheinen doch die Bemühungen jener Fachleute, den Willen der Götter zu erforschen und zu beeinflussen, als logische Fortsetzung und Steigerung des eigenen Gebets. Dabei ist es gleichgültig, ob in diesem speziellen Fall an eine einzige Zeremonie oder – wahrscheinlicher – an eine Reihe von Handlungen gedacht ist. Derselbe Text kann uns auch lehren, daß die sogenannten ›magischen‹ Praktiken der Seher und Beschwörer nach dem Urteil des Babyloniers nicht automatisch wirken müssen: Der Dichter beklagt fortwährend die Fehlschläge der Ritualexperten[49].

44 *BMeißner*, Bd. II, 212.
45 *WKunstmann*, 3.
46 Vgl. *WKunstmann*, 5: Der »Zweck von s.-i. (d.h. šu'illa-Gebet, d.V.) und Beschwörungsritus war . . . der gleiche . . .« Von den oben genannten, falschen Voraussetzungen her läßt *AFalkenstein* bei seiner Untersuchung eine ganze Gattung aus, weil sie »eine Vermengung von Gebet und Beschwörung« biete: (LSSt NS 1) 3.
47 *WGLambert*, BWL 104, 135–147.
48 *WGLambert*, BWL 38, 4ff.
49 *WGLambert*, BWL 32, 52; 38, 6ff; 42, 82; 44, 108ff.

Wir tun gut daran, uns auf einige Grundgegebenheiten der vorderorientalischen Religionen zu besinnen. Götter und Dämonen, die übermenschlichen Partner und Widersacher, waren für die Alten im Vollsinn des Wortes Personen, d.h., sie waren keine abstrakten Prinzipien. Sie gehörten zur menschlichen Gesellschaft, folglich konnte man ihnen so begegnen wie anderen (mächtigen!) Personen auch. Ein Wunsch oder eine Bitte ließ sich also in allen Dringlichkeitsstufen und mit Unterstützung auch solcher Handlungen und Verhaltensweisen an die Götter herantragen, die ihre ›schwachen Stellen‹ ausnutzten. Wir können sogar sagen, daß sich im rituellen Gebet der Babylonier nur das abspielt, was sich in allem menschlichen Bittverhalten feststellen läßt: Jede Bitte, z.B. die eines Kindes an seine Eltern, kann neben vielfach abgestuften Wunschäußerungen und Argumenten auch Elemente enthalten, die mehr oder weniger offen einen Zwang auf den Bittempfänger ausüben wollen. Ist man mit der Definition der magischen Handlung als einer auf ein Gegenüber gerichteten Zwangsveranstaltung einverstanden, dann müßte man die zwingenden Elemente in der alltäglichen Bittrede oder Bitthandlung auch als magisch bezeichnen dürfen. Diese ganzheitliche Auffassung vom Gebet, die manche Spielarten der Überredung und sogar des Zwanges mit einschließt, wird nicht zuletzt durch die Beobachtungen vieler Sozialanthropologen bestätigt. Die alte Auffassung von der Magie, wie sie etwa von *Frazer* vertreten worden war, ließ sich beim Studium magischer Praktiken unter den sogenannten ›Primitivvölkern‹ nicht aufrechterhalten[50]. *WJGoode*, der New Yorker Soziologe, hat schon 1951 die Suche nach einem neuen Magiebegriff zusammengefaßt. Unter Berufung auf *Max Webers* Konzept von den polaren Idealtypen siedelt er kultische und magische Handlungen zwischen den Begriffen der reinen Religion und der puren Magie an, wobei von Fall zu Fall zu entscheiden ist, ob ein ritueller Ablauf näher bei der einen oder anderen Seite steht[51]. Die theoretischen Definitionen von Religion oder Magie haben nur einen geringen praktischen Wert, weil in der Wirklichkeit kultischen Vollzuges sich unsere *Begriffe* nie voll mit dem tatsächlichen Geschehen zur Deckung bringen lassen. *Goode* gibt darum 11 Anhaltspunkte (a.a.O. 53f), die in einem höheren Grade für das magische und nur in geringerem Maß für religiöses Handeln zutreffen, z.B.: »The manipulative attitude is to be found most strongly at the magical pole, as against the supplicative, propitiatory, or cajoling, at the religious pole.«[52] Auf diese Weise wird eine kontinuierliche Betrachtungsweise des Gebets und der Beschwörung erreicht, die den Wahrheitsgehalt früherer Meinungen aufnimmt und die auf alle Kulturstufen und alle Religionen angewendet werden kann. Die empirische Sozialanthropologie klammert die theologischen Aspekte bewußt aus und versucht,

50 Man vergleiche z.B. *RFFortune*; *CKluckhohn*, Witchcraft; *EEEvans-Pritchard*, Witchcraft; *BMalinowski*, Magic, Science and Religion, Boston 1956.
51 Vgl. *WJGoode*, Religion among the Primitives (1951), Toronto ²1968, 50ff.
52 *WJGoode*, a.a.O. 53.

magische Praktiken als »normale« Mechanismen der Gesellschaft zur Bewältigung sonst unlösbarer Probleme zu begreifen[53]. »Like other magico-religious ritual, divinatory rites have a cathartic quality. They provide a way of expressing, and so of relieving, some of the interpersonal stresses and strains which are inseparable from life in small-scale community.«[54] In der alttestamentlichen Diskussion wird das Thema überwiegend gemieden; findet es doch einmal die ihm gebührende Aufmerksamkeit, dann schleicht sich leicht die überholte Vorstellung von der »Höherentwicklung der Religion« ein[55].

2.2.4
Der Ablauf der Beschwörung

Die Informationen über die Ritualhandlungen der babylonischen Seher und Beschwörer fließen verhältnismäßig reichlich. Sie geben uns sicher kein vollständiges Bild vom Wirken dieser Berufsgruppen, denn Selbstverständliches findet auch hier schwerlich den Weg in die Literatur. Aber wir bekommen doch an wesentlichen Stellen eine klarere Vorstellung von den Vorgängen, als das im Alten Testament der Fall ist. Wir stützen uns hauptsächlich auf die den Gebets- und Beschwörungstexten unmittelbar beigegebenen Ritualanweisungen, vor allem der Sammlungen der *namburbi-* und *šu'illa*-Texte. Ritualtafeln, die stichwortartig eine Gesamtübersicht über den Handlungsablauf geben[56], Leitfäden für die Unterweisung von Beschwörungslehrlingen[57] und sekundäre Hinweise, z.B. in der Briefliteratur[58], werden nur am Rande berücksichtigt. Einige form- und traditionsge-

---

53 S.o. Anm. 50 und CLévi-Strauss, Le sorcier et sa magie (1949); engl. Übersetzung »The Sorcerer and his Magic«, in: JMiddleton, 23–41; JBeattie, Divination in Bunyoro, Uganda, in: JMiddleton, 211–231.
54 JBeattie, a.a.O. 231.
55 Vgl. GFohrer, ZAW 78 (1966) 25–47.
56 Die Ritualtafeln stellen ein Spätprodukt schriftlicher Fixierung und Kanonisierung dar. Sie wollen – meist auch noch in der Form der direkten Anrede an den Beschwörer – den Gesamtablauf aller zu einer größeren Beschwörungsserie gehörigen Handlungen oder gar die Aufeinanderfolge mehrerer Rituale (vgl. EReiner, 3) sichern, man vergleiche die IX. Tafel von *Maqlû* (nach GMeier); die I. Tafel von *Šurpu* (nach EReiner); die Tafel I der Serie *bīt rimki* (nach JLaessoe; vgl. a.a.O. 21ff).
57 Vgl. vor allem HZimmern, ZA 30 (1915/16) 204–229; vgl. ders., BBR 96ff; FThureau-Dangin. GvanDriel versucht gegen Levine und Hallo (HUCA 38, 1967, 18) eine scharfe Trennungslinie zwischen Texten in der 2. und 3. Person zu ziehen: »A descriptive ritual is for me a text using the third person when describing what had to be done to carry out a ritual, whereas for me a prescriptive ritual gives orders to someone who is addressed in the second person to do things in the manner described.« Und zum ersten Typ meint er: ». . . the name ritual is not appropriate, as the texts are administrative documents« (The Cult of Aššur, Assen 1969, 73).
58 Zur Briefliteratur vgl. OSchroeder, RLA II, 62ff; zu den Maribriefen kultischen Inhalts vgl. FEllermeier, Prophetie in Mari und Israel, Herzberg 1968; ferner BLandsberger; KDeller, Die Briefe des Adad-Šumu-Uṣur, in: lišān mithurti (Festschr. W. v. Soden = AOAT 1), Kevelaer/Neukirchen-Vluyn 1969, 45–64; SParpola, Letters from Assyrian Scholars I (AOAT 5/1), Kevelaer/Neukirchen-Vluyn 1970 (bes. »Letters from Exorcists«, a.a.O. Nr. 119–245; Hinweis von KDeller).

schichtliche Überlegungen müssen der Skizzierung der Ritualtypen voraufgehen.

2.2.4.1

Die Gattung ›*Ritualanweisung*‹[59] hat sich im Laufe des 2. Jahrtausends erst allmählich und mit merklicher Verzögerung gegenüber dem zu sprechenden Beschwörungstext schriftlich niedergeschlagen. In der sumerischen und altbabylonischen Tradition fehlen die Anweisungen oft ganz oder sind noch sehr knapp gehalten[60]. Wir können daraus schließen, daß sich die Beschwörungsexperten zuerst und vor allem darum bemühten, den Redeteil des Rituals eindeutig zu fixieren. Im Handlungsteil war man offenbar flexibler oder man verließ sich bei seiner Ausführung mehr auf die mündliche Überlieferung und das sie bewahrende Gedächtnis[61]. Offenbar sind dann die schriftlichen Zusätze zum Beschwörungstext immer detaillierter geworden. Sie spiegeln die mündliche Gattung der Instruktion (2. Person!); ob sie sich völlig mit den vom Lehrer an den Schüler weitergegebenen Anweisungen decken, muß dahingestellt bleiben. Angesichts der Spielbreite, welche die Gattung in ihrer schriftlichen Fixierung zeigt, kann man mit der Möglichkeit rechnen, daß die mündliche Ritualüberlieferung dem Beschwörungstext nur auszugsweise beigegeben wurde. Die tatsächlich bezeugten, meist mit *epuštašu* oder *kikiṭṭušu* = »sein (d.h. das dazugehörige) Ritual«, bezeichneten Anweisungen rangieren in Länge und Ausführlichkeit vom lapidaren »Entweder mit Opferzurüstung oder mit Räucherbecken sollst du (sie) ausführen«[62] bis zu sehr ins einzelne gehenden Vorschriften, die das rituelle Geschehen Schritt um Schritt vorzeichnen[63]. Daraus ist abzulesen,

59 Es ist die Frage, ob die Bezeichnung *šiptu*, sum.: *ēn* oder *INIM(.INIM.MA)*, die stereotyp für den Wortteil der Beschwörung verwendet wird, ursprünglich das ganze Ritual meint oder lediglich den zu rezitierenden Text (vgl. *WKunstmann*, 2ff). Die Ritualanweisungen sind häufig mit *epuštašu* (sum.: *DÙ.DÙ.BI*) oder *kikiṭṭušu* (sum.: *AG.AG.BI*) = »sein Ritual«, eingeführt, vgl. z.B. AGH 12,21; 18,13; 24,9; 74,42; 120,20; 136,107. Diese Ritualbezeichnungen weisen auf den Wortteil zurück und ordnen sich ihm unter. Eine ähnliche Bedeutung könnte ursprünglich *NAM.BÚR.BI* = »Sein(e) Lösung(sritual)« gehabt haben, vgl. RA 48 130,46: *namburbi lumun birṣu ina pašāri* »Lösungsritual dafür: um das Böse des Lichtblitzes zu lösen« (vgl. RA 48 134,2; 178,1; 186,12; 49 144,7; 184,1; 190,12.25; *Caplice*, Or. 34 [1965] 105 Anm. 1; AHw 726).
60 Vgl. die älteren Beschwörungen, z.B. *WvSoden*, Or. NS 23 (1954) 337ff; 25 (1956) 141ff; *WGLambert*, AS 16 (1965) 283–286; *AGoetze*, JCS 22 (1968) 25ff mit den jüngeren Sammlungen, z.B. *šurpu*; *bīt rimki*.
61 Hinter dieser verschiedenen Behandlung der Beschwörungselemente muß man eine unterschiedliche Bewertung vermuten. *EEEvans-Pritchard* stellt z.B. für die afrikanischen Azande und die südseeländischen Trobianden eine genau entgegengesetzte Einschätzung des Wort- und Handlungsteils beim Zauber fest (in: *JMiddleton*, 1ff).
62 Vgl. AGH 10,20f: *lū ina riksi lū ina niḡnaqqi teppuš*; diese Wendung kommt noch 18mal in den *šu'illa*-Texten vor. Durch die genannten Gerätschaften *riksu* und *ñiḡnaqqu* sind offensichtlich die zugehörigen Begleitriten wenigstens annähernd fixiert, vielleicht spielen besondere animalische oder vegetabilische Gaben dabei eine Rolle, s.u. 2.2.4.2.
63 Umfangreichere Ritualanweisungen zu den Beschwörungen enthalten meistens auch noch weitere Rezitationsgebote; diese zusätzlichen Beschwörungsformeln können in vollem

daß die literarische Gattung ›Ritualanweisung‹ mit der Zeit gewachsen ist; an manchen Ritualteilen der Beschwörungstexte lassen sich durch formgeschichtliche Analyse die einzelnen Wachstumsringe voneinander abheben[64].

Nach Ausweis der Beschwörungstafeln gab es bei der schriftlichen Fixierung noch eine andere, vielleicht urtümlichere Möglichkeit, die für einen bestimmten Text gebotene oder erwünschte Begleithandlung anzudeuten. Die priesterlichen Schreiber benutzten als gute Archivare die Gattung der ›Unterschrift‹, um Name, Art und Zweckbestimmung des Niedergeschriebenen festzuhalten. Diese klassifizierende Bemerkung hat sich auch bei den Beschwörungstexten in mancherlei Form eingebürgert und ist teilweise mit der Ritualanweisung verschmolzen. »Beschwörung durch Handerhebung zu GN« ist z. B. die gängige Formel, nach der die *šu'illa*-Texte ihren Namen bekommen haben[65]. In ihr ist der wesentliche Gebetsgestus direkt angesprochen; ohne Zweifel war damit gleichzeitig ein Ritual für die Ausfüh-

Umfang oder verkürzt in die Ritualanweisung aufgenommen sein, vgl. z.B. RA 48   138,3ff; 178,1ff; 182,1ff; 49   32,2ff; 38,15ff; 137,1ff; 178,1ff; 50   24,3ff; 30,4ff; 90,3ff; s.u. 2.2.4.4.

64   Der mit 121 Zeilen sehr umfangreiche und glücklicherweise gut erhaltene Text AGH 74ff zeigt z.B. deutliche Merkmale eines Wachstumsprozesses. Auf die Zweckbestimmung Z. 1 folgen 15 Zeilen detaillierte Ritualanweisungen, in denen anscheinend zwei Traditionsströme zusammenfließen: die Darbringung von pflanzlichen und tierischen Gaben, eine Standardvorschrift (Z. 2–7), und die Verwendung des AN.ḪÚL, des »Gurkenamuletts« (Z. 8ff). Nach der Ritualanweisung soll dann das lange (78 Zeilen!) Mardukgebet (letzte Textbearbeitung durch *WvSoden*, Iraq 31, 1969, 82–89) rezitiert werden; der Text nimmt manchmal auf die Ritualbestimmungen Bezug, z.B. Z. 67ff auf das »Gurkenamulett«, scheint gelegentlich aber mit den vorher getroffenen Maßnahmen in Spannung zu stehen (vgl. Z. 84 mit Z. 9: die Aufzählung der Kräuter und Pflanzen stimmt nicht überein). Entscheidend ist das Folgende: Die Tafel bringt in Z. 95 die reguläre Schlußunterschrift: *enimmû šu'illa* ᵈ*mardukam*, darauf (Z. 96–100) die rituellen Schlußbestimmungen: Man nimmt die Stirnhaare des Opfertieres, wirft sie gegen einen aus der Gesellschaft Ausgestoßenen (man überträgt also das Böse auf ihn); man rezitiert noch eine Formel (Z. 98f: anscheinend eine Legitimationsformel, vgl. *Falkenstein*, LSSt NS 1, 20f, die hier aber recht spät erscheint), und dann kommt die typische letzte Anweisung für den Beschwörer: »Löse die Opferzurüstung auf« (*riksa tapaṭṭar*, Z. 99) und an den Patienten: *amēlu marṣu ana bītīšu ešširma ana arkīšu lā ippallas*, »der kranke Mensch soll geradewegs nach Hause gehen, nicht zurückblicken« (Z. 100). Nach einer Trennungslinie setzt aber auf der Tafel die Ritualanweisung wieder ein (Z. 101ff) und der Patient ist plötzlich wieder zur Stelle (Z. 102; vgl. Z. 116ff). Das ganze noch folgende, dem »Gurkenamulett« gewidmete Stück ist wahrscheinlich ein literarischer Zuwachs zur Hauptbeschwörung. Seine späte Stellung am Ende der Tafel braucht darum nichts über die Position der beschriebenen Riten im Ritualablauf auszusagen. – Sukzessive Erweiterungen des schriftlichen Materials lassen sich auch bei Texten wie AGH 126,39ff; RA 49   178,2ff; 50   90,3ff (= Or. 36   1,3ff); Or. 34   121,13ff wahrscheinlich machen.

65   Diese Standardunterschrift kommt in den von *Ebeling* edierten Texten insgesamt 53mal nach dem Gebetstext vor; dabei sind 24 verschiedene Götter angeredet. In 30 Fällen steht die Unterschrift allein, ohne weitere Ritualvorschriften; einmal ist eine weitere Gattungsbezeichnung hinzugesetzt: *eršaḫunga* ᵈ*ninnike*, »ein Bußpsalm für Istar« (AGH 142,6). 19mal folgen nach einem Trennungsstrich des Schreibers genauere Ritualanweisungen, vgl. z.B. AGH 18,13ff; 70,12; 104,23ff; 120,20ff. Diese Statistik unterstreicht die Eigenständigkeit der Gattung ›Unterschrift‹.

rung des Gebets wenigstens in den Grundzügen festgelegt. Ähnlich verhält
es sich mit der Formel *NAM.BÚR.BI ḪUL* + folgende Apposition (akkad.:
namburbi lumun + Apposition) = »seine Lösung für das Übel des . . .«[66]
Sie verrät, daß der Ausdruck *namburbi* = »sein(e) Lösung(sritual)« bereits
zum terminus technicus geworden ist, der das allgemeinere *INIM.INIM.* =
šiptu = »Beschwörung« ersetzen oder ergänzen kann[67]. Die Unterschrift
enthält also auch in diesem Fall außer Sachbezeichnung und Zweckbestimmung für den Eingeweihten anscheinend einen deutlichen Hinweis auf die
Art, wie die Ritualhandlung ausgeführt werden soll. Auf die Zweckbestimmung wird gelegentlich große Sorgfalt gelegt, sie erscheint mitunter als
Vorspann zur Beschwörung[68]. Mit der Festsetzung des Zieles wird für den
damaligen Praktiker auch der Weg zu diesem Ziel, die rituelle Handlung,
einigermaßen abgesteckt gewesen sein. Die Bemühung um weitere Klärung
des Handlungsablaufes führt dann zum Zusatz einer Ritualanweisung;
manchmal schlägt die Unterschrift ohne zwischengeschaltetes *epustaša*
oder *kikiṭṭušu* in die direkte Beschwörerinstruktion um[69].
Das Ritualgeschehen wird also durch zwei zu unterscheidende literarische
Gattungen bestimmt: die Textunterschrift (die Gattung ist nicht mit dem
vom Text deutlich abgesetzten Kolophon zu verwechseln, das gewöhnlich
Mitteilungen aus der Sicht des Schreibers macht[70]) und die aus der mündlichen Unterweisung in literarische Form übernommene ›priesterliche‹ Ritualanweisung. Beide Gattungen sind auch im Alten Testament zu finden;
leider sind im Zusammenhang mit den Psalmen höchstens schwer deutbare

---

66 Man erwartet eigentlich nach der mit Possessivsuffix ausgestatteten Bezeichnung eine Ritualanweisung (s.o. Anm. 59), liest aber in der Regel eine archivarische Zweckangabe, z.B. Or.
36   21,1; 24,7'; 28,12'; 31,8'; RA 48   184,26; 49   137,1; 140,1; 50   90,10 u.ö.
67 Die aus den *šu'illa*-Tafeln geläufige Unterschrift *INIM.INIM.MA = enimmû* = Beschwörungsworte, ist in den *namburbi*-Texten meist mit einer Zweckangabe gekoppelt, z.B.
Or. 34   121,13': *ziqit GÍR.TAB puššuḫi*, »to alleviate the scorpion's sting«. Ähnliche Formulierungen: Or. 36   274,20'; RA 48   10,13; 49   180,23; 182,9. In diese allgemeinere Bezeichnung der Beschwörung scheint der Ausdruck *namburbi* zur Präzisierung der Gattungszugehörigkeit (= nach Art des *namburbi*-Rituals!) eingedrungen zu sein, vgl. Or. 36   19,9:
INIM.INIM.MA NAM.BUR.BI ḪUL = »*namburbi*-incantation for the evil of . . .«, und
schließlich die generelle Bezeichnung *enimmû* verdrängt zu haben (vgl. die Stellenangaben o.
Anm. 66 und: Or. 36   34,1; 274,7'; 278,1 u.ö.).
68 Vgl. die Infinitivkonstruktion ». . . das Böse zu lösen« (*lumun . . . pašāri*) RA 48   184,26
u.ö. oder die Verwendung des Omenstils: *namburbi šumma amēlu . . .*, »*namburbi* für den
Fall, daß ein Mensch . . .«, RA 48   186,12; vgl. RA 50   22,4.
69 Diese syntaktisch schwierige Nahtstelle beweist m.E., daß hier zwei verschiedene Gattungen zusammengefügt sind, vgl. etwa RA 48   130,1–3: »Wenn im Hause eines Menschen
sich böse Zeichen zeigen, damit das Böse des bösen Zeichens dem Menschen und seinem Hause
nicht naht, sollst du drei Zurüstungen vor dem Tor herrichten . . .« Omenstil, archivarische
Zweckbestimmung, Ritualanweisung folgen hier aufeinander; gelegentlich hat der Schreiber
die letzteren beiden Stilarten durch eine Linie getrennt, z.B. *ana lumun . . . lā ṭeḫê*, »damit
das Unglück . . . nicht nahe«; nach der Trennungslinie folgen Anweisungen in der 2. Person
(AGH 74,1f; Or. 36   1,2; 2,13; 14,3; 21,2 u.ö.).
70 Vgl. *HHunger*, Babylonische und assyrische Kolophone (AOAT 2), Kevelaer/Neukir-
chen-Vluyn 1968.

Reste von ›Unterschrift‹ und ›Ritualanweisung‹ erhalten geblieben. In der sumerisch- akkadischen Tradition dagegen läßt sich für beide Gattungen eine lange Wachstumsgeschichte erkennen. Die Texte geben uns zwar kein ausführliches Protokoll der Ritualhandlung, aber sie vermitteln uns ein ungefähres Bild vom Ablauf einer Gebetshandlung.

Am Schluß dieser gattungsgeschichtlichen Besinnung stellt sich unausweichlich die Frage, welches denn die ›Einheit‹ ist, mit der wir es im Fall der babylonischen Beschwörung zu tun haben. Aus dem bisher Gesagten dürfte klargeworden sein, wie mißlich es ist, die rhetorischen oder literarischen Gattungen voneinander zu isolieren. Soweit aus den Texten zu erkennen, bezeugen sie alle einen einzigen Ritualablauf: die ›Beschwörung‹, den meist vom Bittsteller zu sprechenden Wortteil, die ›Ritualanweisung‹ – aus der Sicht des Lehrenden und als vorherrschende Instruktion! – den vom Beschwörer zu überwachenden und auszuführenden Handlungsteil; die ›Unterschrift‹ schließlich, die klassifizierende Bewertung und Zweckbestimmung des Ganzen. So verschieden diese Gattungen sind: Wir müssen sie vom Ritualablauf her zu verstehen suchen; das eine Zweckeinheit bildende Ritualgeschehen, auf das alle Redestücke zugeordnet sind, ist also Ausgangs- und Beziehungspunkt für unsere Überlegungen.

Die weitere Frage heißt dann: Was gehört wesentlich zu einer solchen Beschwörungshandlung hinzu? Die Sammlungen der *šu'illa*- und *namburbi*-Texte sowie anderer, ähnlicher Beschwörungen[71] lassen vermuten, daß bei einer einfachen Ritualhandlung zur Abwehr des Bösen ›Beschwörungen‹, d.h. Patientengebet und/oder Bannungswort des Beschwörers – die gegebenenfalls mehrmals zu rezitieren waren –, im Mittelpunkt standen. Wir können arbeitshypothetisch annehmen, daß der einfachste Ritualablauf nach dem Schema: Handlung – Beschwörung + Handlung – Handlung vor sich ging.

Die Beschwörungssammlungen *šu'illa* und *namburbi* stellen eindeutig das Patientengebet in den Mittelpunkt der Zeremonie. Aber der Beschwörer ist sicher auch von Amts wegen zu Worte gekommen. In der Tat sind uns neben den ›Patientenbeschwörungen‹ auch Texte erhalten, die den Beschwörer in Aktion zeigen, z.B. in der Serie *šurpu*. Diese Text erwähnen den Bittsteller in der dritten Person, sie zeigen oft eine litaneiartige Ausprägung, welche den Experten verrät[72]. Wie weit ›Patientenbeschwörung‹ und ›Beschwörerlitanei‹ in einem gegebenen Ritualablauf nebeneinander verwendet wurden, bleibt eine offene Frage. Daß in manchen Fällen die Rollen wechselten, läßt sich z.B. deutlich aus der Ritualtafel *šurpu* I, 8–10 erkennen:

---

71 Vgl. *RDBiggs* (Beschwörungen zur Stärkung der männlichen Potenz); *ALOppenheim,* Dreams 300ff (Beschwörungen zur Abwehr böser Traumvorzeichen); *WGLambert,* Fire Incantations (zur Abwehr aller Arten von Inflammationen); einen Überblick über die babylonische Beschwörungsliteratur bieten *BMeißner,* Bd. I, 212ff; *AFalkenstein,* LSST NS 1; *WKunstmann.*
72 Vgl. bes. *šurpu* Tf. II–IV, bei *EReiner.*

The incantation »I hold the torch, release from the evil!« you will have the patient speak (after you). But the incantation »Be it released, great gods!« (and) the incantation »Any oath« the incantation-priest will recite himself[73].

Die entscheidenden Aussagen sind: *LÚ.GIG tušadbab* = »den Patienten sollst du sprechen lassen« (*šurpu* I,9)[74]; und im Gegensatz dazu: *LÚ.IŠIB ŠID-nu* = »der Beschwörer soll rezitieren« (*šurpu* I,10; *ŠID* = *manû* = »zählen, rezitieren«). Aber auch bei dieser erkennbaren Bipolarität der Ritualhandlung ist es nicht ausgeschlossen, daß einfache Beschwörungen sich ganz um das vom ›Patienten‹ zu sprechende Gebet herumgruppierten.

2.2.4.2
Lassen sich anhand der erhaltenen Ritualanweisungen *Handlungstypen* ausmachen, die in der Beschwörung zur Anwendung kamen? Es ist sicher schwer, geeignete Unterscheidungskriterien zu finden. Man kann versuchen, die Rituale nach personalen und materialen Gesichtspunkten zu klassifizieren[75]. Die Ritualanweisungen geben dazu vielfältige Handhaben; sie messen den zur Verwendung kommenden Kultmitteln oft eine große Bedeutung bei[76]. Für unsere Zwecke ist es jedoch am sinnvollsten, die Ritualhandlungen nach ihrer Funktion – soweit sie erkennbar wird – zu gruppieren. Die Schwierigkeit liegt darin, daß Motive und Ziele der einzelnen Beschwörungshandlungen in den Ritualanweisungen nirgends expressis verbis dargelegt werden; oft genug muß uns die Bedeutung einer Handlung auch entgehen, weil wir nicht mehr oder noch nicht wieder in der Lage sind, die Textzeugnisse sprachlich und sachlich richtig einzuordnen. Es bleiben genügend Informationen, die uns folgende Handlungstypen erkennen lassen:

---

73   Übersetzung bei *EReiner*, 11; vgl. auch *WMayer*, 63ff.
74   Verben im kausativen š-Stamm bezeichnen häufig die Stelle, an der der Bittsteller aktiv zu werden hat, vgl. bes.: *tušamnušu*, »du sollst ihn rezitieren lassen« (AGH 76,16); *tušadbabšu*, »du sollst ihn sprechen lassen« (AGH 42,14); *tušaqbašu*, »du sollst ihn reden lassen« (RA 48 184,19); *tušzazzuma*, »du sollst ihn treten lassen« (RA 49 38,28; 50 30,b13); *tušak-massuma*, »du sollst ihn knien lassen« (RA 50 32,10; Or. 34 117,21). Weitere Belege im AHw sowie CAD, s.v. *manû, dabābu, qabû, izuzzum, kamāsu*.
75   Vgl. *WSchrank*; *WKunstmann*, 63ff.
76   Kultmittel (im Unterschied von den wiederholt gebrauchten Kultgeräten) sind Materialien und Gegenstände, die ad hoc aus der profanen in die heilige Sphäre geholt werden; sie bedürfen einer ordnungsgemäßen Herrichtung und Weihung, vgl. die Vorbereitung des »Gurkenamuletts« (AN.ḪUL; AGH 76,11ff) oder die Behandlung des Staubes, der magischen Zwecken dienen soll (RA 49 178,2ff) und die Bereitung wirkungskräftiger Asche (RA 48 186,14ff.36ff; 188,40f.44f). Zur Präparation der Kultmittel gehören sicher in der Regel ›Kultmittelbeschwörungen‹, deren Ziel es ist, den Gegenstand für seine Aufgabe zu aktivieren, vgl. AGH 82,105f: *atta AN.ḪUL . . . ē tamḫur kišpi . . .*, du »Gurkenamulett« . . . nimm nicht an die Zaubereien . . .; vgl. die Zusammenstellung der Kultmittelgebete bei *Kunstmann*, 80ff; 114.

2.2.4.2.1

Da sind zunächst die *Vorbereitungshandlungen*. Sie sollen die ›Kultfähigkeit‹ des Ortes, an dem die Ritualhandlung stattfindet, der verwendeten Geräte und Mittel sowie der beteiligten Personen sicherstellen oder herbeiführen. Es kann nicht wundernehmen, daß diese Reinigungs- und Heiligungshandlungen in den Ritualanweisungen einen ganz hervorragenden Platz einnehmen[77]. Zu den Standardmaßnahmen, die anscheinend bei der Einzelbeschwörung nur auswahlweise angewendet wurden, gehören: das Dach oder der Schauplatz der Kulthandlung müssen gesäubert und mit Weihwasser besprengt werden[78]; der Ort der Ritualhandlung vor dem Stadttor oder am Flußufer kann einen magischen Schutzkreis erhalten[79]; Behälter, Räucherständer, Opfergerätschaften werden, sicherlich ebenfalls nach konventionellen Regeln, aufgebaut[80], Opfergegenstände und Kultmittel oft meh-

---

77 Vgl. z.B. die Bedeutung des »Badens« (*ramāku*) und »Waschens« (*mesû*) JLaessoe, 9ff.
78 Stereotype Redewendung: *qaqqara (urâ) tašabbit mê ellūti tasallaḫ,* »du sollst den Boden (das Dach) fegen (und) mit reinem Wasser besprengen«, vgl. AGH 18,13; 74,2; 100,28; RA 48   10,24; 134,9; 49   38,15; 178,7; 184,3; 188,33 u.ö.
79 Verschiedene Mehlsorten dienten häufig als magisches Mittel; es werden u.a. genannt: *zerqu (zidubdubbû)* = »Mehlhäufchen« (vgl. AGH 42,12; RA 49   180,25); *šasqû* = »Feinmehl« (vgl. AGH 74,3; oft in Verbindung mit Datteln, *suluppu*, s.u. 2.2.4.4); *mašḫatu* = »Röstmehl« (vgl. AGH 136,108); *qēmu* = Mehl (vgl. AGH 106,31f; RA 48   188,10; 50   24,11). Zur Technik und zur Bedeutung der Abgrenzung des Kultortes durch *urigallu*-Standarten, Mehlring *(zisurrû)* und -häufchen *(zidubdubbû)* usw. vgl. Caplice, Or. 36   30f.
80 Die Aufstellung verschiedener Behälter mit Libationsopfern aber auch zur Aufnahme von magischen Gemischen scheint eine wichtige Ritualhandlung zu sein; vgl. *adagurru* = »Opfergefäß« (AHw 9; vgl. RA 48   10,27; 184,29; 49   38,20; 50   30,b11; Or. 36   28,3'); *agubbû,* »Weihwassergefäß« (AHw 17; vgl. RA 48   134,3ff; 182,b13; 49   38,21); *laḫannu,* »Trinkschale« (AHw 527; vgl. RA 49   186,11f; 188,31; 50   86,9); *kāsu,* »Becher« (AHw 454; vgl. AGH 120,2; RA 49   188,31); *piḫu,* »Topf« (vgl. RA 50   90,20); *piršitu,* »Topf« (Ebeling, RA 48   184 Anm. 1; vgl. RA 48   184,15). Über die Hauptgeräte *niĝnaqqu* und *paṭīru* s.u. 2.2.4.4). Selten werden erwähnt: *abru,* Scheiterhaufen (AHw 7: Holzstoß; vgl. AGH 18,14); *paššūru,* (Opfer)Tisch, (AHw 846; vgl. AGH 42,8); *pēmtum* (sum. *KI.NE*) Räucherbecken (AHw 854: ursprünglich »Holzkohle« vgl. RA 48   140,10; Or. 36   283,4; 284,2'; 286,1'ff).
Der Terminus *riksu* (von *rakāsu,* anordnen) scheint ein Allgemeinbegriff für »Opferzurüstung« zu sein und in den *šu'illa*- und *namburbi*-Texten vor allem synonym zu *paṭīru* gebraucht zu werden. Den Beweis liefern jene Ritualanweisungen, die von der Aufstellung des *paṭīru* reden und dann unvermittelt im weiteren Vollzug der Ritualhandlung *riksu* voraussetzen, z.B. Or. 36   34,5ff:
GI.DUₛ [= paṭīru] ana [GI ^dUTU ŠÚ-ap ina UGU [es folgen 4 Brotsorten] *ina UGU KESDA [= riksu] GAR*
»Einen Rohraltar sollst du vor Šamaš aufbauen, auf ihn sollst du [4 Brotsorten], du sollst die auf die Opferzurüstung legen.« Ein ähnlicher Wechsel von *paṭīru* zu *riksu* findet sich in AGH 74ff (nämlich in Z. 2.5.6.11.14.15.96.99); 120,21.26; 122,28; Or. 36   280,5.7 (in diesem Text ist anscheinend der Ausdruck *GI.GUḪŠU = guḫšû* als Äquivalent zu *paṭīru* gebraucht; vgl. RA 49   32,7; AHw 296; Caplice, Or. 36   282); umgekehrt der Übergang von *riksu* zu *paṭīru* in Or. 36   28,15'. Rs 2'.5'. Die Aufstellung von *riksu*-Apparaturen mit den typischen Folgehandlungen, die wir beim *paṭīru* beobachteten, beschreibt RA 48   130,3ff. Caplice hält *riksu* für einen »complexus of offering table and vessels« (Or. 34   125). WMayer möchte die beiden ›Opferzurüstungen‹ nicht gleichsetzen (briefl. Mitteilung); vgl. *ders.,* a.a.O. 150ff.

rere Tage vor der Beschwörung zubereitet und stehengelassen[81]. Liturg und Patient müssen sich reinigen, heiligen, damit die Götter den Bittsteller nicht von vornherein abweisen[82]. Mit diesen kurzen Hinweisen sind die Vorbereitungshandlungen keineswegs erschöpfend behandelt; wir können auch nur sehr schwer nachempfinden, welche Erfahrungen und Vorstellungen der Babylonier mit dem Erfordernis kultischer Reinheit verknüpfte. Wichtig ist in diesem Zusammenhang, daß die Beschwörungshandlungen für einen Leidenden oder Hilfesuchenden in der Regel mit Reinigungs- und Heiligungsriten verschiedenster Art eingeleitet wurden.

2.2.4.2.2

Die Darbringungen und *Leistungen des Bittstellers* für die angerufene Gottheit sind zwar in den Ritualanweisungen in der Regel summarisch abgehandelt und selten ausführlich dargestellt[83], doch kommt ihnen eine zentrale Bedeutung zu. Sie haben einen mehrfachen Zweck: Sie sollen den angeredeten Gott eventuell besänftigen, das ehemals gute Verhältnis zu ihm wieder herstellen, ihn zur Parteinahme für den Bittsteller bewegen, ihm dessen Ehrerbietung und Loyalität beweisen usw. Der Gottheit werden Opfergaben geboten, in erster Linie Lebensmittel: Brot, Getränke, Fleisch von Opfertieren; über die Art und Weise, wie die Gaben der Gottheit ausgehändigt werden, verlieren die Anweisungen wenig Worte. Sie werden hingesetzt, ausgeschüttet, verbrannt, dem Fluß übergeben[84] – ohne Zweifel verbergen sich hinter diesen allgemeinen Ausdrücken rituell festgelegte Handlungsweisen. Oft ist der Göttertrank ein besonders hergestelltes Gemisch,

---

81 Vgl. RA 48 130,46ff (Die Anweisung lautet: Pflanzenteile, Früchte in Brunnenwasser werfen, über Nacht stehenlassen; so auch RA 48 132,3; 50 30,b4ff; Or. 36 24,9ff; 287,8'f); die Zurichtung von Salben und Gemischen ordnen z.B. RA 49 32, Rs 1f; 178,2ff an.
82 Vom Waschen, Heiligen, Sich-Scheren, Sich-neu-Bekleiden des Patienten ist häufig die Rede, vgl. z.B. RA 48 130,49 (*mê turammak*, »du sollst ihn mit Wasser waschen«); RA 48 134,3; 178,4 (*uqtaddaš*, »er soll sich heiligen«); RA 48 178,4 (*gallābüssu eppuš*, »er soll sich scheren lassen«); RA 50 30,4f (*lubšassu išaḫḫat agubba irammuk lubuštu pişitu ultabbaš*, »er soll sein Kleid ausziehen, sich mit Weihwasser waschen, ein weißes Kleid anziehen«; vgl. RA 48 130,50; 136,10.14; 138,5 u.ö.)! Aber auch der Beschwörer muß auf seine Kultfähigkeit achten, wie das ihm vorgeschriebene Einleitungsgebet »Ich bin ein reiner Mann« (*šurpu* I,4) zeigt; vgl. auch *JLaessøe*, 9ff.
83 Bildliche Opferdarstellungen können helfen, Informationslücken zu schließen, vgl. *AMoortgat*, 22f (zu Nr. 198–218); 39f (zu Nr. 360ff); ANEP[2] Nr. 579–581; 582ff; 597ff; 619–628. Manches bleibt jedoch unklar. War z.B. das Hochhalten (*našû* II; vgl. RA 48 140,11f) der Gabe ein obligatorischer Brauch? Einzelheiten über die Darbringungen s.u. Exkurs: Grundelemente der Ritualhandlung (2.2.4.3). *OKeel*, Bildsymbolik, stellt vor allem die Gebetshaltungen (a.a.O. 287ff) und den offiziellen Kult (a.a.O. 301ff) heraus; doch vgl. die Riten für den Einzelnen, a.a.O. Abb. Nr. 74; 91; 192; 200f; 242; 267; 272 usw.
84 Stereotype Redewendungen sind: Du sollst »hinstellen« (*šakānu*, vgl. RA 48 10.26.27; 130,3f; 182,3); »hinwerfen« (*nadû*, vgl. RA 48 180,11f); »aufstellen« (*kunnu*, vgl. RA 48 10,24f; 182,14; 49 136,2); »herrichten« (*rakāsu*, vgl. RA 48 178,5; 184,28; 49 32,8); »aufpflanzen« (*zaqāpu*, vgl. RA 49 32,2); »hin-be-schütten« (*šapāku*, vgl. RA 48 10,26; 134,10; 184, Rs 3; 49 138,9); »opfern, ausgießen« (*naqû*, vgl. RA 48 10,28; 130,5; 180,10; 184,15ff); »schlachten« (*nakāsu*, vgl. RA 48 140,9) usw.

miḫḫu, mit uns unbekannten Ingredienzen[85]; unter den Gaben befinden sich Kostbarkeiten wie Salz, Honig, Sahne, Wein, Bier, Feinbier[86] und wohlriechende Kräuter und Essenzen dürfen nicht fehlen[87]. Aber auch die Bezeugungen der Demut und Unterwürfigkeit sind zu den Leistungen des Bittstellers zu rechnen, sein Hinknien, Hinwerfen[88] sowie die unten noch zu besprechenden Gelübde für den Fall der Heilung oder Rettung. Ob auch andere in den Ritualanweisungen erwähnte Gegenstände und Materialien, wie z.B. die vielen Hölzer, Kräuter und die mancherlei Steine und Metalle zum Teil als Geschenke an die Gottheit verstanden wurden, läßt sich nicht mehr feststellen; ihre Verwendung war wohl darin begründet, daß man ihnen irgendeine Kraftwirkung zuschrieb.

Leistungen und Gaben, so können wir sagen, waren dem betenden Babylonier wohl in erster Linie Kommunikationsmittel; sie sollten helfen, das gestörte Verhältnis zur Gottheit in Ordnung zu bringen. Weder war die göttliche Hilfe in Geschenken aufzuwiegen, noch konnte man hoffen, durch eigene Leistungen einen Druck auf die Himmlischen auszuüben. Solche mechanistischen Vorstellungen mögen auch in Babylonien wie anderswo gelegentlich aufgeblitzt sein, sie bestimmten aber nicht die Ritualpraxis, die wir aus den Texten erkennen können.

2.2.4.2.3

Die vielerlei Einwirkungsversuche des Beschwörers auf das Böse machen für unser Verständnis – ob die Babylonier ebenso dachten, ist fraglich – das Eigentliche und Wesentliche des Rituals aus. Das Unheil, das sich in bösen Omina oder Träumen ankündigt, muß abgewehrt, die bösen Mächte, die eventuell schon einen Menschen, seine Behausung besetzt haben oder in

---

85 Vgl. z.B. RA 48 178,6; 188,37; 50 28,6; AGH 20,19; 42,12; 62,40; *WvSoden:* »eine Art Bier« (Ahw 651); *Ebeling:* »ein Gemisch von festen Substanzen mit Flüssigkeit« (AGH 13 Anm. 1).

86 Vgl. AGH 20,16ff: *ṭabtu* II = Salz; *dišpu* = Honig; *ḫimētu* = Rahm, Butter; *karānu* = Wein; *šikāru* = Bier; oder AGH 24,10; 48,96; 76,5: *kurunnu* = Feinbier. Mit der einfachen und urtümlichen Brot- und Wassergabe gibt sich keine der untersuchten Ritualanweisungen zufrieden.

87 Bei Pflanzen und Hölzern bleibt manchmal unklar, ob sie wegen ihres Aromas oder um anderer, ihnen innewohnender Kräfte willen dargebracht werden, obwohl Duftträger gelegentlich durch das Determinativ *riqqu* (ŠIM) bezeichnet sind (vgl. AGH 136,108; Or. 39 118,16; *RCThompson*). Über das Weihrauchbecken s.u. Exkurs: Grundelemente der Ritualhandlungen (2.2.4.3). Ätherische Öle finden reichlich Verwendung, vgl. RA 48 130,50 (*šaman asi* = Myrtenöl); 186,16 (*ulû kanakti* = Öl von Opopanax); 188,41 (*šaman šurmīni* = Zypressenöl?); 49 38,25 (*šamnu ḫalṣu šamnu ṭabu* = geläutertes (ausgepreßtes) Öl, gutes Öl); 148,20 (*ulû tamasi* = Baumöl); vgl. RA 49 188,28ff u.ö.

88 Stehende und kniende Haltung des Beters sind auch durch figürliche Abbildungen bekannt (vgl. *EStrommenger,* BaghM 1, 1960, 1ff); in den Ritualanweisungen vgl. die Verben *izzuzzum* = sich hinstellen, hintreten (z.B. RA 48 136,10; 184,18; 49 38,28; 50 30,b13); *kamāsu* II = sich beugen, hinknien (z.B. RA 48 178,7; 49 138,10; 50 32,9f; 86,14; 90,22). Die Prosternation wurde innerhalb der Ritualhandlung geübt, vgl. *šukênu* = sich hinwerfen (z.B. RA 48 10,30; 178,6; 184, Rs 2; 50 88,40; AGH 126,41; 136,110). Zur Verwendung eines »Bußschemels« (?) (*kitturru,* Ahw 495: »Stuhl«) vgl. RA 48 134,19.

seine Umgebung eingedrungen sind, müssen vertrieben werden. Zahlreiche *Riten haben also apotropäischen oder exorzistischen Charakter.* So werden gefährdete Häuser abgewischt, der Kehricht wird in den Fluß geworfen, das Gebäude oder Teile davon mit einem schützenden oder heilenden Balsam eingerieben[89]. Ebenso ergeht es dem Patienten: Er muß allerlei Waschungen, Salbungen, Immersionen, gelegentlich auch den Kleiderwechsel und ähnliche symbolische Befreiungen vom Bösen über sich ergehen lassen[90]. Manche Vorbereitungshandlungen haben bereits eine Schutzfunktion[91], die Bannkraft vieler Stoffe und Gegenstände wird aber innerhalb des eigentlichen Rituals noch weiter ausgenutzt; nur daß wir schwer erfassen können, wie man sich die Wirksamkeit von Kräutern, Hölzern, Steinen, Metallen, Aschen, Salben, Flüssigkeitsgemischen, Knochen, Haaren und dergleichen mehr im einzelnen dachte. Genug, daß etwa ein Bestreichen des Hauses mit einem Mehl-Blut-Gemisch anscheinend vor einem in der Herde grassierenden Unheil schützt und daß gewisse Amulette dem Bösen die Rückkehr oder den Eintritt verwehren[92]. Auch der Zauber mit mancherlei Nach- und Abbildungen, an denen man alle die Handlungen vollziehen kann, denen sich das ›Original‹ entzieht, dienen der Vernichtung oder Abschreckung des Bösen. Figürchen des Patienten oder des Unheilträgers sind dazu ein beliebtes Mittel[93]. Schließlich kann man Unheilträger (und Unheil) dadurch vernichten, daß man sich eines Stückes von ihm bemächtigt und als pars pro toto magisch behandelt, wie das Haar einer Böses ankündigenden Ziege[94]. Ein einzigartiges Ritual (RA 49   140,b7ff) gebietet, mit Waffengewalt gegen ein böses Omen vorzugehen: Ein Unbeteiligter muß (symbolisch?) mit Pfeilschüssen das einem Hause drohende Verhängnis vertreiben. Viele Riten sind uns kaum mehr verständlich, so das Schwingen von Weihrauchbecken und Fackel – beide erscheinen häufig zusammen – vor dem Patienten[95], oder der unvermittelt auch in der Ritualanweisung unserer Beschwörungen auftauchende Bannschwur »bei Himmel und Erde«[96].

---

89   Vgl. RA 48   132,22; 182,4ff; 186,38f; 188,42f; 49   178,6; 186,16; 188,28; 50   28,9; 30,10 u.ö.
90   Vgl. RA 48   130,50; 136,10.14; 138,5; 140,13ff; 49   148,20; 50   30,4ff; 88,37; u.ö. Caplice stellt einige Eintauchvorschriften aus den *namburbi*-Texten zusammen: Or. 36   7.
91   S.o. Anm. 78 und 79.
92   Bestreichung des Hauses mit Blut: RA 50   26, Rs 1ff; 28,9 (*Ebeling* sieht darin eine Analogie zum israelitischen Passaritus); die Benutzung von Halsketten aus gewissen Steinen (RA 50   88,41ff) oder von »Gurkenamuletten« (AGH 76,11ff).
93   Vgl. RA 49   148,18f; 50   30,b14; 32,7; 90,3.14ff.23; Or. 36   35,32ff u.ö. Man benutzte auch Staubabbildungen: vgl. RA 50   28,7. Die Serie *maqlû* arbeitet durchweg mit Nachbildungen aus verschiedenen Materialien.
94   Or. 36   10,2'ff; *maqlû* Tf. I,132f; zur »imitativen« Magie vgl. *ABertholet*, RGG³ IV, 597f; *RFFortune*, 43ff.
95   Die feststehende Vorschrift lautet: *niġnaqqu gizillû tušbā'šu*, »Weihrauchbecken, Fackel sollst du an ihm vorübergehen lassen« (doch *bā'û* im Š-Stamm ist mit AHw 117; 294 und *Caplice* Or. 34   119,6' u.ö. besser mit »schwingen über« zu übersetzen), vgl. RA 48   140,8; 49   36,11; 50   30,5; 32,8; Or. 34   117, Rs 6.
96   Die sogenannten *zi-pà* Beschwörungen sind auch selbständig überliefert (vgl. *RBorger*,

Die Zahl der babylonischen Abwehrriten ist Legion, wie können sie keinesfalls erschöpfend behandeln. Es bleibt festzuhalten, daß sie als Handlungstyp innerhalb des Ritualablaufs das Pendant zu den Darbringungen und Leistungen für die hilfreichen Götter darstellen: Es sind Gegenmaßnahmen gegen die unheilvollen Kräfte.

2.2.4.2.4

Die in den Ritualanweisungen nicht regelmäßig aber doch häufig vorgesehenen *Abschlußhandlungen* überdecken sich zum Teil mit den im vorigen Abschnitt dargestellten Abwehrmaßnahmen gegen das Böse. Daß überhaupt spezielle Abschlußhandlungen vorgeschrieben sind, läßt sich mit dem Bestreben erklären, die Wirksamkeit der Beschwörung voll auszuschöpfen: Die ordnungsgemäße Durchführung des Rituals bis zum Ende soll die Hilfsbereitschaft der guten Götter sichern, und der regelrechte Abbruch der Handlungen die Rückkehr der Dämonen und des Bösen verhindern. Eine oft wiederkehrende Forderung ist darum, den Kultapparat, darunter hat man wohl in weitestem Sinne das Arrangement der Kultgeräte und Kultmittel zu verstehen, richtig aufzulösen[97]. Gegenstände, die in irgendeiner Weise das Böse auf sich gezogen haben, müssen als mögliche Gefahrenquellen dem menschlichen Verkehr entzogen und unschädlich gemacht werden: Man wirft sie in den Fluß, vergräbt oder verbrennt sie, trägt sie aufs unbebaute Feld[98]. Der Patient selbst muß sich nach Abschluß der Beschwörung entfernen, ohne rückwärts zu blicken, oder auf einem anderen Weg, als er gekommen war, nach Hause gehen[99]. Eventuell wird ihm eingeschärft, den Kontakt mit Menschen, die ihn erneut verunreinigen könnten, zu vermeiden; andere Ritualanweisungen schreiben dagegen vor, daß der Behandelte auf dem Heimweg eine Wirtschaft aufsucht, dort gewisse Dinge berührt und bestimmte Formeln spricht[100].

s.o. 2.2.1.2 Anm. 11); sie können in unseren Ritualtexten als »Begleitworte« angesehen werden (s.u. 2.2.4.4). Anscheinend haben sie ursprünglich apotropäische Funktion gehabt, vgl. RA 48   136,13f; 138,4. Die Traditionsgeschichte der Kernformel: »Beim Himmel sei beschworen, bei der Erde sei beschworen!« dürfte sehr kompliziert sein.

97   Daß der Ritualapparat richtig »aufgelöst« (*paṭāru*) werden müsse, ist eine ständig wiederkehrende Forderung, vgl. RA 48   138,14; 49   32, Rs 5; 34,5; 36,10f; 184,24; 188,35; 50   24,10; 88,40; Or..36   23,6; AGH 42,14; 82,99.

98   Wo die Zeremonie am Flußufer stattfindet, ist es naheliegend, alle »belastenden« Gegenstände vom Wasser forttragen zu lassen, vgl. RA 49   32, Rs 5f; 34,6f; 140,a11; 50   24,10; 32,11; 88,38f; 94,20; AGH 20,20. Vergraben, Verbrennen, Ins-Ödland-Schaffen, vgl. RA 48   182,4ff; 186,10; 186,36f; 188,40f.

99   *Caplice* meint zu den Abschlußhandlungen: ». . . their purpose clearly being to remove the threatened person decisively from the averted evil and restore him to normal life« (Or. 36   7f).

100   *Caplice* wertet den Bierausschank als einen Ort, an dem der Patient wieder in das normale Leben »aufgenommen« wird (Or. 36   8); man sollte aber vermuten, daß der Besuch in der Kneipe noch andere, magische Funktionen hatte (Irreführung der Dämonen?). Vgl. RA 48   138,9f; 140,21ff; 50   30,6f; 94,20f; Or. 36   23,8f.

Diese äußerst knappe Übersicht kann uns m.E. auf folgende Punkte aufmerksam machen:
(1) Die babylonische Beschwörung ist vor allem Gebet und Bitthandlung für
einen individuellen Bittsteller unter Leitung eines Beschwörungsexperten,
ihr Gebrauch in Zeremonien für König und Volk (vgl. die Serie *bīt rimki*!)
ist sekundär.
(2) Ritualhandlung und zu rezitierende Texte gehören zusammen; sie bilden die hinter den literarischen Gattungen liegende Handlungseinheit, auf
die wir uns beziehen müssen.
(3) Während die in den Tafeln ausgeführten Beschwörungstexte (= Gebete!) in der Hauptsache vom Patienten zu sprechen sind, liegt die Verantwortung für die Ritualhandlung fast ausschließlich beim Beschwörer.
(4) Die Ausführungsbestimmungen zu den Ritualen lassen eine lange Traditionsgeschichte erkennen: Mehrere literarische Gattungen sind zusam-
mengeflossen und bilden die Gattung »Ritualanweisung«, hinter der wir die
Handlungseinheit der vollzogenen Beschwörung zu suchen haben.
(5) Nach ihrer Funktion im Gesamtritual lassen sich vier Haupttypen von
Handlungen unterscheiden: außer den Vorbereitungs- und Schlußhand-
lungen die Bitthandlungen (vor allen Leistungen und Gaben) und die Ab-
wehrhandlungen.

2.2.4.3
Exkurs: Grundelemente der Ritualhandlung

Die rituellen Handlungen, welche das Beschwörungsgebet begleiten, können auch nach anderen Gesichtspunkten geordnet und in weit größerem Detail dargestellt werden. Um einen Eindruck von der Mannigfaltigkeit der Ritualhandlungen zu geben und um gleichzeitig Handlungselemente aufzuzeigen, die als Bausteine des Rituals gelten können, sei eine Einzelunter-
suchung angefügt. Wir gehen von dem Gebrauch zweier Kultgerätschaften aus und beschränken uns auf die oben 2.2.4.2.2 angeführten Leistungen und Gaben des Bittstellers.
Die stereotype Ritualanweisung der *šuʾilla*-Texte *šumma (lū) ina rikši šumma (lū) ina niḡnaqqi teppuš* (s.o. Anm. 62) sagt noch nichts über Handlungsabläufe, zeigt aber alternative,
an bestimmte Kultgeräte gebundene Möglichkeiten der Ritualdurchführung auf und beweist
damit indirekt die Eigenständigkeit der an *riksu* (in unseren Texten oft synonym für *paṭīru*,
s.o. Anm. 80) oder *niḡnaqqu* orientierten Handlungen. (Einen hohen Weihrauchständer und
einen flacheren Gabentisch in gleichzeitigem Gebrauch zeigen die Abb. ANEP² Nr. 626; 628
u.ö.) Eine ähnliche, ursprüngliche Selbständigkeit könnte man analog für Riten in Anspruch
nehmen, die mit gewissen Kultgefäßen in Zusammenhang stehen (s.o. Anm. 80), sie bleiben
hier aber außer Betracht.
Das *niḡnaqqu* (sum.: NÍG.NA) genannte, mit wohlriechenden Hölzern oder sonstigen Stoffen
beschickte Weihrauchbecken stellt schon in sich eine Gabe an die Gottheit dar (vgl. AGH
74,42; 122,10; Or. 36 28, Rs 3'). Die Bestückung des Gerätes kann sehr verschieden sein. In
Or. 34 117,25f erscheinen nebeneinander NÍG.NA ŠIM.LI = *niḡnaqqu burāšu* (mit phöniki-
schem Wacholder; AHw 139), NÍG.NA ŠIM.MUG = *niḡnaqqu balluku* (mit Styraxholz?
AHw 100), NÍG.NA ZÍD.DA = *niḡnaqqu qēmu* (mit Mehl). Weitere Füllungen des Weih-
rauchbeckens sind durch die Appositionen *erinnu u šasqû*, mit »Zedernholz und Mehl« (AGH
42,11; hier auch der ausdrückliche Vermerk: du sollst es verbrennen, *tunammar*); ZÍD.DA u

ŠIM.LI, mit »Mehl und Wacholder« (Or. 36 34,9f); *burāšu* ^{ria}*murru*, mit »Wacholder, Myrrhe« (AGH 126,39f; vgl. RA 48 184, Rs 4f); *burāšu u iṣerinnu*, mit »Wacholder und Zedern« (RA 49 38,17) ausgedrückt. Am häufigsten kommt in den *namburbi-* und *šu'illa*-Texten jedoch die einfache Wacholderfüllung vor, sie wird rund 30mal genannt. So sehr die Weihrauchgabe, das »Geruchsopfer«, einen eigenen Wert hat: In unseren Texten erscheint als Folgehandlung meist eine Libation; in dieser Kombination können wir einen traditionell festgelegten Ritualvollzug sehen: *nignaqqu burāšu ana pān GN tašakkan kurunnu* (bzw. *šikaru, miḫḫa, mê ellūti, karānu*, usw.) *tanaqqi*, »du sollst ein Weihrauchbecken mit Wacholder vor dem Gott NN aufstellen (und) Feinbier (bzw. Starkbier, Mischbier, reines Wasser, Wein usw.) ausgießen« (vgl. AGH 24,9f; 62,39f; 74,4f; 122,b3; 148,11; RA 48 184,29f; 190,13f; 49 138,9; 180,24; 182,14; 186,28; 188,33; 50 90,21f; Or. 36 34,9f; 274, Rs 8′). Das Kultgerät *paṭīru* (von *paṭāru*, lösen; sum.: *GI.DUḪ* bzw. *GI.DU*)[101] ist als handlicher, womöglich aus Rohrgeflecht hergestellter Tragaltar identifiziert worden[102]. Auch in diesem Fall schließen sich an die Vorschrift, einen Rohraltar aufzustellen (meist: *kunnu*), Hinweise auf charakteristische Ritualhandlungen an. Da heißt es etwa: *paṭīru tukân suluppu šasqû tašappak*, »du sollst ein Tragaltärchen aufstellen, Datteln, Mehl (darauf!?) streuen« (AGH 74,3f; 88,19f; 100,28f; 120,21f; RA 49 137,2ff; 144,8f; 178,7f; 188,33f; Or. 36 21,10f; 25,13; 278,4ff). Gelegentlich ist der Dattel- und Mehlgabe ein Brotopfer vorgeschaltet (vgl. RA 48 10,24ff; 49 138,5ff; 184,4ff; 50 30,b8ff; 90,17ff; Or. 36 34,5ff; 28+,5ff). Auf die Brotopfer soll unten noch eingegangen werden. Wichtig ist, daß sich an die Dattel- und Mehlgabe mit großer Regelmäßigkeit die Aufforderung anschließt, einen Rührkuchen (*mirsu, mersu*; AHw 646) aus Honig und Butter (*dišpu, ḫimētu*; vgl. Milch und Honig im AT) hinzustellen, so an 16 der oben angeführten 18 Stellen. Wir werden also annehmen können, daß mit dem Rohraltar traditionell festgelegte Opfergaben und Opferriten verbunden waren. Einige Stellen präzisieren, daß die Lebens-‍ und Feinkostmittel auf (*ina eli paṭīri* bzw. *ina UGU GI.DU*s vgl. RA 50 86,7f = Or. 34 126,7f; Or. 36 34,5ff) den Altar zu schichten sind, so wie es auch beim Scheiterhaufen (*abru*) vorgeschrieben ist (AGH 18,14; die Zusammensetzung der Gaben ist allerdings anders!). Wie sich das »blutige Opfer« zum Rohraltar verhält, ist nicht ganz klar. Gelegentlich schließt sich die Anweisung, ein Tier zu schlachten, unmittelbar an die »Feinkostgaben« an (vgl. RA 49 137,5ff; 184,7f; 188,35; Or. 36 280,8; 187,4′f), jedoch wird, so viel sich sehe, nur einmal bestimmt, die zu opfernden Fleischteile auf den *paṭīru* zu legen: *MI.ÁŠ.GÀR NITÁ.NU.ZU KUD-is UZU.ZAG UZU.ME.ḪÉ ina UGU GI.DU*s *GAR-an*, »ein unbegattetes Lamm sollst du schlachten, Schulter, Fett sollst du auf den Rohraltar legen« (Or. 36 287,4′f). Wegen der geringen Bezeugung dieses Vorgangs und weil Lebensmittel- und Schlachtopfer ihrer Herkunft nach zu unterscheiden sind, dürfte eine gesonderte Betrachtung der letzteren am Platze sein. Wir hätten also zwei typische rituelle Handlungsketten der *šu'illa-* und *namburbi*-Beschwörungen ermittelt, die sich jeweils an ein Kultgerät, *nignaqqu* bzw. *paṭīru*, anschließen. Wenn sich für die vorgegebenen Texte die Gleichung *riksu = paṭīru* bestätigt (s.o. Anm. 80), wäre gleichzeitig die in den *šu'illa-*Texten so häufig erscheinende, alternative Vorschrift in ihren Kernelementen erhellt.
Nun sind aber Kultgerätschaften nicht in jeder Ritualanweisung ausdrücklich erwähnt; ohne die einschlägigen Apparate scheinen z.B. auszukommen AGH 106,31ff (Mehl-, Bier-, Brotgabe); 112,9ff (dito); 136,107ff (Räucheropfer und Libation); RA 48 80,1ff (Aufgraben von »Bergen« und »Flüssen«, über die das Böse vertrieben wird); 130,46ff (Reinigung und Salbung des Patienten); 134,8ff (Reinigung von Haus und Mensch); 184,5ff (Speiritus); 186,12ff (Liba-

---

101 Vgl. *RLabat*, Manuel d'epigraphie akkadienne, Paris ¹³1959, Nr. 85; 167; AHw 851.
102 Vgl. *ORGurney*, AAA 22 (1940) 43; *RCaplice*, Or. 34 (1965) 126,7 u.ö.; »reed-altar«, weil sum. GI Determinativ für Rohrgegenstände sein kann.

tion); 186,36ff (Verwendung verschiedener Aschenarten); 49   140,6ff (Pfeilritus); Or. 36   10,2'ff (Abwehrritus mit Ziegenhaar); 21,3ff (Abwehrritus mit abgeschorenem Menschenhaar)[103]. In manchen Fällen mag die Verwendung der traditionellen Kultgeräte stillschweigend vorausgesetzt sein; diese Vermutung wird gestärkt durch ausführlichere Ritualanweisungen, in denen Spezialriten zu den Standardhandlungen um *niĝnaqqu* und *paṭīru* hinzutreten (vgl. z.B. AGH 74,2ff + 76,8ff; RA 48   178,3f + 178,5ff; 49   148,14ff + 148,20ff; 178,2ff + 178,7f; Or. 36   24,1'ff + 24,7'f + 24,9ff; 28,13'ff. Rs 2'ff.17'f; 274, Rs 8'ff; 279,2ff). Wir müssen aber auch mit Beschwörungen rechnen, die ohne reguläre Kultgeräte lediglich mit Hilfe anderer, ad hoc kultischen Funktionen zugeführter Gegenstände durchgeführt wurden, wie z.B. auf oder mit einem durch vier Steine festgehaltenen Tuch (als Tisch- oder Altarersatz? AGH 136,107). So wäre es auch denkbar, daß die oben besprochenen Gaben an Datteln und Feinmehl, Rührkuchen und zugehörige Libationen ohne Kultgerät dargebracht werden konnten; alle drei Opfergänge ohne Kultgerät verzeichnen RA 48   184,22f; 49   136,3f; 138,7ff; 188,33f; nur die ersten beiden RA 48   178,8; 184,5f; 50   30,b9f; 90,18f; vgl. auch Or. 36   19, Rs 14; 282, Rs 2.

Brot- und Fleischgaben an die Götter sind in unseren Ritualvorschriften nicht so streng an vorgegebene Handlungsabläufe gebunden, wie das bei den Feinkostopfern der Fall ist. Brotopfer werden häufig erwähnt; die Rituale unterscheiden die Gaben nach ihrer Form (z.B. *akal mušši*, Brot in der Form der weiblichen Brust, RA 49   182,14; *NINDA.GÍD.DA* bzw. *NIN-DA.SAG.DU*, »langes Brot« bzw. »kopfförmiges Brot«, Or. 36   34,6f; 282, Rs 1; *akal ḫasī-sāte*, »ohrenförmiges Brot«, RA 50   86,10 = Or. 34   126,10; vgl. AHw 330) oder nach dem Herstellungsrezept (z.B. *akalu alappānu*, »Emmerbrot«? RA 50   90,17; vgl. AHw 35; *akalu isqūqu*, »Brot aus [Fein?]Mehl«, AHw 389, RA 49   138,6f; *akal kunāši*, »Emmerbrot«, RA 49   184,4f; AGH 18,14; AHw 506; der generelle Ausdruck ist *kurummatu*, »Opferbrot«, RA 48   10,25; 50   30b9; 86,8 = Or. 34   126,7f [*ŠUKU.ᵈINANNA*]; zu den Brotarten vgl. CAD 1,I,238ff). Das Brotopfer wird meistens nach Gewicht oder Zahl der Brotlaibe spezifiziert. Wahrscheinlich hat ganz selbstverständlich eine Libation zum Brotopfer gehört, vgl. AGH 14,21f: *ina muḫḫi akli u mê ša paliḫīkunu gūšāni*, »zu dem Brot und Wasser eurer Verehrer eilt herbei!« Als Schlachtopfer werden vor allem Schaf (*immeru*, vgl. RA 48   182,8; 49   137,5; vgl. die Spezifikationen des Opfertieres in AHw 378; *puḫattu*, weibliches Lamm, vgl. RA 49   188,35) und Ziege (*unīqu*, Ziegenlamm, vgl. RA 49   184,7; Or. 36   287,4' = *MÍ.AŠ.GÀR*) erwähnt. Die Opferanweisung besteht häufig aus zwei Elementen: z.B. *niqē ta-naqqi / šēr imitti šēr ḫinṣi ū šēr šumē tašakkan (tuṭaḫḫâ)*, »du sollst ein Schlachtopfer bringen, Schulterblatt, Fett, Bratfleisch hinstellen (herbeibringen)« (AGH 76,7; 100,30; RA 48   10,28; 49   34,3f; Or. 36   22,12: *UDU.SIZKUR.SIZKUR BAL / UDU(UZU!).ZAG UZU.ME.ḪE UZU.KA.IZI tuṭaḫḫâ*) wobei das erste Element auch die genauere Bestimmung des Opfertieres enthalten kann, z.B. RA 49   38,18: *immeru niqû ellu šuklulu teppuš*, »du sollst ein Schaf als reines, vollkommenes Opfer bringen«; RA 49   184,7: *unīqa lā pītāta ta-nakkis*, »ein unbegattetes Ziegenlamm sollst du schlachten«; in beiden Fällen folgt darauf der oben angeführte zweite Teil, die drei bestimmten Fleischteile zu servieren; vgl. ähnliche zweigliederige Schlachtvorschriften: RA 48   184,17.21; 49   137,5ff; 188,35; Or. 36   287,4'f.

Zum Abschluß sei ein Text aus einem anderen Zusammenhang zitiert, der jedoch wesentliche Elemente der in den *namburbi*- und *šu'illa*-Texten angetroffenen Vorschriften enthält:

---

103   Vgl. auch *ALOppenheim*, Dreams, 300ff und *WKunstmann*, 63ff zur Verwendung verschiedener Kultmittel bei Beschwörungen gegen böse Traumomina.

»Lösungsritual: Vor Schamasch sollst du einen Rohraltar [Lücke] Opfer darbringen, Schulter [Lücke] Bratfleisch sollst du servieren [Lücke] Feinmehl, Rührkuchen aus Honig [Lücke] ein Weihrauchbecken mit Wacholder sollst du hinstellen, Bier, Wein [Lücke] . . .«[104]

Diese Ritualanweisung gehört zu einer Beschwörung zum Schutz gegen böse Traumvorzeichen; die Übereinstimmung der Handlungen mit denen die in der *namburbi-* und *šu'illa-*Sammlung vorkommen, ist frappierend, sie bezeugt die weite Verbreitung des ›Rohraltar- und Weihrauch-Typs‹ bei den Beschwörungen.

2.2.4.4

Der Übersicht über die Ritualhandlungen soll noch ein Blick auf die in den Anweisungen verankerten Redeteile, die nicht zur Gattung der durch *EN* (*šiptu*) und meist durch Trennungslinie hervorgehobenen ›Patientengebete‹ gehören, folgen. Wie sind diese Wortteile mit dem Handlungsteil verknüpft? Die Ritualanweisung, so sagten wir, richtet sich in der Form der Instruktionsrede an den Beschwörer. Dann müssen auch die meisten Rezitationsgebote an den Hauptverantwortlichen ergehen. Das *taqabbi,* »du sollst sprechen«, *tamannu,* »du sollst rezitieren« in den Ritualanweisungen ist folglich an den Beschwörer gerichtet. Natürlich ist es denkbar, daß der Experte stellvertretend für seinen Klienten oder gleichsam in Personaleinheit mit ihm sprechen soll oder daß er jenem die wichtigen (und gefährlichen![105]) Worte zum Nachsprechen vorsagt. Doch kann man einer ganzen Reihe von Sprechtexten direkt absehen, daß sie aus dem Mund des Beschwörers kommen. In Verbindung mit dem Opfer heißt es z.B. RA 48   140,9f:

MÁŠ.GAL (?) purruqa . . . tanakkis muḫra ᵈsibi lumunšu puṭrami taqabbi »Du sollst . . . ein abgesetztes Ziegenböcklein schlachten. ›Nehmt (es) in Empfang, Siebengottheit! Sein Böses löst!‹ sollst du sagen.« Mit der Opfergabe ist also unmittelbar die Bitte um gnädige Annahme und um Entfernung des Unheils, das dem Patienten droht, verbunden. Wir dürfen annehmen, daß eine solche Opferbitte in der Regel zur Darbringung gehörte. Da heißt es etwa in RA 48   182,14f: »Du sollst ein Opfer bringen (und) folgendermaßen sprechen: ›Maḫ, dies habe ich gegeben *(ᵈmaḫ annīta attadin)* . . ., das Böse möge mich nicht erreichen.‹« Bei der Beschwörung, die den Umsatz des Kneipenwirtes steigern soll, sagt der Beschwörer nach der Darbringung des Opfers: »Ištar, Nana, Gazbaba, hilf ihm! *(elīšu rūṣi)«* (RA 49   178,10). Zur Weihrauchdarbringung gehören die Worte: *qutar numir ezida bītaka kurub nabūjatum apil esagila,* »setze den Weihrauch in Brand, Ezida, deinem Hause sei hold, Nabuchen, Erbsohn von Esagila« (RA 48   132, Rs 4ff). Und der Opferspruch in RA 48   178,7ff lautet: »Du sollst hinknien, also sprechen: Ich habe mich an dich gemacht, Šamaš, wegen des kostbaren Lebens; das Böse des Staubes des bösen Ortes, das sich gezeigt hat, möge gelöst, losgemacht werden.« Der Opferspruch kann als eine eigenständige Gattung aufgefaßt werden, der wesentliche Elemente des Bittgebetes in nuce enthält. Zur Bitte um gnädige Aufnahme des Opfers vgl. noch RA 50   22,9; 26,2; Or. 34   117,26 und die ausführliche Beschreibung des Opfers im Be-

---

104   Text nach *ALOppenheim,* Dreams 344, Vs. 5ff; Übersetzung in Anlehnung an a.a.O. 306.

105   Ein *namburbi-*Text befaßt sich z.B. mit dem Unheil, das aus fahrlässiger und fehlerhafter Handhabung des Rituals entstehen kann: RA 49   184ff = Or. 34   124ff.

schwörungstext Or. 36   288, Rs 9′ff nach der Übersetzung von *Caplice*: »With the incantation of Asalluḫi, with the spell of Enki your father, to set you at peace, lord, to set you at rest, I have set before you appeasing words (?) (and) pure handwashing rites. May the evil, the pure water, the tamarisk . . ., the honey, the ghee, the juniper . . ., the beer, the wine . . . (and) the seven braziers be pure! Receive (them) joyfully! *(ḫadiš muḫur)* May your heart be at peace! *(libbaka linuḫ)* May your mood be calm! *(kabattaka lipšaḫ)*.«

Außer den Opfersprüchen finden sich andere Lösungs-, Bitt- und Huldigungsworte als Begleittext zu den verschiedensten Handlungen in den Ritualanweisungen; auch sie sind großenteils vom Beschwörer selbst, manchmal allerdings auch expressis verbis vom Patienten zu sprechen. Gelegentlich fanden nur die Anfangsworte (Inzipits) Aufnahme in die Ritualanweisung[106], so daß uns Inhalt und Tragweite der Rezitation entgehen müssen. Zusätzliche längere Redestücke können nach Analogie der eigentlichen Beschwörungstexte durch *ÉN = šiptu* eingeführt sein.

Einige Beispiele mögen genügen: Nach Verschließung eines Loches in der Hauswand, das Unheil verhieß, soll der Beschwörer dreimal sagen: »Šamaš, jenes Böse löse!« *(ᵈšamaš lumnu šuātu pušur*: RA 48   184,33); nach Salbung der Türangelsteine und Aufstellung von *niḡnaqqu, kāsu* (Becher) und *laḫannu*-Topf heißt es: *paṭir arnīja,* »Löser meiner Sünde!« (Inzipit oder Gebetsruf!? RA 49   188,32); Lebensmittel- und Schlachtopfer sind anscheinend abgeschlossen, wenn die Formel »du bist barmherzig . . ., du bist belebend« an die Gottheit zu richten ist (RA 49   139,10f) ; in der auf diesen Text folgenden Zeile (Z. 12!) ist ein längeres Rezitationsstück mit seinen Anfangsworten zitiert, das der Patient beim oder nach dem Auskleiden sagen soll: *šiptu ašḫut,* »die Beschwörung: Ich habe ausgezogen!« soll er dreimal sprechen. Sehr reichhaltig ist die offenbar dem Patienten zugemutete Rezitationslast in einem Ritual, das die Übergabe der Opfergaben an den Flußgott regelt:

7mal flußabwärts, 7mal flußaufwärts soll er eintauchen,
hervorkommen: »Ea hat es gemacht, Ea hat erlöst« soll er
sprechen. »Du bist recht, Fluß, übergroß sind deine Wasser«
soll er sprechen, »Fluß, nimm mich an, Fluß, erlöse mich!«
»Du, Fluß, hast mich gereinigt, du, Fluß, hast mein Böses
angenommen«! »Die Hochflut möge kommen, mein Böses möge sie
wegtragen« soll er sprechen . . . (RA 48   140,15ff).

Hier begleiten mindestens drei verschiedene Texte die entsprechenden Handlungen. Gelegentlich ist in der Ritualanweisung ausdrücklich auf den zu sprechenden Haupttext hingewiesen, z.B. RA 49   188,35 (*minûta annita tamannu,* diese Beschwörung sollst du rezitieren); Or. 36   33,15′ (»you recite the incantation: Šamaš, great lord, director of the black-headed folk«).

Für den Babylonier war es vermutlich eine Selbstverständlichkeit, daß solche Beschwörungsworte auch an die Kultmittel gerichtet werden konnten, etwa an das Tonbild des bösen Hundes: *ṣalam kalbi ana pūḫīja anamdinka*

---

106   Ein Vergleich der Texte Or. 36   8,8′ff mit Or. 36   2,24ff läßt deutlich die Zitationsweise der Schreiber erkennen: Der erstere enthält eine Zusammenfassung, der letztere eine Beschwörung in Stichwortzeilen.

. . ., »Bild des Hundes, als Ersatz für mich gebe ich dich . . .«; der Spruch
fährt dann in eindringlichen Wiederholungen fort: »Alles Böse meines
Körpers auf dich . . .« (RA 50   92,36ff; vgl. denselben Text bei *Caplice*,
Or. 36   3,36ff: Er läßt die Anrede, die *Ebeling* konjiziert hatte, weg). Ähnlich ist in AGH 82,105 das Gurkenamulett direkt angeredet: *attā AN.ḪUL*,
»Du, Gurkenamulett!« Und in RA 49   186,32 richten sich die Worte
des Beters an nicht näher bezeichnete Gegenstände: *attunu parṣu šarḫūtu
ša ili u ᵈištari*, »ihr majestätischen Kultsymbole des Gottes und der Göttin!«[107]
Zusammenfassend läßt sich sagen: Rede- und Handlungteil der Beschwörungen sind eng miteinander verzahnt. Die Ritualanweisung sucht den
Handlungsverlauf zu fixieren und markiert häufig die Stellen, an denen
eine Textrezitation einzusetzen hat. Dabei lassen sich gattungsgeschichtlich
zwei Haupttypen der Rede unterscheiden, einmal die meist kurzen Begleitworte, die eine vorgeschriebene Handlung interpretieren; als charakteristisch für diese Gattung können die Opferworte gelten. Der andere Redetyp
exemplifiziert sich am klarsten in den großen, vom Patienten zu sprechenden Beschwörungen. Sie sind regelmäßig durch *Ēn = šiptu* hervorgehoben,
haben eine eigene Traditionsgeschichte, und wenn nicht alles trügt, sind
diese Texte der Kern der Beschwörungshandlung. Die erhaltenen Tafeln
zeigen, daß beide Redetypen in einer Beschwörungshandlung miteinander
vorkommen konnten und je auf ihre Weise in das Handlungsgeschehen hin-
eingebunden waren.

2.2.5
Die Struktur des Gebets

Die Hauptelemente des babylonischen Beschwörungsgebetes sind schon
häufig besprochen und mit entsprechenden Teilen der alttestamentlichen
Klagepsalmen verglichen worden[108]. Dabei ist immer wieder das relativ feste Schema der babylonischen Bitte aufgefallen. Auf eine mehr oder weniger ausführliche hymnische Einführung folgen Klage, Bitte, Schuld- oder
Unschuldsbekenntnis, Selbstvorstellungs- und Sendungsformeln in
zwangloser Folge. Am Schluß steht meistens ein Huldigungsspruch oder
ein Gelöbnis. Diese Grobstruktur brauchen wir nicht mehr zu besprechen;
uns kann es nur darum gehen, einige Eigenarten des babylonischen Gebets
hervorzuheben und die Einzelfunktionen der Formelemente sowie die Stellung des Gebets im Gesamtritual deutlich zu machen.
Die *namburbi*- und *šu'illa*-Tafeln sollen uns wieder in der Hauptsache die
Texte liefern. Unter der Voraussetzung, daß jeweils ein (vom Patienten zu
sprechender) Gebetstext und eine Ritualanweisung mit möglichen Begleit-

---

107 Vgl. *WKunstmann*, 80ff; 114 und oben Anm. 76.
108 Einige vergleichende Studien sind oben, 2.1.8 Anm. 94, erwähnt; vgl. außerdem: *ER-
Dalglish*, 18–55.

texten zu einer Aktionseinheit gehören, können wir in der Ebelingschen
šu'illa-Sammlung etwa 55 und in den bisher von Ebeling und Caplice veröffentlichten *namburbi*-Texten etwa 40 Einheiten ermitteln[109].
Der Anschaulichkeit halber seien je ein Beispiel aus der *šu'illa*- und der
namburbi-Reihe vollständig in Übersetzung zitiert; Zeilenangaben und
Konjekturen der Herausgeber sind weggelassen, ihre interpretierenden Zusätze durch runde Klammern bezeichnet. In den Gebeten habe ich eine Gliederung nach Formelementen versucht.

Beschwörung
Zalbatānu, großer Herr, barmherziger Gott, der erfaßt die Hand des Gestürzten, der erlöst den
Gebundenen, belebt den Toten!   (Hymnus)

Ich Šamaššumukīn, der Sohn seines Gottes,   (Vorstellung)

dein elender, jammervoller, beunruhigter Knecht, den starkes Fieber, Hitze ergriffen hat, verfolgt hat, Verlust, (körperliches) Versagen haben meinen ganzen Leib geschwächt, böse
Krankheit(en) sind mit mir verbunden. Auf das Bett der Elenden bin ich geworfen, (Klage)

ich rufe dich!   (Beschreibung des Betens = Angebot)

Wegen einer bekannten und unbekannten Sünde, (weil) ich geirrt, gefehlt habe, vernachlässigt, geringgeschätzt habe, bin ich in Furcht geraten, betrübt geworden,
                                                   (Schuldbekenntnis, Klage)
und mein Leben (meine Seele) habe ich vor deine große Gottheit gebracht.   (Angebot)

Wasser der Beruhigung mögen dir angenehm sein, dein zorniges Herz möge sich beruhigen!
Deine freundliche Zuwendung, deine innige Versöhnung, dein großes Erbarmen mögen deinem Knechte, mir, Šamaššumukīn, zuteil werden!   (Bitte)

Deiner großen Gottheit will ich huldigen!   (Lobpreis, Gelübde)

Beschwörung(en) durch Handerhebung zu Zalbatānu: Entweder mit Opferzurüstung oder mit
Räucherbecken sollst du (sie) ausführen[110].

Der folgende Text – in Umschrift und Übersetzung von *Ebeling* (RA 50 86ff) und *Caplice*
(Or. 34 126ff) herausgegeben – gibt die Beschwörungszeremonien zur Abwendung des in einer Mißgeburt sich ankündigenden Unheils wieder. Die in eckige Klammern gesetzten Stücke
richten sich nach der Übersetzung von *Caplice*, ansonsten folge ich *Ebeling*.

Gesetzt, im Hause eines Menschen zeigt sich die Mißgeburt entweder von einem Schafe, oder
von Kleinvieh, oder vom Rind oder vom Esel, oder vom Pferd, oder vom Hund, oder vom
Schwein, oder vom Menschen, um dieses Böse vorübergehen zu lassen, [daß es dem Menschen
und seinem Haus nicht nahe]:

---

109 Bei Tafeln, die vorwiegend Ritualanweisungen bieten, wie z.B. RA 48 182ff, können
Rezitationsstücke verlorengegangen oder aus irgendeinem Grund nicht voll ausgeschrieben
worden sein.
110 Zitiert nach *EEbeling*, AGH 9f.

Du sollst zum Flusse gehen, eine Rohrhütte aufstellen, Gartenkraut hinschütten, ein Altärchen aufstellen, auf das Altärchen 7 Brotrationen [Bier] Datteln, Feinmehl schütten, ein Räucherbecken mit [Wacholder] aufstellen; 3 Krüge sollst du mit Feinbier füllen, [. . . Brot hinstellen, DÌM-Brot, ohrenförmiges Brot] 1 ›Korn‹ Silber, 1 ›Korn‹ Gold nehmen [ein Gold-Zu auf den Kopf der Mißgeburt legen], einen Brustschmuck aus Gold sollst an roter Wolle aufreihen, an seine Brust binden, jene Mißgeburt sollst du auf [das] Gartenkraut werfen, jener Mensch soll niederknien, also sprechen:

Beschwörung
Šamaš, Richter Himmels und der Erde, Herr des Rechts und der Gerechtigkeit, der recht lenkt, was oben und unten ist, Šamaš, den Toten zu beleben, den Gebundenen zu lösen, liegt in deinen Händen.
(Hymnus)

Šamaš, ich bin zu dir gekommen, Šamaš, ich habe dich aufgesucht, Šamaš, ich habe mich an dich gewandt,
(Angebot)

von dem Bösen dieser Mißgeburt errette mich! Es möge mich nicht erreichen, das Böse davon möge sich entfernen aus meinem Leibe!
(Bitte)

Täglich will ich zu dir beten, wer mich sieht, möge in Ewigkeit dir huldigen!
(Lobpreis, Gelübde)

[Du läßt ihn diese Beschwörung dreimal rezitieren. Das Haus dieses Menschen wird Ruhe haben. . . . und vor dem Flußgott sollst du sprechen]:

Beschwörung
[Du, Flußgottheit, bist der Schöpfer aller Dinge,
(Hymnus)

. . . sun, der Sohn des Zērūtu, dessen persönlicher Gott Nabû, dessen persönliche Göttin Tašmētu ist,
(Vorstellung)

der von einer bösen Mißgeburt bedrängt wird, ist darum erschreckt (und) bestürzt. (Klage)

Wende das Böse dieser Mißgeburt von ihm ab! Möge das Böse ihm nicht nahen, nicht an ihn herankommen, ihn nicht bedrängen. Möge jenes Übel aus seiner Person herausfahren.
(Bitte)

Täglich soll er dich segnen; die ihn sehen, mögen dir in Ewigkeit huldigen!
(Lobpreis, Gelübde)

Auf Befehl des Ea und des Asarluḫu entferne jenes Böse! Mögen deine Ufer es nicht freigeben! Nimm es hinab in deine Tiefe! Reiß dieses Übel aus! Gib (ihm) Glück (und) Gesundheit!]
(Bitte)

[Du sollst das dreimal rezitieren, den Menschen mit Wasser reinigen, Tamariske, Dilbat-Pflanze, *qān šalali*, einen Dattelpalmsproß (und) die Mißgeburt mitsamt ihren Beigaben und

Geschenken in den Fluß werfen; dann sollst du die Opferzurüstung auflösen, dich hinwerfen, jener Mensch soll nach Hause gehen.]

[Du sollst Karneol, Lapislazuli, Serpentinstein, *pappardilû-* und *pappardildilû*-Stein, hellen Obsidian, *hilibû*-Stein, *TUR⁊.MI.NA*-Stein (und) Breccia auf eine Schnur reihen, 7 Tage um seinen Hals legen. Das Böse jener Mißgeburt wird abgewendet.]

Das Gebet an den Flußgott ist auch in einer Variante erhalten, die den Beter in der ersten Person sprechen läßt[111], das bedeutet: Beschwörer und Patient stehen einander im Ritual so nahe, daß der erstere die Rolle des letzteren übernehmen kann.

Die angeführten Beispiele geben einen Eindruck davon, wie das Gebet in die Ritualhandlung eingebettet ist; seine Feinstruktur muß nun an einigen exemplarischen Stellen näher besprochen werden.

2.2.5.1

Die *hymnische Anrufung* nennt den Gott oder die Götter mit Namen, den oder die der Beter um Hilfe angehen möchte; sie fügt allerlei Ehrentitel hinzu und rühmt Macht und Wohltaten der Schicksalslenker für die »Menschheit«.

Knappe hymnische Einleitungen mit 5 oder weniger Attributen wie in den oben genannten Beispielen sind vielleicht einmal die Regel gewesen. Ein an Marduk gerichtetes, dem oben Zalbatānu zugedachten genau gleichlautendes Lob findet sich AGH 12,19–21:

ᵈ*marduk bēlu rabû ilu rēmēnû*
ṣabit qāt naski
paṭir kasî muballiṭ ᵃᵐᵉˡ*mīti*

»Marduk, großer Herr, barmherziger Gott, der erfaßt die Hand des Gestürzten, der erlöst den Gebundenen, belebt den Toten.« Man vergleiche damit den sachlich und formal ähnlichen, oben zitierten Šamašhymnus (RA 50 86,15ff):

ᵈ*šamaš dajjān šamê irṣitim bēl kitte u mēšari*
muštēšir elāti u šaplāti
ᵈ*šamaš mīta bulluṭu kasâ paṭāru ša qātēkama*

»Šamaš, Richter Himmels und der Erde, Herr des Rechts und der Gerechtigkeit, der recht lenkt, was oben und unten ist, Šamaš, den Toten zu beleben, den Gebundenen zu lösen, liegt in deinen Händen.« Nominale Ausdrücke (Verwendung von Nomina, Stativen, Partizipien) preisen den Gott, besonders seine richterlichen und ärztlichen Fähigkeiten. Häufig wird die hymnische Prädikation durch betontes »du bist. . .« (*attā* bzw. *attī*) »ihr seid. . .« *(attunu)* wie auf einem Kissen überreicht (vgl. RA 48 6,4; 178,12; 49 138,b12; 50 28,b9.b12; Or. 34 117,11; 36 10.11. Rs 8'; AGH 20,b16; 28,10f; 78,34f).

---

111 Or. 34 130f; vgl. *EEbelings* Rekonstruktion RA 50 88,26ff.

Oft wird jedoch weiter ausholend der Rang des angebeteten Gottes in der Götterhierarchie, seine kosmische Wirksamkeit und dann wieder besonders sein Gerechtigkeitssinn und Mitgefühl angesprochen. »Sin . . . vor dir liegen gebeugt die großen Götter« (AGH 7,11); Marduk: »Sin ist deine Göttlichkeit, Anu deine Fürstlichkeit . . .« (AGH 15,3); Nabū: »der rein hält Recht und Gerechtigkeit« *(mubbib kitte ū mēšari* AGH 16,7); Enlil: »Herr der Herren, König der Könige, Vater, Erzeuger der größten Götter« (AGH 21,32); Ninurta: »Du sprichst Recht für die Menschen *(taddan dīn tēnišēti),* du bringst den nicht recht geleiteten auf die rechte Bahn, den Waisenknaben, das Waisenmädchen, du faßt die Hand des Schwachen, den nicht Starken erhöhst du! Wer zum Arallu hinabgeführt ist, dessen Leib bringst du wieder zurück, wer Sünden (begangen) hat, machst du von der Sünde los, mit wem sein Gott zürnt, den versöhnst du schleunigst!« (AGH 25,19ff); »Madānu, Gott, du bist barmherzig, unter den Göttern nimmst du Gebet an!« »Weil du zu bewahren, schonen, retten verstehst, weil gesundmachen und heilmachen bei dir steht, habe ich, Herrin, zu dir Vertrauen gefaßt, deinen Namen gerufen.«[112] »Ea und Marduk, Götter der (rituellen) Waschung, Löser des Gebundenen, Stützen des Schwachen, die die Menschheit lieben *(râmu amelūti)* . . .« RA 50   30,15; 32,16f; die Beispiele könnten stark vermehrt werden.

Was ist der Sinn einer solchen hymnischen Anrufung? Das Lob der Gottheit ist erstens protokollarisch richtig; in der menschlichen Gesellschaft verlangt der Höherstehende ebenfalls Anerkennung seiner Position. Der Demutsgebärde des Bittenden entsprechen darum genau die rühmenden Worte, welche Überlegenheit, Gerechtigkeit, Barmherzigkeit des Bittempfängers in traditionsgeheiligter Form aussprechen und damit diese Eigenschaften auch schaffen und bewahren helfen. Stilistisch ist zu bemerken, daß sowohl partizipale Wendungen als auch Stative, Relativsätze und finitive Verben in direkter und indirekter Anrede im hymnischen Teil verwendet werden. Von einer Uniformität des sprachlichen Ausdrucks kann also keine Rede sein. Zweitens ist der Lobpreis geeignet, den mächtigen Beschützer zu beruhigen oder gnädig zu stimmen und zur Hilfeleistung zu bewegen. Das ist ein legitimes Ziel jedes Gebetes und hat mit primitivem Zweckdenken soviel zu tun wie das Bittverhalten überhaupt mit einem Raubüberfall. Beten ist in den wenigsten Fällen selbstverlorene Kontemplation, es ist seinem Wesen nach Auseinandersetzung mit dem mächtigen Partnergott. Sie findet nach den Regeln vergleichbarer gesellschaftlicher Vorgänge statt. Jedenfalls läßt sich das eine erkennen: Die hymnische Einleitung der babylonischen Gebete zielt konsequent auf die Bitten, die sich anschließen. *WWHallo* drückt das so aus: »The epithets applied to the various addressees in all these letter-prayers are drawn freely from all the rich storehouse of attributes available for embellishing Sumerian religious and monumental texts in general. But the choice was not wholly a random one, for in most instances there was a decided emphasis on those qualities of the addressee which were crucial for the substance of the petition that followed in the body of the letter.«[113] Was hier vom Gottesbrief gesagt wird, gilt ebenso für das liturgische Klagegebet.

---

112   An die Göttin Gula, AGH 31,9ff; vgl. den von *WGLambert* veröffentlichten Gula-Hymnus Or. 36 (1967) 105–132; *WMayer,* 39ff.307ff.
113   JAOS 88 (1968) 77.

2.2.5.2

Einige Gebete der *šu'illa*-Sammlung sowie Teile der großen Beschwörungsserien lassen den *Beter namentlich zu Wort* kommen. Das Formular enthält entweder einen Personennamen[114] oder die ›Jedermannformel‹: »Ich, N.N., Sohn des N.N. . . .« *(anāku annanna apil annanna)* die zur Einsetzung des Namens auffordert. Im einzelnen ergibt sich dieses Bild: In den 55 Einheiten der *šu'illa*-Texte lassen sich 23 ausdrückliche Vorstellungsformeln feststellen. Sechsmal wird ein richtiger Personenname zu Protokoll gegeben. An einer Stelle ist ausdrücklich die Einsetzung des Priesternamens vorgegeben (AGH 78,45f); zweimal wird der Patient vom Priester in der 3. Person eingeführt (AGH 18,4; 142,5). In der Regel aber findet die Form »Ich, N.N., Sohn des N.N. . . .« Anwendung, die dann auf zweierlei charakteristische Weise erweitert werden kann: Einmal erscheinen Schutzgott und Schutzgöttin wie Patengestalten im Gefolge des Beternamens (so in sechs Fällen; interessant ist, daß in fünf der sechs Textstellen, die eine echte Namensnennung bringen, stattdessen der Zusatz: ». . . Sohn seines Gottes« = *mār ilīšu,* folgt). Die andere Möglichkeit ist eine Erweiterung des Namens in der Weise, daß praktisch schon eine Hinüberleitung zu Klage oder Bitte geschaffen wird: »Ich, N.N., . . . dein unglücklicher Knecht«; »Ich, N.N., . . . bin elend«; oder dergleichen (so in fünf Fällen). In den *namburbi*-Texten erscheint die Vorstellungsformel gelegentlich in den erst an zweiter Stelle, nach dem Hauptgebet, aufgezeichneten Gebeten an den Flußgott (RA 50 88,26f; 92, Rs 7; vgl. Or. 39 148,5). Manchmal ist der Beter auch im Hauptgebet namentlich zu nennen (vgl. RA 48 8,18; 49 40, Rs 4; Or. 34 117,20'; 36 28,10'; 275,17'), und der Beschwörer meldet sich z.B. Or. 36 289,19' zu Wort.

Welche Bedeutung kommt der namentlichen Vorstellung des Beters zu? Und warum kann sie in fast zwei Dritteln aller Texte fehlen? Sie dient der unmißverständlichen Identifikation des Bittenden. Nun wird im Vollzug einer Bittzeremonie der Bittsteller in aller Regel schon durch seine Rolle im Ritual eindeutig bezeichnet. Man könnte also im Anschluß an *Hallo* vermuten, daß der namentliche Hinweis auf den Beter ein Relikt aus der Form des Gottesbriefes darstellt: Die im Tempel deponierte Bittschrift mußte den Namen des Absenders tragen, sollten ihm die Wohltaten der Gottheit zukommen. So wäre zu erklären, daß nicht (mehr) alle Gebetstexte eine Vorstellungsformel aufweisen. Aber die These, daß das lebendige Gebet aus einer inschriftlichen Form entstanden sein soll, ist doch sehr unwahrscheinlich. Eine andere Erklärung der Namensnennung ist plausibler: Sie soll vielleicht weniger der Identifikation, der ersten Vorstellung des Beters dienen als vielmehr das Gefolgschaftsverhältnis, das zwischen dem »Sklaven« *(anāku . . . aradka!)* und seinem Gott schon längst besteht, aktivieren. In diesem Fall wäre das mehr oder weniger betonte »Ich« des Beters, das in allen Gebeten auftritt, die formale Vorstufe und das Äquivalent zur Namensformel.

2.2.5.3

Die *Klage* scheint in den Beschwörungsgebeten nicht die von uns erwartete Rolle zu spielen. In vielen Texten ist sie überhaupt nicht oder nur implizit im hymnischen (nach dem Schema: Du bist der/diejenige, der/die dem Elenden hilft) oder bittenden (Schema: Hilf mir, befreie mich von . . .) Teil vertreten. Wo echte Klageformulierungen gebraucht werden, treten sie dem Umfang und Gewicht nach weit hinter den Bitten zurück.

Die Mesopotamier kannten viele Arten von Klagen; ein ganzer Berufszweig – zu ihm gehörten besonders die *kalû*-Priester – war mit der Klage befaßt. Eine gattungsgeschichtliche Sondie-

---

114 Nach *AFalkenstein* u. *WvSoden*, SAHG 39, ist auch das ein Zeichen für die vielfache Verwendbarkeit des Gebets. Vgl. *WMayer*, 46ff.

rung ist daher notwendig. Die ›Untergangsklage‹ ergeht sich in langen, oft litaneiartigen Wehe- und Achrufen, in die nur spärlich Bitten um Linderung der Not eingestreut sind[115]. Entscheidend ist bei der Anlage dieser Trauerlieder nicht, daß öffentliches Wohl und Wehe auf dem Spiel steht, sondern daß eine Stadt, ein Tempel, vielleicht eine Kultur zerstört sind. Die »Untergangsklage« wiederholt sich im persönlichen Bereich, in der Totenklage[116] und wenn jede Hoffnung auf eine Besserung vermessen erscheinen muß, z.B. in den ersten beiden Tafeln des *ludlul bēl nēmeqi*[117]. Kein Weg steht dem Elenden mehr offen, nachdem auch die Götter unverständlicherweise die Hilfe versagt haben; er muß an der Weltordnung verzweifeln und kann nur noch klagen:

ša damqat ramanuš ana ili gullultum
ša ina libbīšu mussukat eli ilīšu damqat
ajju ṭêm ilī qirib šamê ilammad[118]

Untergangs- und Totenklage entspringen einer extremen Notsituation. Sie sind Ausdruck tiefster Verzweiflung und nahezu vollkommener Hoffnungslosigkeit. Welche Aufgabe aber hat das Klageelement (welches das Ach- und Wehe-Vokabular der Totentrauer vermeidet!) im Bittgebet? Es soll ganz ähnlich wie die Namensformel die Aufmerksamkeit der Gottheit fesseln und ihre Hilfe in Gang setzen. Darum ist die Klage auch oft als appositionelle Näherbestimmung an die Namensformel angebunden: »Ich, N.N. . . .« *anḫu šūnuḫu šudlupu aradka*, »dein elender, kummervoller, beunruhigter Knecht« (AGH 8,3). Neben dieser adjektivischen Näherbestimmung der Namensformel findet sich auch der verbale Anschluß: »Ich bin N.N., dein Knecht, der Grimm des Gottes und der Göttin liegen auf mir; Verlust und Verderben sind in meinem Hause; Sprechen und Nichterhörung beunruhigen mich« (AGH 114,11–14). Im übrigen scheint die Klage frei von jedem Formzwang. Sie ergeht in verbalen Aussagen (Stativ-, Präsens-, Präterial-, Perfektformen; aktive und passive Ausdrücke), deren Brennpunkt der leidende Einzelne ist: »Ich bin in Furcht, Betrübnis, Grauen«[119]; »Ich sah, meine Herrin, Strafurteil, Wirrnis und Aufstand«[120];

115 Beispiele: Klage über die Zerstörung von Ur (*SNKramer*, AS 12, Chicago 1940 mit Ergänzungen Iraq 24, 1962, 171f); Klage über den Untergang Sumers (ANET³ 611–619); Ibissin-Klage (SAHG 189ff). Auch *JKrecher*, 53ff, hat sumerische Klagegedichte neu kollationiert; in diesem Fall kommen z.B. auf 300 lesbare Zeilen nur einige, wenige, die auf eine mögliche Besserung der Lage hoffen: Kol. VII,31ff (Schema: »Sie, die das Weinen bedrückt – welche Zeit [soll] dem Weinen [noch] vergehen?« JKrecher, SKL 73,31); Kol. VII,16ff (»Mögest du das Land [Sumer] nicht gänzlich vernichten!« vgl. SKL 74,16).
116 Vgl. *BMeißner*, Bd. I,428f; Bd. II,66f.
117 *WGLambert*, BWL 32ff, besonders Tf. II, a.a.O. 38ff.
118 BWL 40,34ff: »Was einem selbst richtig erscheint, ist dem Gott anstößig; was einer für falsch hält, das ist bei seinem Gott gut. Wer kann den Willen der Götter oben im Himmel ergründen?«
119 *palḫāku adrāku u šutadurāku*; diese Klageformel kommt mit geringen Abwandlungen häufig vor, vgl. AGH 16,16; 10,b12; 30,20; 152,b9ff; RA 48 8,20; 82,17; 50 28,14; 92,30f; Or. 34 117,21′; 36 28,11′; 275,21′; 39 134,12; 148,6; vgl. *CJMullo-Weir*, LAP 5; CAD 1, I, 109; vor allem die ausgezeichnete Darstellung der Formensprache der Klage bei *WMayer*, 67–118.
120 *atammar ᵈbēltī šipṭa išiti u saḫmašti*, AGH 134,73.

»Ich schwanke wie (bei) einer Wasserflut . . ., es fliegt, es flattert mein
Herz wie ein Vogel . . ., ich wimmere wie eine Taube . . ., ich glühe, ich
weine qualvoll«[121]; ».. . im Hause ist Streit, auf der Straße Durcheinan-
der, für den, der mich sieht, stehe ich schlecht da; Tag und Nacht wird Betrübnis mir zuteil, und es verfolgen mich Zerschneidung (und) Bruch des
Herzens. Sie sind mit mir verbunden, ohne sich zu lösen.«[122]

Die Zustandsbeschreibung ist aber nicht das eigentliche Ziel der Klage. Neben der Elendsschil-
derung stehen Aussagen, die sich mit der mutmaßlichen Quelle des Unheils befassen. Sie len-
ken von den am Leidenden und an seiner Umgebung beobachtbaren Symptomen weg und fassen die möglichen Ursachen in den Blick. In einer stereotypen Redewendung ist z.B. von dem
Unglück die Rede, welches sich durch Mondfinsternis, böse oder verworrene Vorzeichen und
Träume ankündigen kann. Vgl. AGH 16,15; 28,17f; 30,16f; 56,b19f; 58,27f; 98,a4f; 146,14f;
RA 48 82,12; 50 28,12; 92,29. In allen Fällen ist eine Genitivkonstruktion verwendet: z.B.
lumun idāti ittāti limnēti lā ṭabāti, »das Unheil der bösen, unguten Vorzeichen, Vorbedeutun-
gen« (AGH 30,17); *lumun kalbi*, »das Unheil des Hundes« (RA 50 92,29), eines Tieres, das
durch sein ominöses Verhalten zum Träger der Gefahr geworden ist. Die bösen Mächte selbst
werden in mehr oder weniger präzisen Wendungen genannt: *anāku aradka . . . ša maruštu
maḫratanni*, »ich, dein Knecht, dem Unglück begegnet ist« (AGH 110,20f); *ikkibu imḫuranni
itti lumni raksāhu*, »Unglück ist mir begegnet, mit dem Bösen bin ich verbunden.« (AGH
108,8 vgl. 44,58f; 78,49; 58,17f; 86,25; 110,21; 114,14; 128,a17; 137,74 RA 48 84, Rs 1;
49 146,22 Das Böse packt den Menschen, haftet an ihm oder fährt in ihn hinein!) Die Verben
šakānu (treffen, zustoßen), *maḫāru* (begegnen); *ṣabātu* (ergreifen), *dalāpu* (verwirren, beunruhigen), *saḫāpu* (niederwerfen), *dâšu* (quälen) u.a. spielen in diesem Zusammenhang eine
große Rolle. Genau gesagt heißt das: ».. . die Hand des Totengeistes, von Zauberei, Bann hat
mich gepackt, verfolgt«; *ša šugidimma uḫburruda namrim išbatūnima irtedûni* (AGH 106,12;
vgl. 128,a17). »Sie (nämlich: Zauberer und Zauberin) haben meine Bilder genommen, ins
Grab gelegt«, d.h.: sie haben sympathetische Magie getrieben! (AGH 78,54 vgl. 132,56ff.
Nicht nur das Abbild des Menschen sondern auch der Staub, den er berührt hat, kann gegen ihn
verwertet werden AGH 78,55). »Böse Machenschaften der Menschen«, *upšašê limnūti ša
amēlūti* (AGH 58,18; vgl. 78,56f), sind im Spiel. In richtiger Einschätzung der menschlichen
Natur kann das Gebet die Urheber des Unheils sogar in der unmittelbarsten Umgebung des
Leidenden suchen: ».. . Was den Angriff durch Bann und den Angriff an meine Brust (angeht), den mein Freund, mein Genosse . . ., sei es Bruder, sei es Schwester, sei es Sklave, sei es
Sklavin, sei es Verwandtschaft, Schwägerschaft, Sippe, sei es Bekannter, sei es Unbekannter
(verursacht hat) . . .« *ṣibit mamit u ṣibit tulīja ša ru'ja itbari . . . lū aḫu lū aḫātu lū ardu lū
amtu lū kīmtu nisūtu salātu lū idû lū lā idû* (RA 49 144,b6ff; vgl. 48 130,10ff).
Vor allem aber wollen bösartige Geister wie der *alû*-Dämon (AGH 78,51) oder der *eṭemmu
limnu*, der böse Totengeist (AGH 146,18) dem Beter schaden. Die Liste der unheilwirkenden
Mächte[123] wird in den hymnischen und bittenden Teilen der Beschwörung noch vergrößert,
etwa in der Aufzählung AGH 38,42f: *dšēdu, hajjātu, alluḫappu, ḫabbilu, gallû, rābiṣu, ilu
limnu, utukku, lilû, lilītu.* Darüber hinaus kann der Zorn des Gottes, gemeint ist sicher der
persönliche Schutzgott[124], für das Unglück verantwortlich sein. Vgl. AGH 78,57; 114,12;

121 AGH 132,62−65; vgl. 9,5ff; 86,23f.
122 *ina bīti ṣāltu ina sûqi puḫpūḫû šaknā muḫḫi āmirīja marṣāku urra u mūša nazāqu ša-
knāma irtedâni ḫuṣ ḫipî libbi ittīja raksūma lā paṭrū* RA 49 146,19−22 vgl. 48 84, Rs 1.
123 *BMeißner*, Bd. II,199f; *RLabat*, TDP XXIff.
124 Vgl. *WvSoden*, BaghM 3 (1964) 148ff; *HVorländer*.

134,71. In den mehr reflektierenden Klagen der Weisheitsgedichte wird das offener ausgesprochen, vgl. z.B. BWL 32,43–46; 38,4f; 46,112f. Erst in der Untergangsklage scheint man den höchsten Gott direkt für die Katastrophe verantwortlich zu machen, vgl. *Krecher, SKL* 59 (Kol. IV,1–5); 61 (Kol. VIII,6–10). Denn die letzte Ursache des Unheils, die in den Gebeten zur Sprache kommt, ist nicht im Bereich der untergeordneten Mächte, der Krankheiten und ihrer Verursacher (Dämonen, Zauberer) zu suchen. Der persönliche Gott hat den Leidenden im Stich gelassen – anders kann sich der Babylonier sein Unglück nicht erklären.»jegliches Böse‹, das geschehen ist, hat meinen Gott davongehen lassen. Mein Gott ist für mich wie der Himmel, ich bin für ihn fern. Den freundlichen Schutzgott hat es entfernt aus meinem Hause . . .« (AGH 86,19–21).»Meines Gottes Antlitz ist nach einem anderen Ort gewandt . . .« (AGH 134,77). Die Lösung der Verbindung mit dem persönlichen Gott hat es dem Bösen möglich gemacht, die Nähe des Leidenden zu suchen, sich seiner zu bemächtigen, in den Körper des Kranken hineinzufahren. Die guten Mächte haben den bösen den Schauplatz überlassen. Darum ist die Lage so beängstigend. Darum wendet sich der Beter in Klage und Bitte an die übergeordnete Instanz, an den Gott, der auf höchster Ebene, bei den hohen Himmelsgöttern, intervenieren oder zumindest die beleidigten Schutzgötter versöhnen kann.

Das Klageelement hat in der babylonischen Beschwörung mindestens zwei deutlich unterschiedene Funktionen: Es soll das Mitleid der Gottheit erregen, sie zum Einschreiten bewegen; zweitens hat die Klage eine diagnostizierende Bedeutung: Wir können sagen, daß sie die – auch in der Zweckbestimmung[125] auftauchende – Präzisierung der Unglücksursachen aufnimmt und weitertreibt.

2.2.5.4

Im Zusammenhang mit der Klage verdient die *Sendungsformel* Beachtung, weil sie gewisse Eigentümlichkeiten des babylonischen Bittvorganges erhellt. Vorausgesetzt ist offensichtlich die der menschlichen Sozialordnung nachempfundene Machtstruktur im Bereich der Götter und Mächte. Der Beter wendet sich an den Gott, von dem er sich die beste Hilfe versprechen kann: an den mächtigsten und zur Lösung seiner besonderen Not besonders befähigten. Darum hebt der Hymnus die erwählte Gottheit über den Kreis der anderen Götter empor, preist ihre Macht, ihren Einfluß, ihre Weisheit und Geschicklichkeit, in dem konkreten Fall helfen zu können (vgl. AGH 6,11; 14,3ff; 20,28ff; 34,4ff; 48,105ff usw.). Darum wird, ebenfalls noch im hymnischen Teil, in persönlicher Anrede gesagt:»Heilen, helfen, den Schwachen aufrichten . . . steht bei dir« (vgl. AGH 12,20f; 24,19ff; 30,9f; 40,21; 46,75f usw.). Darum wendet sich das Bittgebet möglichst an ranghöhere Götter: Auf Marduk (10), seinen Sohn Nabû (5), auf Ištar (10), Adad und Nusku (je 4), Šamaš, Nergal, Sin (je 3) entfällt die in den Klammern angegebene Zahl von Gebeten der *šu'illa*-Sammlung. Wo der entscheidende höhere Gott nicht direkt

---

125 Über die oben gegebenen Andeutungen hinaus verdiente die literarische Gattung der ›Zweckbestimmung‹ eine genauere Untersuchung. In der Überschrift AGH 74,1 z.B. heißt es: »Damit das Unglück der Krankheit, Rechtsverdrehung, Kehlabschneidung, Mundverstopfung, Verstandesverwirrung dem Menschen nicht nahe« (*ana lumun . . . ana amēli lā ṭehê*). Was dabei unter den aus dem Sumerischen überkommenen Begriffen *dipalû, zikurrudû, kadibbidû, kimukurru* genau zu verstehen ist, bleibt unklar (siehe die Lexika!); die Häufung der ›Befunde‹ soll jedenfalls den Anwendungsbereich des Rituals eingrenzen. Normalerweise sind die mit einem negierten oder positiven Finalsatz ausgedrückten »Indikationen« auf einen Spezialfall begrenzt. Generalbeschwörungen gegen eine Vielzahl von »Übeln« oder gar gegen »jegliches Böse« sind selten, vgl. RA 48 10,3ff; Or. 36 18ff.

erreichbar erscheint, treten Sendungs- und Fürbittebegehren in Kraft; Enlil, Ea oder Marduk als die Verwalter der Schicksale, aber auch andere Gottheiten in Schlüsselpositionen, sollen durch Diener oder untergeordnete Gottheiten gewonnen werden. Umgekehrt kann auch der ranghöhere Gott gebeten werden, seinen Einfluß bei den erzürnten Schutzgottheiten geltend zu machen.

Die Standardformel, die das Fürsprachebegehren des Beters ausdrückt, lautet: »Ich will dich senden zu meinem erzürnten Gott, zu meiner zornigen Göttin«: *lušpurki ana ilīja zīnî ᵈištarīja zīnīti* (AGH 30,14; 46,81; 56,18; 142,b5). Der Vermittlertätigkeit gegenüber ebenbürtigen oder höhergestellten Gottheiten sind oft wesentliche Passagen des Gebetes gewidmet: So heißt es in einer Bitte an die heilkundige Gula, Gemahlin des Ninurta: »Bei Marduk, dem barmherzigen . . . tritt ein für mich; zu Ṣarpānītum sprich Gutes von mir!« (AGH 32,26f); an Madānu, die Richtergottheit, wendet man sich: »Zu meinem Gott, zu meiner Göttin sprich Gutes von mir. Versöhne meinen zornigen Gott, meine zornige Göttin« (AGH 34,23–25). Das »göttliche Licht« (= Nusku?), das am Kopfende des Krankenbettes stehen soll, wird beauftragt: »Göttliches Licht! Zu Marduk flehe! Die Gedanken mache bei Marduk freundlich!« (AGH 36,1f). Als Vermittler des Gebetes wird u.a. auch Bunene, der Sekretär *(sukkallu)* des Šamaš genannt (AGH 50,125; 52,a9). Zu Nusku spricht der Beter: »Vor Enlil, dem Berater, lege ein gutes Wort für mich ein« (AGH 38,35), zu Šamaš: »Aja, deine geliebte Erstgemahlin, spreche zu dir: Versöhne dich!« (AGH 50,126: hier wird eine Gottheit aus dem engsten Kreis des Angerufenen, die selbst jedoch nicht angesprochen ist, um Fürsprache bemüht).

Selbstverständlich ist mit dem Sendungsvorgang keine verbindliche Regel über den Weg des Gebetes durch die Instanzen aufgestellt. Die Bitte kann auch den hilfsbereiten Gott direkt erreichen, und dieser Gott mag mit dem unwilligen, für die Not indirekt verantwortlichen Gott identisch sein (vgl. AGH 10,a13; 10,b17f; 16,25ff; 72,16ff; 92,14; 152,c9 u.ö.). Aber in der Regel rechnet das Bittgebet damit, daß die Weltordnung im Zusammenwirken mehrerer göttlicher Mächte hergestellt werden muß und daß man ganz wie im menschlichen Machtbereich durch geeignete Fürsprache oft am besten ans Ziel kommt. Das entscheidende Machtwort zur Abwendung der Not und des Unheils muß von höchster oder doch von möglichst hoher Stelle gesprochen werden. Aus dieser Anschauung ergibt sich die Bedeutung des ›Sendeverfahrens‹; aus ihr folgt auch die außerordentliche Wichtigkeit, die Sumerer und Babylonier dem göttlichen Befehl zumessen: Vgl. AGH 18,35f; 22,b4f; 24,5; 30,21f; 36,a12; 38,35; 42,32; 46,85f; 48,90f; 56,29; 58,23; 66,15; 78,62. In den angeführten Texten begegnet man immer wieder Ausdrücken wie: »Auf deinen erhabenen Befehl . . .« *(ina qibītīki ṣîrti)*; »auf deine feste Zusage . . .« *(ina annīka kīnu)*; »mit deiner Beschwörungsformel . . .« *(ina têka)*; »sprich Gutes für mich« *(qibî damiqtim)*; »ergreife das Wort zu meinen Gunsten« *(lū ṣabit awātīja attā)* usw. – die Beispiele ließen sich vermehren[126]. Schon die sumerische Beschwörung ist bemüht, die Kraft des höchsten Wortes aufzubieten; sie bedient sich dabei im Typ der Marduk-Ea-Beschwörung einer vermittelnden Bitte, die Marduk dem kundigen Ea vorträgt[127].

2.2.5.5

Das *Bekenntnis der Schuld* oder das Beharren auf Schuldlosigkeit steht formgeschichtlich zwischen Klage und Bitte, auch wenn die Reihenfolge dieser Elemente im Gebet nicht streng eingehalten wird. Bekenntnisformulierungen entstehen einerseits aus der Reflexion über die Ursachen des Unheils, andererseits aus dem Bemühen, die vorzutragende Bitte zu legitimieren. Inwieweit das Auftauchen von Schuld- oder Unschuldsbekenntnissen

---

126 Vgl. *CJMullo-Weir*, LAP 17; 169f s.v. *amâtu* und *qibîtu*; *WMayer*, 230ff.
127 Vgl. *AFalkenstein*, LSSt NS 120ff.

im kultischen Gebet den Prozeß einer Verschmelzung von Kultus und Ethos erkennen läßt, ist noch unklar. Eine Grundsatzdebatte kann hier nicht geführt werden; es sei lediglich gesagt, daß vermutlich das allgemein geltende Gruppenethos auch in Babylonien in die Kultpraxis aufgenommen und im Kult weitergebildet worden ist. Die kultischen Institutionen sind hier wie in Israel nur in sehr beschränktem Maß als rechts- und sittenschöpferisch anzusehen[128].

Die babylonische Überlieferung setzt sich sehr stark mit dem menschlichen Fehlverhalten als möglicher letzter Ursache für Unglück und Bedrohung auseinander[129]. In den *šu'illa*-Texten begegnen umfassende Geständnisformulierungen, die dem Bittsteller die Schuld aufbürden. An die Klage schließt sich z.B. in dem oben S. 94 zitierten Gebet die Formel an:

ana anni īdû u lā īdû
egû aḫṭû ešēṭu uqallilu[130]

»Wer hat sich nicht vergangen, wer nicht zu wenig getan!« fragt klagend ein anderes Gebet (AGH 72,10). Die pauschale Schuldigerklärung geht für den Babylonier in Ordnung; die in den Bittgebeten zu Worte kommende Erfahrung weiß, daß der Zorn der Götter berechtigt sein kann. »Viel sind meine Sünden, meine Verfehlungen sind groß« (AGH 38,14; vgl. 16,17) hat der Beter angesichts seiner Not zu sagen. Eine differenzierende Betrachtungsweise, wie sie exemplarisch in der 2. Tafel der Beschwörungsserie *šurpu* vorgeführt wird, kommt in den *šu'illa*-Texten nur ansatzweise vor, etwa in der kumulativen Verwendung von Ausdrücken für »Vergehen«: *annu, gillatu, ḫiṭītu, šērtu,* und seltener *ešîtu* (Verwirrung); *šettu* (Nachlässigkeit) oder in Einzelsätzen, die ein bestimmtes Fehlverhalten meinen könnten: vgl. z.B. »Die Grenze Gottes habe ich überschritten« (AGH 72,17). Die Gebete benutzen aber lieber umfassende Geständnisformulierungen. Die Vergehen seit der Jugendzeit (AGH 72,18f; 74,36) und die Sünden der ganzen Anverwandtschaft (AGH 74,22f) können dem Gott vorgelegt werden. Daß bei weitem nicht alle Gebete Schuldbekenntnisse aufweisen, spricht nicht gegen die Bedeutung der Sünde als Unheilsursache. Gebete, die nicht ausdrücklich den Beter in einem »Ich«-Satz die Verantwortung übernehmen lassen, können im hymnischen Teil die Sündenvergebung erwähnen – man vergleiche AGH 26,23; 34,8; 36,9; 40,21; 44,54; 92,a8; 138,14 – oder erst recht im Bittelement um Lösung und Vertreibung der Sünde nachsuchen (AGH 26,38f; 34,33f; 36,13–15; 38,36; 52,19; 70,27; 72,18f; 74,22f; 74,29–37; 80,76.78; 86,6; 98,27; 114,27; 134,81f; Or. 36   28,14'). Schließlich deuten die in fast jedem Gebet enthaltenen Bitten um Erbarmung und Versöhnung (s.u. 2.2.5.6) darauf hin, daß die eigene Verschuldung in den babylonischen Bittgebeten als eine Hauptwurzel des Übels angesehen wird. Demgegenüber tritt naturgemäß das Bekenntnis, sich richtig verhalten zu haben, zurück, sei es aus Furcht die mächtigen Gottheiten zu verstimmen, sei es aufgrund der Einsicht, daß zum Zeitpunkt des Bittgebetes sich ein sicheres Urteil über die Mitverantwortung des Leidenden an seinem Unglück kaum fällen läßt. Erst der Erfolg oder Mißerfolg des Gebetes wird mehr oder

---

128   Vgl. *BMeißner*, Bd. II 419ff; *WGLambert*, Morals in Ancient Mesopotamia, Ex Oriente Lux 15 (1957/58) 184–196. Für das AT vgl. *EGerstenberger*, Wesen und Herkunft des ›apodiktischen Rechts‹ (WMANT 20), Neukirchen-Vluyn 1965.
129   Vgl. *AvSelms*.
130   AGH 8,10f: »Wegen einer bekannten und unbekannten Sünde, (weil) ich geirrt, gefehlt habe, vernachlässigt, geringgeschätzt habe . . .«; so auch AGH 12,22f; vgl. AGH 12,25; 146,b17f; RA 50   32,23.

weniger über Schuld oder Unschuld des Bittstellers entscheiden. Das ›pessimistische‹ Gedicht *ludlul bēl nēmeqi* (die ersten beiden Tafeln müssen in diese Kategorie gezählt werden!) vertritt da einen ganz anderen Standpunkt: Es zählt retrospektiv alle richtigen, (darunter auch die kultischen!) Verhaltensweisen des Leidgeprüften auf (BWL 38,4ff). Unsere Gebetstexte dagegen setzen eine Lebenssituation voraus, in der ein entscheidendes Eingreifen der Götter zur Abwendung des Unheils erhofft wird. Deshalb brüsten sie sich nicht mit der Fehlerlosigkeit des Klienten, sondern ziehen sein Wohlverhalten nur in beschränktem Maße zur Unterstützung der Bitte heran: Sie erwähnen die Gebetshaltung und die Opfervorbereitungen des Bittstellers (z.B. AGH 6,20f; 16,a19; 26,27–29); sie blicken auch einmal zurück auf seine lang bewährte Treue gegenüber dem Gott (AGH 10,13), und nur selten begründet man die Bitte gleichsam Schritt um Schritt mit der guten Leistung des Bittstellers:
»Deinen Weg habe ich verfolgt, Glück möge für mich feststehen, durch deine Zügel, (die) ich erfaßt habe, möge ich (mir) Herzensfreunde holen! Ich habe dein Joch getragen, verschaff (mir) Beruhigung, ich habe deiner gewartet, möge ein richtiger Frieden kommen, ich habe deinen Glanz be(ob)achtet, es sei (mir) Erhörung und Bewilligung! Ich habe deinen Glanz aufgesucht, erglänzen mögen meine Gesichtszüge, ich habe mich an deine Herrlichkeit gewandt, es sei (mir) Gesundheit und Heil.«[131]

2.2.5.6

Die *Bitte* ist zweifellos das Zentralstück des babylonischen Beschwörungsgebets. Wir haben gesehen, daß bereits die kurzen Opfersprüche und Gebetsanrufungen, die in die Ritualanweisungen hineingesprengt sind, in aller Regel auf Bittformulierungen hinauslaufen. Im eigentlichen Beschwörungsgebet sind ebenfalls alle Einzelelemente der Bitte um Hilfe oder Verschonung zu- bzw. untergeordnet.

Am Beispiel der Bittformulierung muß noch einmal exemplifiziert werden, was oben allgemein über das Verhältnis von Gebet und Magie gesagt ist: Wenn das babylonische Beschwörungsgebet in stufenlosem Übergang von der demütigen Bitte gelegentlich bis zum selbstbewußten Machtwort an relativ schwache Wesenheiten (z.B. Dämonen, Kultmittel) reichen kann, dann dürfen wir nicht unsere verengten Vorstellungen vom religiösen Bitten an das Element der Gebetsbitte anlegen. Vielmehr steht zu erwarten, daß besonders in den Worten gegen Dämonen oder in den Sprüchen an die Kultmittel das Gebet – im Bewußtsein der Unterstützung durch die großen Gottheiten – auch einen befehlenden Ton anschlägt. Vgl. AGH 36,1ff; 82,105ff (die Anrede an den Nachtdämon Schulak AGH 38,45 ist nach SAHG 351 in eine Bitte an Nusku zu verbessern); Or. 34 120,5′ff; RA 49 140, Rs 6f; 186,32ff.

Welche Funktion hat das Bittelement im babylonischen Gebet? Das Böse wird im Altertum, so auch im alten Mesopotamien, personhaft vorgestellt. Folglich muß es in seiner personhaften Gestaltung bekämpft werden. Eine wesentliche Aufgabe der Bitte ist die Abwehr und Vertreibung des Bösen (apotropäische Bitte). Die Bitte will eine räumliche Trennung der Unheilsmächte vom Leidenden erreichen. Krankheit, böse Machenschaften, Zaubereien, Schmutz und dergleichen mehr, die in den Körper eingedrungen sind, sollen herausgerissen werden: ·

---

131 AGH 61,24ff.

usuḫ muršu dannu ša zumrīja
šutbî mimma limnu ša uppušanni iâti
muršēja kišpūja littarid[132]

Das Böse darf nicht zurückkehren, so wie verrinnendes Wasser nicht rückwärts laufen kann (AGH 18,5–9)! »Die bösen Zeichen laß allesamt die Flüsse überschreiten«[133], d.h. ins Ausland oder Unland verschwinden. Kurz, das Böse kommt als leibhaftiger Feind, um zu töten[134]. Wer überleben will, muß es sich vom Leibe zu halten und die Distanz möglichst groß werden lassen. Die Sünde, obwohl vom Beter vollverantwortlich begangen, gehört andererseits mit zu den Übeln, die gelöst und entfernt werden müssen: »Um Mitternacht möge ich von der Lösung meiner Sünde hören« (AGH 8,26); »Meine Sünde löse, mein Vergehen vergib, laß vorübergehen meine Missetat, meinen Fehler laß (beiseite)«[135]. Die Unheilskräfte, seien es böse Dämonen oder feindliche Menschen, Zauberer und Neider, sollen vernichtet und verjagt werden. »Vernichte meine Feinde, vertreibe, die mir

---

132 AGH 18,27–29: »Reiße heraus die starke Krankheit aus meinem Leibe, entferne jegliches Böse, das mir angetan ist, meine Krankheiten, meine Zaubereien mögen vertrieben werden« (Übers. AGH 19,27ff); vgl. AGH 18,b8; 34,32; 78,60; 112,28; 120,12; 124,28–30; 136,20. In den *namburbi*-Texten ist naturgemäß eine Hauptbitte die, das »Böse vorbeigehen« (z.B. *lumun murašê anni . . . šutiqanni jâši*, »das Böse dieser Wildkatze . . . laß an mir vorübergehen«, RA 50   28,15.17; vgl. RA 48   8, Rs 1; 84, Rs 2; 178, Rs 4; 49   148,b14; 50   28, Rs 1; Or. 34   117,21; 39   113,12f) oder »nicht an den Beter herankommen zu lassen«. Die Standardform, manchmal geringfügig variiert oder erweitert, ist: *(lumun . . .) â itḫâ â ikriba â isniqa â akšudanni*, »(das Böse des . . .) möge nicht (an mich) herankommen, (mir) nicht nahen, nicht eng (an mich) kommen, (mich) nicht bedrängen«: RA 49   138,b15; vgl. 49   184,21f; 190,8ff; 50   32,25ff; 88,20; Or. 34   116,5ff; 117,22′; 36   28,11′f; AGH 54,19; 58,24; 66,12ff; 78,62ff; 80,74.77; 102,15. Vermutlich hat manche Kurzbeschwörung ausschließlich aus solchen abwehrenden Bitten bestanden, vgl. Or. 39   113,12f:
^d*UTU EN AN-e u KI-ta attā*
GIS.ḪIM annīta šutiqanni jâši
ḪUL-sa â KUR-anni â KU.NU-ba â DIM₄-qa
»Samas, lord of heaven and earth, turn this sign away from me! May its evil not approach me! May it not come near! May it not press upon me!« *WMayer*, 210–306, breitet eine Fülle von Bittformulierungen aus.
133 AGH 138,28. Die Vertreibung des Bösen »über Fluß und Gebirge« wird anscheinend symbolisch dargestellt in dem Ritual RA 48   80,1ff; die ›Vertreibungsworte‹ kommen in fester Verbindung sehr häufig vor: »Es entferne sich über den Fluß und das Gebirge«, vgl. RA 49   138,b16f; 190,11f; 50   32,25ff; Or. 34   116,7ff; 117,23′f; 275,22′f; 39   134,13ff; AGH 18,30; 54,20. Die Entfernungsangabe »3600 Doppelstunden« tritt oft hinzu, ferner die Ausmalungen: »wie Rauch zum Himmel steigt«, »wie eine ausgerissene Tamariske nicht zurückkehrt«.
134 Vgl. AGH 148,23: »Reiße aus jegliches Böse, das zum Abschneiden meiner Kehle gekommen ist . . .«
135 *arni puṭur šêrti pušur šutiq qillatima ḫitīti rumê* AGH 26,38f; vgl. 14,23; 34,33f; 36,13ff; 38,36; 52,19; 134,81ff; Or. 36   28,14′ u.ö. Im Themenbereich »Entfernung und Überwältigung des Bösen« tauchen immer wieder die Verben (Subjekt: die angeredete Gottheit; Objekt: das Böse) auf: *paṭāru*, »ablösen, auflösen«; *pašāru*, »lockern, auflösen«; *nesû II* (Š-Stam), »zum Weichen bringen«; *kāsu III*, »binden«; *mêšu*, »gering achten«; *pasāsu*, »tilgen, annullieren«; *ḫalāqu* (D-Stamm), »vernichten«; *sapāḫu*, »auflösen, zerstreuen«.

böse sind.«[136] »Let evil tongues stand aside« (Or. 39   113,7). »Göttliches Licht! Wenn du in das Haus des Kranken eintrittst, schlage die Wange des Bösen, tritt den Fuß des Bösen, stoße die Brust des Bösen nieder!« (AGH 37,5f).
Der Vertreibung des Bösen entspricht positiv die vielleicht wichtigere Bitte um neue, gnädige Zuwendung der Gottheit. Erste Voraussetzung dafür ist, daß der grollende Gott seinen Zorn besänftigt und sich wieder beruhigt[137]. Die angerufene Gottheit muß – wenn das gute Verhältnis wiederhergestellt werden soll – ihren Groll überwinden, Nachsicht üben und sich dem Bittenden versöhnen[138]. Der Bittende hofft, daß sein Gott Erbarmen *(rêmu)* zeigt[139], die vorgetragenen Bitten hört *(šemû)* und annimmt *(leqû II)*[140]. Das Gebet drängt darauf, die Gottheit möge umkehren *(târu)* und dem Bittsteller wieder das Gesicht zuwenden, ihn freundlich ansehen *(palāsu,* immer im N-Stamm)[141].

Die Bitte um Versöhnung und Wiederannäherung des Gottes ist wie die abwehrende Bitte traditionell geprägt. Einige charakteristische formelhafte Wendungen seien hier belegt: *aggu lubbuka linūḫ* = »dein erregtes Herz beruhige sich« (AGH 10,14; 36,18; 38,34; 102,18; 114,20; 132,51; 140,3); *ilī šabsu litūra* »(mein) zorniger Gott möge zurückkehren« (AGH 32,23; 46,87; 56,25; 134,86); *silim* bzw. *sullim ittīja* = »versöhne dich mit mir« (Nachweis der Imperativformen s.o. Anm. 138, der Prekativformen mit *lū*: AGH 22,14; 24,7; 26,35; 44,66; 46,67f; 52, Rs 2; 80,71; 102,17; 108,17f; 124,27; 128,22.24; 142,b7). *rišâ rêmu* = »fasse Erbarmen« (AGH 34,27; 36,20; 38,34; 50,127; 102,19; 140,3); *šukun rêmu* bzw. *rîmanni* = »erbarme dich meiner« (AGH 80,70; 104,39; 102,13); *aḫulapīja qibima* = »befiehl Gnade für mich« (AGH 132,45–50; 142,a5); *lā tamaššānni* = »vergiß mich nicht« (AGH 46,66); *liqi unninnīja* = »nimm mein Flehen an«, *šimi qabâja* (bzw. *teslîtī, zikrīja, sūpīja)* = »höre mein Reden« (bzw. »Gebet«; AGH 30,5.13; 44,62; 46,72.80; 52, Rs 4f; 56,17; 58,12; 60,23; 86,27; 92,14; 98,24; 110,25; 124,22.25f; 128,a14; 132,43f; 134,91; 136,17. Passiv: *liššemû zikrūja* = AGH 62,33; 66,7) *kīniš naplisanni* = »treulich schau mich an« (AGH 24,5; 26,32.37; 44,62; 58,13; 60,23; 102,16; 114,19; 132,44.54; 134,92); *ilī lizziz ina imnīja* (*šu-*

136 *ḫulliq ajjābīja ṭurud limnutīja,* AGH 102,14; vgl. 134,97.
137 *nâḫu, pašāḫu,* »sich beruhigen«; vgl. AHw 716; 840f; AGH 10,14; 12,28; 32,24f; 36,18; 38,34; 46,88; 56,27; 60,26; 80,88; 102,18; 114,20; 132,51. Eine sumerische Bezeichnung für das Klagelied, die offensichtlich auf die Beruhigungsbitte zurückgeht, ist *eršaḫungû*, »Herzberuhigung«.
138 »Versöhnen« = *salāmu* (G- und D-Stamm); vgl. LAP 293; AGH 8,24; 22,13f; 24,7 *(si-lim ittīja jâti paliḫki,* »versöhne dich mit mir, deinem Verehrer«); 26,35; 34,24; 46,67f; 52, Rs 2; 80,71 ([*ilānu*] . . . *lislimū ittija,* »[die Götter] . . . mögen sich mit mir versöhnen«); 108,17f *(bēlu ilī silim ittīja* ᵈ*nabû bēlu ilī silim ittīja,* »Herr, mein Gott, versöhne dich mit mir! Nabû, Herr, mein Gott, versöhne dich mit mir«); 82,111f *(ila zinâ* ᵈ*ištar zinīta u amēlūta sullimam-ma,* »den zornigen Gott, die zornige Göttin und die Menschen versöhne«); vgl. AGH 114,23; 124,27; 128,22.24.
139 Vgl. AGH 10,16; 12,b3; 36,20; 38,34; 60,22; 80,70; 102,13.19; 104,39.
140 AGH 22,9; 26,32f; 30,5.13; 44,62; 46,72.80; 52, Rs 3f; 54,b10; 56,17; 58,12; 60,23; 62,33; 66,7; 86,27; 92,14; 98,a24; Rs 1; 124,25f; 128,a14; 132,43f; 134,91.99; 136,16–18; 148,21; 152,c8. Seiner Funktion nach ist der Ruf nach Erhörung gelegentlich Einleitungs-, in anderen Texten aber auch Hauptbitte.
141 Vgl. AGH 22,9; 30,23; 46,87; 56,25; 140,4; AHw 814.

melija, idija, arkija) = »mein Gott, tritt mir zur Rechten« (»Linken«, »zur Seite«, »hinter mich« AGH 22,5–7; 50,122–124; 64,10–18; 106,17f vgl. 46,72; 54,b10); *mugur ikribija* = »bewillige mein Gebet« (AGH 98,24); *šuknama qabâ u magara* (bzw. *šemâ*) = »bewirke Sprechen und (mir) Bewilligung« (bzw. »Erhörung«), oder: *šutlimama qabâ šemâ u magara* = »verleihe mir Sprechen, Erhörung, Bewilligung« (AGH 64,19f; 84,8; 98, aRS 7; 106,20; 108,21; vgl. 60,18; 62,34).

Die abwehrende Bitte entsteht aus dem elementaren Bedürfnis, sich das drohende Unheil vom Leibe zu halten; die Bitte um Versöhnung und gnädige Zuwendung möchte sich der Hilfe des Gottes vergewissern, der den Unheilsmächten überlegen ist. Beide ›Bittgänge‹ gehören aufs engste zusammen, beide erinnern an das normale gesellschaftliche Verhalten des Menschen: Bei der gesellschaftlich sanktionierten Bitte geht es ebenfalls darum, das (auf einen Willensakt zurückgeführte) Übel durch einen Hilfsappell an eine überlegene Kraft zu überwinden.

Die Bittgebete der Babylonier sind im kultischen Vollzug gewachsen und zeigen – wie die Gebete anderer Völker auch – keine schematisch-logische Gliederung; doch lassen sich außer der einleitenden Bitte um Versöhnung und Erhörung (die im Einzelfall nicht am Anfang stehen muß), und außer dem elementaren Schrei nach Verschonung vor dem Bösen mindestens zwei weitere Aspekte unterscheiden: Es geht um die Erneuerung des göttlichen Beistandes und um weitere Hilfsgarantien, um die Wendung alles Bösen zum Guten. Die hier zu besprechenden Bitten überlagern sich zum Teil mit den schon angezogenen: Das ist bei der »Systemlosigkeit« des Gebets nicht anders zu erwarten.

Recht archaisch mutet es an, wenn der Gott buchstäblich zum Mahl eingeladen wird: Er möge sich an den dargebrachten Gaben ergötzen.

Einen Becher reinen Weines habe ich dir ausgegossen,
ich habe dir ausgeschüttet ein Schüttopfer mit Parfümen,
ich habe dir geopfert Obst, Obst des Gartens, gutes;
iß gutes (Brot), Bier trinke, es beruhige sich dein Herz,
dein Gemüt versöhne sich![142]

. . . zu dem Brot und Wasser eurer Verehrer
eilt herbei![143]

Versöhnungsbereitschaft schließt den Willen ein, sich an einen Tisch zu setzen. Der Betende sucht die Götter in seine Nähe zu bringen; das Opfer oder die mitgebrachten Gaben sollen nicht nur einen Gegenwert für ›erlittene Unbill‹ darstellen, sondern auch die Tischgemeinschaft fördern. Die versöhnungsbereiten Gottheiten mögen selbst erscheinen, möglichst in allerhöchster

142 AGH 120,3–6; eine etwas andere Textkonstruktion schlägt *WMayer* (brieflich) vor: »Ich habe dir ausgeschüttet ein Schüttopfer von [reinen] Duftstoffen, Weihrauch, [lieblichem] Wohlgeruch. Iß das Gute, trink [das Süße]!« Vgl. den Text in Umschrift bei *WMayer,* 154; Parallelen dazu a.a.O. 158ff.
143 AGH 14,21f.

Begleitung (AGH 58,5.8: *ina ûmi anni izizzima šimê qabâja* . . . *izizzama damiqti qiba lizizzu ittīki ilāni rabûti*, »am heutigen Tage tritt her zu mir, höre mein Rufen . . . tritt her zu mir, Gutes von mir sprich! Es mögen mit dir hertreten die großen Götter«, vgl. RA 49   144,b5; 184,9; 188,18ff u.ö.) oder aber, sie mögen, bitte, Schutzgott und Schutzgöttin bestellen, welche dann die Verbindung *(riksu)* mit den Lebensmächten wiederherstellen und garantieren[144].

Mit Hilfe des anwesenden Gottes, unter seinem Schutzdach *(andullu*, AGH 100,15; 106,7; 108,5) müssen, so glaubt der Bittende, alle gestörten Verhältnisse, alle verkehrten, unheilvollen Zustände wieder ins Lot kommen. Das Einleitungsgebet an das »göttliche Licht«, das als Vorspann zu einem umfangreicheren Ritual dient, faßt sehr schön die an die Gegenwart Gottes gerichteten Erwartungen zusammen:

limnu lipṭur ina panīka	»Der Böse mache sich davon vor dir!
ittīka līrubu mitguru	Mit dir trete ein Verträglichkeit,
ittīka līrubu šûšuru	mit dir trete ein Gelingen,
ittīka līrubu bāltum	mit dir trete ein Kraft,
ittīka līrubu lamassī	mit dir trete ein meine Schutzgöttin,
ittīka līrubu nuḫšu	mit dir trete ein Fülle,
ittīka līrubu ṭuḫdu	mit dir trete ein Üppigkeit,
ittīka līrubu ḫegallum	mit dir trete ein Überfluß,
ittīka līrubu mašrû	mit dir trete ein Reichtum,
ittīka līrubu tašmû	mir dir trete ein Erhörung,
ittīka līrubu magaru	mit dir trete ein Einwilligung,
ittīka līrubu salimu[145]	mit dir trete ein Friede!«

Die verwirrenden Vorzeichen sollen jetzt klare Auskunft geben (AGH 48,114–116: *līšira idatūja lidmiqa šunātūja šunat aṭṭula ana damiqti šukna* = »korrekt mögen werden meine Zeichen, gut mögen werden meine Träume, den Traum, den ich geschaut habe, gestalte zum Guten«); der Beter ersehnt sich Reinheit, wohl kultischer Art (AGH 80,81–83: *kīma šamê lūlil inā ruḫê ša ipšunni kīma irṣitim lūbib ina rušê lā ṭabûti kīma qirib šamê luttamir* = »Wie der Himmel möge ich rein werden, trotz der Geifereien, die mir geschehen sind; wie die Erde möge ich lauter werden, trotz der Schmutzereien, der unguten; wie das Innere des Himmels möge ich leuchten«, vgl. RA 48   180, Rs 5; Or. 39   113,6) und volle Wiederherstellung seines Ansehens in der Gesellschaft: AGH 84,7–9: »In der Stadt mögen Leute ohne es zu vergessen mich hören. Bewirke Sprechen und Erhörung für mich, ich will auf der Straße gehen, wer mich sieht, möge sich scheuen vor mir!« 22,25: »König, Herr, Fürst mögen mich wert halten!« 148,24: »Gott, Göttin, Menschen mögen Frieden mit mir machen!« 134,89: »Meine zerstreute Sippe versammle sich!« 48,117: »Korrekt möge ich leben, Gefährten gewinnen!« 126,34: »Bei den kurzsichtigen Menschen möge durch seinen Mund Gutes für mich bewirkt werden!« usw.

Anscheinend gehört die Bitte um »Festsetzung des Schicksals« und um »Fällung einer (günstigen) Prozeßentscheidung« in den Zusammenhang der Zukunftssicherung:

---

144   AGH 22,5–7; 26,36; 30,5; 38,19f.37; 40,46–48 (»Einen Wächter des Heils und des Lebens bestelle für mich . . .«); 50,122–124; 62,31; 104,38; 106,19 (»Ein gnädiger Schutzgott [^dsēdu], eine gnädige Schutzgöttin [^dlamassu] sei mit mir verbunden«); 108,20f; 140,6f; 148,24 (»Ein gnädiger Schutzgott stehe dauernd zu meinen Häupten«); 152,a10. Vgl. *WvSoden* (BaghM 3) 148ff.
145   AGH 36,7–18.

ina dinīja izizzānima
dinī dînā purussâja pursā[146]
ana dinīja qulānima šimatīja šimâ
uṣurātīja uṣṣira[147]

Welche konkreten Vorstellungen hinter dieser Bitte stehen, ist nicht leicht auszumachen. Weil das Beschwörungsritual in der Regel im ›kleinen Kreis‹ und außerhalb des Tempels stattfindet, kann an eine Rechtsentscheidung im Tempel nicht gedacht sein; auch Ordalverfahren sind nach Lage der Dinge als Realhintergrund ausgeschlossen. Der wahrscheinlichste Sinn der Bitte um Schicksalbestimmung und Rechtsentscheidung ist: Die Götter sollen durch ihren Spruch neue Lebensmöglichkeiten eröffnen; dieser Sachverhalt wird – da auch das Leiden des Einzelnen als Folge juridischer Verwicklungen angesehen werden kann – in der Terminologie des Gerichtsentscheides und der Weltlenkung dargestellt. Vor allem verspricht sich der Beter von der Vertreibung der bösen Kräfte und der gnädigen Zuwendung des Gottes Heilung von allerlei Krankheiten, wenigstens von solchen, gegen die ärztliche Kunst sich als machtlos erwiesen hat.

ᵈnabû apkal ilāni ina pîka luṣâ balṭu[148]

ina ṭub širi u ḫud libbi itarrinni ûmešam
ûmēja urriki balaṭa šurki[149]

ᵈmarduk bēlu rabû napišti qîša
balaṭ napistīja qibi[150]

Die stereotype Bitte um Gesundung heißt: *lubluṭ luslim(ma)*, »ich möge gesund und heil werden« (AGH 16,35; 54,25; 62,36; 64,111; 106,13; 108,22; 120,15; RA 50 30,a3; Or. 34 117,25′). Gesundheit *(balṭu)*, Freude *(ḫūdu)*, Kraft *(bāltu)*, Friede *(salimu)* sind verschiedene Ausdrücke für das harmonische Wohlergehen, für die gedeihliche Integration des Einzelnen in seine Welt. Im Gebet versucht der Leidende, sein auf höherer Ebene gestörtes Leben in Ordnung zu bringen. Gut *(damiqtu, banû, ṭābu)* und erstrebenswert ist dem Bittsteller sicher nicht die paradiesische, sondern die sehr menschliche Ordnung, in der mit Hilfe der Götter Widersprüche aufgelöst und Not gewendet werden kann. Untergangsklage, Totenklage, ›pessimistische‹ Weisheit dagegen haben diesen Punkt überschritten. Sie melden Zweifel an der Gültigkeit der Lebensordnung an. Diese Zweifel entstehen in einer anderen Situation als die Bitte des Gebets: dann nämlich, wenn das Unheil unwiderruflich eingetreten ist.

Das Bittelement ist, so sagten wir, das Zentralstück des babylonischen Beschwörungsgebetes. Uns interessierten an dieser Stelle weniger die grammatischen Formen[151], in denen es seinen Ausdruck sucht, auch nicht in er-

---

146 RA 50 32,19f: »Tretet bei meinem Prozeß auf, mein Urteil fällt, meine Entscheidung entscheidet«. Vgl. LAP 260f; AHw 171.830f s.v. *dînu* und *parāsu*.
147 Or. 36 273,4′f: »Heed my case, fix my fate, design my destiny.« Vgl. AGH 30,8; 58,16; 78,59; 84,28; 120,8; 146,11; 152,b6ff.
148 AGH 16,26: »Nabu, Weiser der Götter, durch deinen Mund möge Gesundheit hervorgehen.«
149 AGH 62,35f: ». . . in körperlicher Gesundheit und Herzensfreude geleite mich täglich; meine Tage verlängere, Gesundheit schenke.«
150 AGH 64,21: »Marduk, großer Herr, Leben schenke mir, Gesundheit meines Lebens befiehl.«
151 Es sind Imperative und Vetitive vertreten, dazu alle anderen gängigen Wunschformen; vgl. *WvSoden*, Grundriß der akkadischen Grammatik (GAG; AnOr 33), Rom 1952, § 81.

ster Linie das traditionelle Formelgut, die stereotyp wiederkehrenden
Wortverbindungen und Gedankenreihungen der Bitte, sondern ihre dreifa-
che Grundfunktion: die Abwehr des Bösen; die Wiederherstellung der Gemeinschaft mit Gott und Mensch und die Sicherung künftigen Wohlergehens. Wir sahen, daß die anderen Elemente der Beschwörung diesem dreifa-
chen Ziel untergeordnet sind. Wir können darum jetzt den Charakter der
babylonischen Beschwörung in betonter Abgrenzung von magischer Mani-
pulation eindeutig als Bitthandlung und Bittrede bestimmen.
Die Bitte ist nicht immer als klar hervortretendes Formelement in den Beschwörungstext eingelassen, vielmehr durchsetzt sie oft, besonders in längeren Gebeten, den gesamten Text zwischen Anfangshymnus und Schluß-
huldigung[152], ein Zeichen mehr für ihre überragende Bedeutung in der vom
āšipu veranstalteten Zeremonie.

2.2.5.7
In der großen Mehrzahl aller Fälle endet das Beschwörungsgebet mit einer
Huldigungs- oder Segensformel. Die wenigen Ausnahmen von dieser Regel[153] lassen sich aus der Besonderheit der betreffenden Gebetstexte erklären; z. T. sind die Abschlußformeln (bei der Niederschrift? Aufgrund späterer Zusätze?) in den Gebetstext hineingerutscht.

Die Huldigungsformel hat in ihrer einfachsten Gestalt den Wortlaut: *dalīlīka ludlul,* »(so) will
ich dir huldigen!« (AGH 10,b19; 14,24; 18,38; 18,11; 22,16; 24,8; 26,41; 40,17; 48,94;
54,27; 54,b2; 56,32; 74,40; 82,91.94; 98,8; 102,21; 104,39; 114,24; 120,16; 122,b6; 144,a5;
148,b8; RA 50   30,a3; 50   90,33). Gelegentlich ist dieses Versprechen direkt an eine Bitte
angeschlossen. Die Grundform kann erweitert sein, z. B. durch den Zusatz »für immer . . .« =
ana darāti (AGH 8,27); »deiner großen Gottheit will ich den Lobgesang bringen« = *dalil ilū-
tīka rabīti ludlul* (AGH 10,a19; 12,b32; 22,16; RA 49   184,23) oder: »Dir will ich bei den
weitverbreiteten Menschen huldigen« = *dalīlīka ana nišê rapšāti ludlul* (AGH 100,25; 108,23;
vgl. 140,a8-10). Parallelausdrücke neben der mit dem Verbum *dalālu* gebildeten Standardform sind etwa: *narbīka (qurudka) lušapi,* »deine Größe (Kraft, Großtat) will ich erstrahlen
lassen« (AGH 10,b19; 14,24; 26,41; 36,24f; 48,94; 54,26; 54,b2; 56,32; 90,a1; 98,a7f;
100,25; 102,21; 134,102; 140,a9; 142,b11; 144,a5; 148,27; 148,b7; RA 48   180,a6f;
49   190,13; Or. 36   275,27); *narbīki luqbi* = »von deiner Größe will ich reden« (AGH 24,8;
82,93; 114,24; 148,27); *qurudka (ilūtka) ludlul (luštammar)* = »deine Stärke (Gottheit) will
ich preisen (erstrahlen lassen)« (AGH 34,37; 46,69; 82,91f; 150,b2); *latâm narbīka* = »ich
will erzählen von deiner Größe« (AGH 92,17). Die Huldigungsformel ist ihrer Intention nach
ein Gelöbnis, ein Leistungsangebot, nach erfolgter Hilfe zur Ehre des Gottes beizutragen.
Deutlicher erkennbar wird das AGH 34,35-37; eine abgewandelte Form findet sich AGH
38,38: *ina panīka lullika balat lušbi* = »vor dir will ich wandeln, des Lebens satt werden«; vgl.
40,49f.

---

152   Die Auffächerung des Bittelements (= Wiederkehr der Bitte an mehreren Stellen des Be-
schwörungstextes) und seine Verflechtung mit anderen Elementen ist in ausführlicheren Gebeten durchaus üblich, vgl. z. B. AGH 35,22-34; 73,18-75,39; 132,42-134,101 und oben
2.1.3.
153   Vgl. AGH 28,7; 42,36; 84,b11; 116,17; 126,37 und *WMayer,* 307ff.

Die Formensprache des Huldigungswortes hat sich also auf kräftigem Stamm reich entfaltet. Die ältere sumerische Beschwörung scheint das Gebet in der Regel mit der »Herzberuhigungsklage« beendet zu haben[154]. Das babylonische Huldigungswort hat gleichzeitig die Funktion eines Gelübdes; es stellt genau wie die Opferhandlung das Leistungsangebot des Bittstellers dar.

Zweitens beendet man das Gebet gern mit einem Segenswunsch für die Gottheit. Nach urtümlicher Ansicht verstärkt der Beter mit einem guten Wunsch Macht und Ansehen der Götter, noch erkennbar z.B. AGH 86,9: »Anum, Enlil, Ea mögen groß machen deine Herrschaft...« (vgl. AGH 54,7; 106,26). Der Gedanke der Machterhöhung des Gottes tritt aber in den erhaltenen Texten zurück hinter allgemeinen Ausdrücken der Freude, des Glückwunsches, des Segens: »Der Himmel freue sich deiner, die Erde frohlocke über dich! Die Götter des Alls mögen dich segnen, die großen Götter mögen dein Herz erfreuen!« (AGH 51,128–130). Man vergleiche das an alttestamentliche Thronbesteigungslieder erinnernde Schlußstück im großen Ištar-Gebet: »Ištar ist erhaben. Ištar ist Königin! Die Herrin ist erhaben, die Herrin ist Königin! Irnini, die Tochter Sins, die Tapfere, hat nicht ihresgleichen!« (AGH 134,103ff), weiter ähnliche Segens- und Glückwünsche für den angerufenen Gott in AGH 52,12f; 54,3–7; 62,38; 64,23–25; 68,20–22; 86,8–10; 88,14; 106,24–29; 112,a2–6.

2.2.6
Die Bedeutung der kultischen Bitthandlung

Im Vorangehenden sollte ein kursorischer Überblick über die Einzelelemente des babylonischen religiösen Bittzeremoniells gegeben werden. Weil die Menge des Materials schon jetzt groß ist und immer neue Beschwörungstexte veröffentlicht werden, ist ihre vollständige Auswertung nicht möglich. Immerhin lassen sich einige wesentliche Grundzüge des Zeremoniells erkennen.

(1) Die keilschriftlichen Beschwörungstexte bestehen aus mehreren Gattungen, die aus der mündlichen Tradition übernommen und schriftlich fixiert worden sind. Sie bieten uns Teilstücke des religiösen Bittzeremoniells für den Einzelnen, z.B. Krankengebet, Ritualanweisung, Begleitsprüche. Hinzu kommen in den Niederschriften ›archivarische‹ Notizen wie Unterschrift, Zweckangabe usw. Wir müssen versuchen, aus diesen lückenhaften Angaben den kultischen Hergang der Beschwörungszeremonie, ihren Lebenssitz, ihre Motivationen und Ziele zu rekonstruieren.

(2) Die babylonische Beschwörung ist eine Bitthandlung zugunsten eines einzelnen Leidenden oder Gefährdeten. Ihr Sitz im Leben ist nicht der ›große offizielle Kult‹, sondern die Primärgruppe, in der der Mensch täglich lebt. Allerdings wird ein Beschwörer als Experte hinzugezogen. Er bringt seine Text- und Ritualkenntnisse an den ›Fall‹ heran. Ob er als Vertreter einer kultischen Institution fungierte, bleibt ungewiß. Fest steht, daß der *āšipu* der verantwortliche Leiter der Beschwörungshandlung war. Der Ort

154 Vgl. AFalkenstein u. *WvSoden*, SAHG 225.228.

der Handlung (Hausdach, Flußufer, Torplatz) spricht für eine gewisse Unabhängigkeit vom Tempelkult.

(3) Abgrenzungen und Differenzierungen der Beschwörung sind nicht ganz einfach. Wir wissen von allerlei medizinischen Praktiken in Babylonien, die in der Regel wohl mit Beschwörungsritualen verbunden waren. Wir können ahnen, daß magische Manipulationen in der babylonischen Gesellschaft zur Ausschaltung des Gegners keine Seltenheit waren. Beides, die medizinische Behandlung und die schwarze Magie, berühren und beeinflussen die Beschwörung jedoch nur wenig. Näher verbunden ist ihr die Vorzeichenwissenschaft und deren praktische Handhabung, denn ohne zutreffende Diagnose und Prognose lassen sich die richtigen Ritualhandlungen schlecht durchführen. Trotz aller Berührungen mit anderen ritualisierten Handlungsabläufen ist die babylonische Beschwörung eine Zeremonie sui generis.

(4) Der Terminus »Gebetsbeschwörung« trifft insofern den Kern der Sache, als tatsächlich das ›Krankengebet‹ im Mittelpunkt der Bittzeremonie steht. Der Beschwörer hatte vermutlich einen beträchtlichen Anteil an der Rezitation dieses (ihm gehörenden!) Zentralstücks; aber der leidende Mensch ist der Sprecher oder er zählt wenigstens als die Person, der das Gebet zugute kommt. Opfer- und Bannhandlungen nebst zugehörigen (Beschwörer)Worten unterstützten das Patientengebet.

(5) Ziel der ganzen Bittzeremonie ist die Wiederherstellung des guten Zustandes und die Sicherung des Wohlergehens in der Zukunft. Zu diesem Zweck müssen die bösen Mächte vertrieben oder überwunden werden. Grundlegend bleibt aber die Herstellung eines guten Gemeinschaftsverhältnisses zur persönlichen Schutzgottheit. Wir können also das babylonische Beschwörungszeremoniell als Bitthandlung des Leidenden oder Gefährdeten gegenüber seinem Gott oder gegenüber einem als Fürsprecher zu gewinnenden Gott verstehen.

2.3
Das Klagelied des Einzelnen im Alten Testament

2.3.1
Die Berechtigung des Analogieverfahrens

Das individuelle Klagelied gehört seit *HGunkel* zum festen Bestand alttestamentlicher literarischer Gattungen, ohne daß es jedoch bisher gelungen wäre, seinen Charakter und seine ursprüngliche Lebenssituation definitiv zu bestimmen. Die ältere, in modifizierter Gestalt noch von *Gunkel* vertretene Auffassung, es handele sich bei dieser Psalmengruppe um private (Nach)Dichtungen, kann durch die Forschungen *SMowinckels* als widerlegt gelten[1]. Aber auch unter den Verfechtern einer kultischen Interpretation der individuellen Klagelieder konnte bislang keine volle Einigung über Abgrenzung und Ansetzung dieser Texte erzielt werden. Es bleibt unsicher, welche Texte zur Gattung zu zählen sind und welches der jeweilige konkrete Anlaß der Gebete war[2]. Was für die Frage der Abgrenzung gilt, trifft auch auf das Problem der Ansetzung dieser Psalmen zu: die Fachleute reden entweder sehr zaghaft und allgemein von rituellen Handlungen, die zu den Individualgebeten gehörten, oder aber sie postulieren forsch allerlei sakralrechtliche Verfahren am israelitischen Heiligtum, bei denen die Klagelieder rezitiert worden sein sollen[3]. Beides bleibt unbefriedigend. Wir meinen, daß sich aufgrund der oben angestellten Überlegungen zum allgemeinen Bittformular sowie der Beobachtungen an den babylonischen Beschwörungsgebeten neue Erkenntnisse über Herkunft und Gebrauch der alttestamentlichen Klagegebete gewinnen lassen.

1 *Gunkels* eigene Beobachtungen bestätigen im Grunde, daß die Klagelieder des Einzelnen rituell gebrauchte Gebetsformulare waren. Nur weil er streng an dem Postulat festhielt, echte Religiosität müsse »individuell« und »innerlich« sein, konnte ihm die volle Tragweite seiner gattungsgeschichtlichen Erkenntnisse entgehen. Es ist unerfindlich, wie man persönliche Hingabe, Frömmigkeit usw. (vgl. *AFalkenstein*, LSSt 120: Den Beschwörungen »fehlt . . . die Ursprünglichkeit wirklich echten religiösen Empfindens«; *ERDalglish*, 277: »The literary qualities of Psalm LI include . . . profundity of feeling . . .«; *WvSoden*, SAHG 55f) überhaupt in einem antiken Text nachweisen kann.
2 *SMowinckel*, der Krankheitsnot für den wichtigsten nachweisbaren Anlaß für das Klagegebet hält, erkennt als gattungsecht nur noch Ps 6; 38; 39; 41; 88 und »possibly also others such as 28; 22« an (Psalms II 1f; vgl. dagegen *SMowinckel*, Psalmenstudien I,122ff, und sein Vorwort zum Neudruck 1961, IIIf), während *HGunkel* u. *JBegrich*, 172, neununddreißig Vertreter der reinen Gattung zählen; vgl. auch die Aufstellungen von *HBirkeland*, 20; *CWestermann*, Psalter 47 usw.
3 Sehr zurückhaltend sind z.B. *SMowinckel*, *GQuell*; während unter den ›Juridikern‹ *HSchmidt*, *LDelekat* und *WBeyerlin* durch Postulierung eines Anklage-, Asyl-, Schutz-, bzw. Rechtshilfeverfahrens am Tempel hervorragen. Zu einer »politischen« Interpretation der individuellen Klagelieder ist *HBirkeland* vorgestoßen: Er erklärt pauschal alle Feinde in den Klageliedern für auswärtige Angreifer und macht damit diese Gebete zu Königsklagepsalmen.

An dieser Stelle muß – das ergibt sich auch aus den Anfragen mehrerer Kollegen an die ursprüngliche Fassung der Habilitationsschrift – sorgfältiger reflektiert werden, wie das dritte Kapitel mit den beiden ersten verbunden ist. Sind Bittrede des Alltagslebens und babylonisches Beschwörungsgebet überhaupt mit dem Klagelied des Einzelnen vergleichbar? Kann man aufgrund der in den beiden ersten Kapiteln erschlossenen Bittrituale analoge Handlungsabläufe für unsere Klagepsalmen postulieren? Wie ist die Berechtigung eines solchen Vergleichs nachzuweisen, und wie kann man eventuell die Ergebnisse der oben durchgeführten Analysen für die individuellen Klagegebete fruchtbar machen?

Es geht also zunächst um die Frage, ob die Klagpsalmen des Einzelnen wirklich echte, kultische ›Bittreden‹ sind. Wir wollen der Formanalyse unten 2.3.2 nicht vorgreifen; sie wird z.B. Struktur und Funktion der Bitte im Klagegebet genauer bestimmen. Hier muß aber eine kritische Überprüfung der Denkvoraussetzungen geschehen, die die Einordnung der Klagelieder in das allgemeine Bittschema zur Folge haben. Meines Erachtens dürfen wir bei der Behandlung der alttestamentlichen Klagegebete des Einzelnen von folgenden Voraussetzungen ausgehen: Diese Texte waren ursprünglich a) in der Tat für die Einzelperson bestimmt, b) auf Abwendung der Gefahr und Überwindung der Not angelegt, c) in einen kultisch-rituellen Rahmen eingebettet.

Die Mehrheit der Alttestamentler wird diesen Sätzen grundsätzlich zustimmen. In Einzelheiten ergeben sich jedoch gewichtige Einwände und Abweichungen, die besprochen werden müssen. Zu a) Die kollektive Deutung der Individualpsalmen, sei es die direkt auf die israelitische Kultgemeinde bezogene, oder die indirekte, über den König auf die Gemeinschaft zielende, ist auch nach *EBallas* Untersuchung[4] nicht ausgestorben. Sie hat ihr Fünkchen Wahrheit nach dem, was oben im ersten Kapitel über den Einzelnen und seine Gruppe gesagt wurde, ja auch darin, daß das Individuum ohne die Gesellschaft schlechthin undenkbar ist. Diese Erkenntnis darf aber nicht dazu verleiten, das Ich der Klagelieder auf die Gesellschaft umzudeuten, wie es bei *SMowinckel, GWidengren, HBirkeland,* u.a.[5] geschieht. Die Fehlinterpretation rührt wohl vor allem daher, daß fortwährend die Alternative ›Einzelner oder Gesamtgesellschaft‹ vor Augen steht und die Zwischeninstanzen ›Primärgruppe‹, ›sekundäre soziale Organisationen unterhalb der Nationalebene‹ zumindest für das kultische Leben in Israel nicht ernstgenommen werden. – Zu b): Ausgehend von der theologischen Überzeugung, daß »Loben . . . die dem Menschen eigentümlichste Form des Existierens«[6] ist, versuchen einige Exegeten, die Klagelieder des Einzelnen in Richtung auf den Dankgottesdienst nach Erlösungszuspruch oder vollendeter Errettung fortzubewegen. So betont *CWestermann* immer wieder, daß jede Klage im Grunde schon zum Lob hin unterwegs sei, daß es sich bei der Bitte der Psalmen in der Vor-

4 *EBalla,* Das Ich der Psalmen (FRLANT 16), Göttingen 1912.
5 In seinem Spätwerk hält *SMowinckel* zahlreiche individuelle Klagelieder für »National Psalms of Lamentations in the I-Form« (Psalms I,225ff). Die kollektive Deutung schlägt auch sonst gelegentlich bei solchen Forschern durch, die sehr wohl von der Existenz individueller Klagelieder überzeugt sind, vgl. die Interpretation von Ps 22 bei *JAGettier,* Diss. Union Theological Seminary, 1972; *JASoggin,* BeO 7 (1965) 105–116; von Ps 51 bei *ACaquot,* RHR 169 (1966) 133–154.
6 *GvRad,* TAT I, ¹1957, 367; *FCrüsemann,* 204.

wegnahme »des Eingreifens Gottes« eigentlich schon um »erhörte Bitte« handele[7]. Ohne deutlich erkennbare theologische Motivation konstatiert *KSeybold* das Fehlen »spezielle(r) kultische(r) Heilverfahren« im Alten Testament; für ihn ist der institutionelle Haftpunkt der Klagegebete vor allem die Restituitionspraxis für Genesene, d.h. das Wiederaufnahmeverfahren für den von verunreinigender Krankheit Geretteten[8]. Bei dieser Sicht der Dinge wird natürlich aus einem Bitt- ein Dankpsalm; die Bitte reflektiert dann nur noch eine überwundene Notlage. Zu c): *LDelekat* läßt die meisten Klagelieder des Einzelnen gerne als »Gebetsbitten« gelten; aber sie sind für ihn »keine Kultformulare« . . . »Dazu sind sie zu originell, zu sehr echte Poesie und vor allem zu existentiell.«[9] Das echte Kultgebet ist ein prosaisches, kunstloses, urtümliches »Schreien um Hilfe und Erbarmen«[10]. Die uns erhaltenen »Gebetsgedichte«, besonders die Feindklagepsalmen, sind folglich rein literarische Erzeugnisse, Gebetsinschriften am Tempel, die nach der Erhörung durch ein schriftliches Erhörungsbekenntnis ergänzt wurden[11]. Wieder begegnen wir dem Versuch, zwischen Kult und persönlicher Frömmigkeit einen (typisch protestantischen) Keil zu schieben. Schon *Gunkel* hatte die Klagelieder des Einzelnen, z.T. wegen ihrer angeblich »wunderbaren Lebendigkeit und reichen Mannigfaltigkeit« »aus dem innersten Herzen der Betenden selber« hervorgehen lassen und sie zu Nachdichtungen alter Kultformulare gemacht[12]. Die Beweisführung kann aber keineswegs überzeugen. Im Gegenteil: Die Sprache der Liturgie ist immer poetisch und, wenn es notwendig ist, persönlich und existentiell in dem Sinne, daß der einzelne Beter sich darin wiederfinden kann[13].

Wir halten gegenüber allen Zweiflern daran fest: Die Klagelieder des Einzelnen im Alten Testament sind echte Bittformulare, in der Notsituation gesprochen. Die internen und externen Indizien[14] reichen aus, diese Behauptung zu begründen. Sie wird außerdem gestützt durch das analoge babylonische Gebet[15], das in Aufbau und Inhalt weitgehend dem israelitischen entspricht und darüber hinaus durch die beigegebenen Ritualanweisungen eindeutig in den kultischen Kontext der religiösen Bitthandlung hineingestellt wird.

---

7 *CWestermann*, Loben, 55f.60.116.
8 *KSeybold*, 85–98; ähnlich z.B. *JFRoss*, JBL 94 (1975) 45: ». . . the biblical laments are . . . entreaties recited in the sure conviction that the decisive salvific act has already taken place; . . . The psalms of lament are really another form of the psalms of thanksgiving.« Seybold anerkennt natürlich das (private?) Krankengebet und die Tatsache, daß im Alten Orient immer, bis »hin zum Neuen Testament« . . . »die magische Krankheitsbehandlung mit Hilfe exorzistischer Praktiken gang und gäbe war« (a.a.O. 56).
9 *LDelekat*, 11.
10 *LDelekat*, 12.
11 *LDelekat*, 14–19.
12 *HGunkel* u. *JBegrich*, 183; vgl. schon *FHeiler*, 150ff, der die Entpersönlichung und rituelle Erstarrung des Kultgebetes beklagt.
13 Nur als Beispiel sei auf folgende Untersuchungen zum sumerischen Kultus hingewiesen: *WWHallo*, The Cultic Setting of Sumerian Poetry, Actes de la XVIIᵉ Rencontre Assyriologique International 1969, 116–134; *JKrecher*; *SNKramer*, The Sacred Marriage Rite, Bloomington/London 1969.
14 Interne Indizien: Sprache, Formelemente, Struktur der Klagelieder des Einzelnen, s.u. 2.3.2; externe Indizien: Hinweise auf Ritualhandlungen, prophetische Heilungspraxis usw. s.u. 2.3.3.
15 S.o. 2.2; die vielen, bereits vorliegenden Strukturvergleiche brauchen nicht mehr vorgeführt zu werden (s.o. 2.1.8 Anm. 94 u.ö.).

Naheliegend wäre der Einwand: Babylonisches und israelitisches Bittgebet sind aber nicht völlig deckungsgleich! In der Tat sind schon immer auch die Verschiedenheiten aufgefallen[16]. Auch wir haben oben im zweiten Kapitel gelegentlich auf die Besonderheiten der babylonischen Formulare hingewiesen, etwa auf die Selbstvorstellungsformel des Beters, die Sendungsformel, die andere Gewichtigkeit von hymnischer Huldigung oder Klage. Alle diese Unterschiede betreffen aber nur Einzelheiten; sie können den Gesamteindruck nicht verwischen – der sich auch mit Recht als zutreffend in der alttestamentlichen und den altorientalischen Wissenschaft(en) festgesetzt hat –, daß diese Gebete aus den beiden verschiedenen Kulturkreisen analoge Gebilde, nämlich Bittgebete an die jeweiligen Gottheiten sind. Ähnlich läßt sich auch für die Verwandtschaft zwischen alltäglicher Bittrede und kultischem Bittformular argumentieren. Bei allen Verschiedenheiten im Detail liegen die strukturellen und inhaltlichen Analogien auf der Hand. *H WWolffs* Anfrage, ob die ungleiche Behandlung des »Anredeelements« in den verschiedenen Bittreden nicht eine tiefergehende Unvereinbarkeit signalisiere[17], ist sicherlich berechtigt. Aber es gibt mögliche Gründe z.B. für das auffallende Fehlen einer formvollendeten Anrede in der alltäglichen Bittrede: Furcht vor Namensmißbrauch[18] oder die simple Tatsache, daß bei genügend klarer Not- und Bittsituation die Namensnennung entweder im Erzählzusammenhang oder sogar im realen Vollzug der Bitte einfach wegfallen kann. Andererseits scheint die namentliche Anrede beim religiösen Bittformular auch deswegen notwendig zu sein, weil sie Gelegenheit bietet, die Stellung des Betenden zu fixieren; man vergleiche »mein Gott« (Ps 3,8; 7,2.4; 13,4; 18,7.29; 22,3; 25,2; 30,3.13; 31,15; 35,23f; 38,16.22 usw.) mit »mein König« bzw. »König« in der profanen Bittrede (s.o. 2.1.5 Anm. 46). Solche begrenzten ›Unstimmigkeiten‹ sind also auf die Besonderheiten der jeweiligen Bittsituationen oder vielleicht auf spezielle Überlieferungsbedingungen zurückzuführen. Sie können nicht darüber hinwegtäuschen, daß – in unserem Fall – die Anlage der Bittrede im Alltag bis in die Einzelelemente hinein dem der Bittgebete entspricht. Die oben gebotenen Einzelanalysen[19] lassen das ebenso erkennen wie ein Vergleich der ausführlich zitierten Bittreden der Erzählliteratur und der babylonischen Beschwörung[20]. Die Bittreden sind in den verschiedenen Bereichen aus analogen Elementen komponiert, die in ihrer Gesamtheit auf die Bitte zur Überwindung der Not, zum Ausgleich des Mangels, hinlaufen. *FHeiler* hat recht: »Das Gebet ist ein Verkehr mit der Gottheit, der sich in denselben Formen vollzieht wie der soziale Verkehr der Menschen untereinander.«[21]

Die Schlußfolgerung läßt sich kaum umgehen: Unsere alttestamentlichen Klagelieder des Einzelnen sind – wie die babylonischen Beschwörungsgebete – echte Bittexte. Wenn sie aber als Bitten gegenüber der Gottheit verstanden werden dürfen, dann sind sie mit größter Wahrscheinlichkeit auch mit einer Bitthandlung verbunden gewesen. Bei der Analyse des alltäglichen Bittschemas und der babylonischen Beschwörungsgebete war uns diese Verwurzelung der Bittrede im Handlungsvollzug gleichermaßen aufgefallen. Nimmt man die diversen Beobachtungen und Überlegungen der Verhaltensforscher und Sozialwissenschaftler hinzu, dann kann man den Grundsatz aufstellen: Das menschliche Bitten gehört, mit Rede- und Hand-

---

16 Vgl. z.B. *ERDalglish*, 249–276.
17 *HWWolff*, schriftlich an mich.
18 S.o. 2.1.5 Anm. 47.
19 S.o. 2.1.3 bis 2.1.6 und 2.2.5.
20 S.o. 2.1.7 und 2.2.5.
21 *FHeiler*, 99; vgl. a.a.O. 106ff.139ff.491.

lungsteil, zu den grundlegenden, stammesgeschichtlich vorgeprägten Verhaltensmustern; es ist für den Bestand und das Funktionieren besonders der menschlichen Kleingruppe von zentraler Bedeutung.

Um noch einmal den Einwand *LDelekats* in erweiterter Form aufzunehmen: Selbstverständlich hat es seit Erfindung einer Schrift (diese Zeitspanne fällt allerdings stammesgeschichtlich nicht ins Gewicht!) auch immer die Möglichkeit schriftlicher Kommunikation und darum auch schriftlicher Bitte gegeben. Im Alten Orient haben sich auch Formen des schriftlichen Gebets herausgebildet: Gottesbrief oder Steleninschrift[22] wurden anscheinend stellvertretend für den Beter am Tempel deponiert, vielleicht in der Annahme, daß auf diese Weise ein ständiges Reden zu Gott möglich sei. Aber es ist schlechterdings ausgeschlossen, daß diese Art der Gebetsübermittlung die ursprüngliche sein soll. Das kultisch-rituelle Bitten muß lange vor dem Auftauchen der ersten Schriftzeichen geübt worden sein, so wie es selbstverständlich auch in den schriftlosen Kulturen z.b. der Indianer Nordamerikas gang und gäbe war und ist[23]. Außerdem besitzen wir viele Zeugnisse aus dem altorientalischen Raum, die das kultische Geschehen wenigstens ausschnittsweise berichtend oder bildlich darstellend festgehalten haben; die große Zahl der ausgegrabenen, offensichtlich für den ›kleinen Kult‹ bestimmten Opfergerätschaften und Ritualwerkzeuge muß hier ebenfalls noch einmal erwähnt werden[24]. Nein, das schriftliche Gebet ist sicherlich eine Seitenentwicklung aus und neben der kultischen Bitthandlung.

Wenn die Klagelieder des Einzelnen im AT kultische Bittreden sind und als solche ursprünglich zum gottesdienstlichen Bittritual, gleichsam zur Kasualpraxis der israelitischen Gemeinde, gehörten, dann muß es gestattet sein, analoges Bittverhalten zum Vergleich heranzuziehen. Andersherum gesagt: Die Gattungsforschung müßte sich ständig bemühen, typische Lebenssituationen, oder besser: Verhaltensmuster mit den dazugehörigen Redestücken zu ermitteln, klassifizieren, beschreiben und die alttestamentlichen Handlungseinheiten mit Hilfe der Parallelerscheinungen aus anderen Kulturkreisen zu rekonstruieren. Das Bittverhalten ist eine derart weitverbreitete, allgemeingültige Verhaltenskonstante, daß es sich zur Erprobung eines solchen Verfahrens hervorragend eignet. Natürlich ist jede vorschnelle und punktuelle Übertragung irgendwelcher Phänomene von einem in den anderen Bereich zu vermeiden. Wenn sich aber bei einem bestimmten Verhaltensmuster Gesetzmäßigkeiten in historisch oder geographisch weit voneinander entfernten Kulturen feststellen lassen, wenn weiterhin an der zu untersuchenden Stelle, d.h. für uns: im Alten Testament, Spuren ähnlicher Phänomene zu finden sind, dann soll man auch einmal eine Rekonstruktion wagen. Das darf auch auf die Gefahr hin geschehen, daß die Rekonstruktion nur zeitweise oder als Arbeitshypothese Wert hat. Im Fall

22 Vgl. *WWHallo*, JOAS 88 (1968) 75–80 (»The Neo-Sumerian Letter-Prayers«): *Hallo* möchte das sumerische Individualgebet aus der Votivinschrift herleiten; der »Gottesbrief« sei eine Zwischenstation gewesen (a.a.O. 75). Vgl. *AErman*, Denksteine aus der thebanischen Gräberstadt, Berlin 1911, II, 1086–1110; *HLGinsberg*, Psalms and Inscriptions of Petition and Acknowledgement, FS für LGinzberg, New York 1945, 159ff.
23 Vgl. besonders die Untersuchungen von *CKluckhohn* und *LCWyman* zur Gebets- und Beschwörungspraxis der Navajo-Indianer.
24 Vgl. *JPritchard*, ANEP[2], 192–207.354–356 und oben 2.2.

des Bittrituals läßt sich meines Erachtens in diesem Sinne wahrscheinlich machen, daß neben dem notleidenden Beter der Ritualexperte und die Primärgruppe eine Rolle gespielt haben.

2.3.2
Die Struktur der Klagegebete

Der Kreis der individuellen Klagelieder im Alten Testament sollte nicht zu eng gezogen und vor allem nicht durch unsachgemäße Vorentscheidungen beschnitten werden. Das entscheidende Kriterium ist, ob ein Psalmtext für die Notlage eines Einzelmenschen komponiert, besser: gebraucht wurde. Da ›individuelle‹ Gebete möglicherweise sekundär in Bittgottesdiensten für eine Gruppe von Menschen oder gar für König und Volk verwendet werden konnten, sollten die ›kommunal‹ gestimmten Klagelieder nicht ohne weiteres ausgeklammert werden. Es ist falsch, in den individuellen Klageliedern das Schicksal eines »lebendige(n) Individuum(s) von Fleisch und Blut«[25] wiederentdecken zu wollen. Ebensowenig kann es richtig sein, eine bestimmte Gattung strikt einer einzigen, unveränderlichen Lebenssituation zuzuordnen. Die Wanderungsbewegung von Gebetstexten in ›angrenzende‹ (das ist in unserem Fall kultisch und außerkultisch zu verstehen) Lebensbereiche ist zu gut bezeugt, als daß sie für das israelitische Klagelied ignoriert werden dürfte[26]. Also stehen uns als Quellenmaterial die Einzelgebete *Gunkels* zur Verfügung, dazu solche Volksklagelieder, deren Ursprung oder Verwendung in der Klagefeier für einen Einzelnen denkbar ist[27]. Form und Struktur des israelitischen Klagegebetes, so meinen wir, verraten seine Entstehung im Volk. Dichtungen für Königshaus und Nobilität sind eher Nachbildungen und Elaborate des volkstümlich verwendeten

---

25 *SMowinckel*, Psalmenstudien I,138.
26 Die umfangreicheren babylonischen Rituale geben einen Eindruck davon, wie zahlreich die Anwendungsmöglichkeiten gewisser Gebetstexte waren, vgl. z.B. *FThureau-Dangin*, 10ff (Ritual des *kalû*-Priesters bei der Bespannung einer Kesselpauke); 34ff (Ritual des *kalû*-Priesters bei der Tempelrestaurierung); Or. 39   118ff (Ritual zur Abwendung böser Omina vom königlichen Heer); *šurpu* Tf. I (Zusammenfassung der Handlungen und Rezitationen dieser Serie; bei *EReiner*); *bît rimki* (*JLaessoe*); *maqlû* (*GMeier*) usw. Zahlreiche anthropologische Feldbeobachtungen bestätigen die Tatsache, daß erprobte Gebets- oder Ritualtexte auch in anderen als den angestammten Lebenssituationen gebraucht werden, vgl. *RFFortune*, 62–64 (eine Dobu-Mutter stimmt die Totenklage an, wenn ihr Kind von dessen Onkel gezüchtigt wird; *LCWyman* u. *CKluckhohn*, Classification (Darstellung der Anwendungsbereiche von 58 Navajo-Zeremonien).
27 *HGunkel* u. *JBegrich*, 172f. Ohne damit ein endgültiges Urteil fällen zu wollen, halten wir folgende Lieder des Psalters für ›individuelle‹ Klagepsalmen: Ps 3;4;5;6;7;11;12;13;17; 22;26;27;28;31;35;36;38;39;40;41;42/43;51;52;54;55;56;57;58;59;61;62;63;64; 69;70;71;73;75;77;84;86;88;94;102;109;120;121;130;139;140;141;142;143. Jedes dieser Gebete hat eine eigene ›Verwendungsgeschichte‹, einen liturgischen und literarischen Werdegang gehabt. – Die akrostichischen Gedichte Ps 9/10; 25; 119, die sich z.T. stark an das individuelle Klagelied anlehnen, werden hier nur in den Fällen berücksichtigt, in denen das übergeordnete Alphabetisierungsprinzip keine Rolle spielt.

Bittformulars als umgekehrt. Von einer »Demokratisierung«[28] des Klagegebetes kann demnach keine Rede sein. Unsere Strukturanalyse kann die
gesicherten Ergebnisse der Gattungsforschung voraussetzen: Das individuelle Klagelied besteht aus einer begrenzten Anzahl von Einzelelementen, die
in lockerer, doch traditionsmäßig feststehender Weise zu einem Gebet zusammengefügt sind[29]. Uns kann es hier nur noch darum gehen, Funktion
und Stellenwert der Einzelelemente aufs neue und im Gegenüber zum alltäglichen Bittschema sowie dem babylonischen Beschwörungsgebet darzustellen.

2.3.2.1

»Das bedeutendste Stück der Klagelieder ist die Bitte«[30]. Sie nimmt in den
alttestamentlichen Klagegebeten dieselbe zentrale Stellung ein wie in den
oben besprochenen Bittschemata. Psalmen ohne regelrechten Bitteil sind
selten; in ihnen vertreten andere Stücke das eigentliche Bittelement. In der
Regel durchzieht die Bitte in vielfacher sprachlicher Gestalt das ganze Klagelied oder aber das Gebet kulminiert im Ersuchen des Bittstellers.

Die Formensprache des Bittelements ist schon von *HGunkel* genau untersucht worden[31]. Als
Nachtrag zu diesen Bemühungen bleibt zu bemerken: Die Fülle der Bittnuancierungen wird
sich auch im Gebet weniger durch die Wahl grammatischer Wunschformen, als durch Gestik,
Stimmlage, Begleithandlung manifestiert haben. Die reinen Formbestimmungen dürfen
darum bei der gattungsgeschichtlichen Analyse nicht das Übergewicht bekommen. So ist z.B.
die Unterscheidung zwischen imperativischer Bitte und jussivischem Wunsch, zwischen
Wunschformulierungen in der 1. Person des Bittstellers, der 2. und 3. Person des Bittempfängers, der 3. Person des erbetenen Gegenstandes nicht die einzige Verstehenshilfe für uns, denn
die Funktion der verschiedenen Ausdrucksformen kann im Zusammenhang des Gebetes
durchaus gleichartig sein. So werden z.B. Imperativ und Imperfekt (Jussiv) in einem Stichos
gleichwertig nebeneinander gebraucht: »Rette mich (חלצני), Jahwe, vor dem bösen Menschen,
vor dem Unheilstifter bewahre mich (תנצרני) (Ps 140,2; vgl. die Zusammenstellung von imp.

---

28 So z.B. *SMowinckel*, Psalms I,77f; II,8f; 182; s.u. 2.3.3.2. Auch Caplice vertritt für die
babylonischen Beschwörungen die ›Aristokraten-Hypothese‹ (CBQ 29, 1967, 346ff): Aufgrund sozialer Überlegungen (der Beschwörer mußte für seine Arbeit bezahlt werden!) behauptet er, die *namburbis* verrieten das Interesse der Mächtigen, Besitzenden und Gebildeten
(a.a.O. 352). Gattungsgeschichtliche Gesichtspunkte können nur zu dem Schluß führen, daß
der Typ des Not- und Bittgebets dem allgemeinen Bittschema nachgebildet und sehr wahrscheinlich im Volk entstanden ist. Ob bestimmte sozial-ökonomische Ausprägungen kultischen Bittens für bestimmte Gesellschaftsschichten reserviert waren, ist eine andere Frage.
Wenn heutzutage eine kostspielige Privatklinik nur für gewisse Personen erreichbar ist, bedeutet das ebenfalls nicht, daß es keine ärztliche Versorgung der breiten Masse gebe.
29 *FHeiler* hat (a.a.O. 56–98) Formen und Motive des ›naiven‹, d.h. noch rituell unver-
fälschten, Klage- und Bittgebets bereits ausführlich besprochen. Er unterscheidet: Anrufung;
Klage und Frage; Bitte; Fürbitte; Opferspruch und Gelübde; Mittel der Überredung; Ausspra-
che des Abhängigkeitsgefühls, der Zuversicht und Ergebung; Danksagung. Die Definitionen
für das AT bei *HGunkel* u. *JBegrich*, 218ff; *SMowinckel*, Psalms II,9ff; *CWestermann*, ZAW
66 (1954) 44ff; *ders.*, Loben 39ff.
30 *HGunkel* u. *JBegrich*, 218.
31 *HGunkel* u. *JBegrich*, 218ff; vgl. *CWestermann*, Loben 48ff; *DMichel*, 168ff.

und 2. Pers. impf. in Ps 17,8; 51,9ff; 54,3; 71,2 u.ö.). Die kohortativisch formulierte Bitte steht neben dem Imperativ: »Ich möchte nicht zugrunde gehen (אל־אבושה), in deiner Gerechtigkeit, rette mich (פלטני)«[32]. Subjekt des Wunschsatzes kann das Ersehnte oder Gefürchtete oder auch ein Ersatzbegriff für die Person des Bittempfängers sein: »Von dir her ergehe mein Rechtsspruch. Deine Augen mögen auf Gerechtigkeit achten« (Ps 17,2), das ist gleichbedeutend mit dem Ausdruck: »Richte mich, Gott, führe meinen Prozeß« (Ps 43,1). Die Feindbitten: »Er (d.h. Gott, V. 6) bringe Unheil über meine Feinde, vernichte sie (הצמיתם) in deiner Treue« (Ps 54,7); »Er lasse (mit G!) ihren Frevel über sie kommen, er vertilge sie in ihrer Bosheit, Jahwe, unser Gott, lösche sie aus« (Ps 94,23); »In deiner Fürsorge vernichte (תצמית) meine Feinde, laß zugrunde gehen (והאבדת) alle, die mir nach dem Leben trachten« (Ps 143,12) sind trotz der Verwendung verschiedener grammatischer Wunschformen in ihrer Funktion identisch, vgl. den Wechsel der Formen in den Feindbitten Ps 5,11; 7,10; 41,11; 55,24; 58,7ff; 59,12ff; 69,23ff; 109,6ff. Die Feindbitte ergeht überwiegend in der Imperfekt- oder Jussivform; doch ist sie darum um nichts weniger direkt und wirksam, und Jahwe ist in demselben Maß der Handelnde wie bei der imperativischen Bitte[33].

Wenn wir dann noch auf die Bitte in Frageform hinweisen (vgl. Ps 121,1), befinden wir uns an der Grenze zum Klageelement, das auch im Gebet den Anspruch an den Bittempfänger enthält, helfend einzugreifen, vgl. die Klagelieder, in denen der Bitteil kaum ausgebildet ist wie in Ps 11; 58; 62; 77; 88.

Wenn verschiedene Bittypen unterschieden werden müssen, dann sollte man nach ihrer Stellung im Gebet und ihrem Inhalt – die grammatische Form kann nur einen groben Anhaltspunkt geben – trennen in: a) einleitende Bitte (Bitte um Erhörung); b) abwehrende Bitte (Bitte um Verschonung); c) Bitte um Vertreibung oder Vernichtung der Feinde; d) Bitte um Hilfe und Rettung; e) Bitte um einzelne Gaben oder bestimmte Leistungen. Die Grenzen zwischen den einzelnen Bittkategorien sind fließend, besonders b) und c) sowie d) und e) gehen häufig ineinander über; die »einleitende Bitte« kann die anderen Bittypen mit andeuten oder sie erscheint nicht am Anfang, sondern erst in der Mitte des Gebets[34].

Es liegt auf der Hand, daß der Schwerpunkt der Bitte beim Verlangen nach persönlichem Beistand liegt. Die Bitten um Abwehr der Gefahr und Vernichtung der Feinde zusammengenommen halten der Bitte um Hilfe und Rettung ungefähr die Waage. Zahlenmäßig stark zurückfallen sieht man die Bitten um konkrete Gegenstände oder Leistungen: Der Grund dafür ist wahr-

32 Ps 31,2; vgl. Ps 27,4 – der ganze erste Teil des Psalms, das Vertrauenslied V. 1–6, nennt Jahwe nur in der 3. Person; die Kombination mit V. 7ff zeigt aber, daß auch dieser ›unpersönliche‹ Stil im Gebet verwendet werden kann! – Ps 41,11; 61,5; 69,15.
33 Gegen HGunkel u. JBegrich, 226: »Es muß auffallen, daß die Wünsche gegen die Feinde die Bitten gegen sie wohl um das Doppelte überbieten« und ebd. 228: »Der Unterschied in der Form der Wünsche ist nicht belanglos. Diejenigen, die keine Spur einer Erwähnung Jahwes kennen, verraten eben dadurch ihre Herkunft aus primitiv-magischem Denken.«
34 Zu a) vgl. Ps 13,4; 17,1.6; 27,7; 28,2; 31,3; 39,13; 54,3f; 55,2f; 56,2; 64,2; 84,9f; 86,1.6; 88,3; 102,2f; 109,1; 130,2; 140,7; 141,1f; 142,7.
Zu b) vgl. Ps 6,2; 26,9; 27,9; 28,1.3; 31,2; 35,22.24f; 36,12; 38,2.22; 39,11.14; 40,12.18; 51,11.13; 69,7.16; 70,6; 71,1.9.12.18; 140,9; 141,4.9; 143,2.
Zu c) vgl. Ps 5,11; 7,17; 11,6; 17,13; 28,4; 31,18f; 35,4ff.8,26; 36,13; 40,15f; 55,10.16.24; 56,8; 58,7ff; 59,6.12ff; 63,10f; 69,23ff.28f; 70,3f; 71,13; 94,23; 109,6ff.29; 140,10; 141,6f.10.
Zu d) vgl. Ps 3,8; 5,9; 6,3.5; 7,2.9; 12,2; 17,7f; 22,12.20ff; 26,1.2.11; 27,11; 31,3ff.10.16f; 35,1ff.23f; 36,11; 38,23; 39,9; 40,12.14; 41,5.11; 43,1.3; 51,3f.9.16; 59,2f.11; 61,3.5; 64,3; 69,2.14f.17ff.30; 70,2.6; 71,2ff; 86,2f.11.16; 94,1f; 109,21.26; 120,2; 139,23f; 140,2.5; 142,8; 143,7ff.
Zu e) vgl. Ps 7,7.10; 51,12.14.17; 86,17; 140,3.

scheinlich der Charakter und die Bestimmung der Klagelieder. Sie sind Gebetsformulare, die für vielerlei Notfälle gebraucht wurden; ihr gemeinsames Anliegen ist die Nähe und Hilfe Jahwes und die Abwehr des Unheils. Die Bitte um Einzel- und Sondergaben ist jeweils in den allgemeinen Formulierungen mit enthalten.

Zur Formensprache des Bittelements können wir also festhalten: Neben der gängigen Imperativ-Formulierung stehen gleichberechtigt positive und negative Wünsche. Die Dringlichkeit der Bitte wird durch äußere Merkmale des Vortrags und durch Begleithandlungen ausgedrückt, vielleicht auch durch mehrfache Wiederholung der Bitte. Das gleiche Resultat ergab sich oben 2.1.3 für die profane Bittrede.

Die Bitte bildet im Klagelied des Einzelnen keinen festgefügten Block, keine separate Strophe. Bittformulierungen sind ständig mit anderen Elementen durchsetzt: mit Klagen, hymnischen Attributen, Vertrauensäußerungen, man vergleiche die litaneiartige Anfügung eines Begründungssatzes an die Bitte:

Sei mir gnädig, Jahwe, denn ich bin hinfällig,
heile mich, Jahwe, denn meine Knochen zerfallen.   (Ps 6,3)
Laß mich am Morgen deine Treue wahrnehmen,
     denn ich traue auf dich.
Laß mich den Weg erkennen, den ich gehen soll,
     denn nach dir verlangt mich.
Rette mich vor meinen Feinden, Jahwe,
     [denn] zu dir flehe ich.
Lehre mich zu tun, was dir genehm ist,
denn du bist mein Gott.   (Ps 143,8–10)

Dieselbe Abfolge, jedoch ohne begründendes כי:

Weise deinen Knecht nicht im Zorn zurück,
     du bist meine Hilfe.
Gib mich nicht auf, verlaß mich nicht,
     mein rettender Gott.   (Ps 27,9)

Zwei oder mehr Bittsätze mit angehängter Begründung haben noch: Ps 31,3–5; 61,3–6; 71,3–5; 86,1–4; 142,7. Temporal- und Finalsatz alternieren mit der Bitte in Ps 28,1f; dem Bittelement vorangeschaltet sind erklärende Sätze in Ps 71,6 (vgl. 40,18); 109,28; 140,7f. Die einfache Verknüpfung von Bitte und Klage oder Bitte und Schuldbekenntnis, Vertrauensäußerung durch eine verbindende Partikel ist naturgemäß sehr häufig, vgl. z.B. Ps 3,8; 5,9f; 6,5f; 11,6f; 12,2; 22,12; 25,16.19.21; 26,1.2f u.ö.; ähnlich oben 2.1.5.2.
Jeder Bittsatz ist durch ein erklärendes oder preisendes Element ergänzt. Es könnte sich bei diesen und ähnlichen Beispielen um Aufreihungen sehr alter Einzelelemente handeln, die aus dem einfachen Hilferuf nach dem Schema: Komm mir zu Hilfe, Gott! entstanden sind. Vgl. die stereotypen Wendungen mit חוש (Ps 22,20; 38,23; 40,14; 70,2.6; 71,12Q; 141,1); mit מהר pi (Ps 69,18; 102,3; 143,7), oder ישע hif (Ps 3,8; 6,5; 7,2; 12,2; 22,22; 28,9; 31,17; 54,3; 59,3; 60,7; 69,2; 71,2; 86,2.16; 106,47; 108,7; 109,26; 118,25; 119,94.146).

Die Beziehungen zwischen Bittelement und Korpus des Gebets müssen
nicht durch umständliche Verknüpfungen hergestellt werden. Wortwahl
und Ausgestaltung des Bittsatzes selbst können Klage, Vertrauensäußerung
oder Lobpreis andeuten. Das Bittelement – wir lassen für den folgenden
kurzen Überblick die ausgesprochenen Feindbitten weg, weil ihre Berücksichtigung an einigen Stellen das Bild verzerren würde – kann auf die Not
oder Gefahr hinweisen, der der Beter entkommen möchte[35], es kann die
Feinde benennen, die ihn bedrängen[36], oder das eigene, erbärmliche Schrei-
en, Weinen, Seufzen schildern[37], und mit allen diesen Anspielungen das
Klageelement aufnehmen.
In der Bitte kann die eigene Schuld oder Unschuld schon oder noch einmal
zur Sprache kommen[38], oder das Vertrauen auf Jahwe[39] erwähnt werden.
Schließlich läßt sich die der Bitte oft beigegebene Anrede hymnisch ausge-
stalten[40], oder das Gebet wird die Macht, Treue, Güte und Hilfsbereitschaft
Jahwes anklingen lassen[41]. In der Regel sind die Bittsätze sehr kurz; sie bestehen oft nur aus einer suffigierten Verbalform. So nimmt es nicht wunder, daß die eben angeführten Berührungen mit anderen Gebetselementen
meistens in unmittelbar zum Verb gehörigen Satzteilen wie Objekt oder
Subjekt zu finden sind. Präpositionale und adverbiale Ergänzungen, Attri-
but- oder Vergleichssätze sind im Bittelement selten[42].

---

35   Vgl. Ps 4,2; 22,21.22; 27,9; 31,5.16; 36,12; 38,2; 39,9.11; 51,10; 56,9; 64,2.3;
69,15.16; 71,4; 130,1; 140,5; 142,8.
36   In den Feindverwünschungen finden sich naturgemäß die meisten Bezeichnungen, vgl.
OKeel, Feinde 93–98; man vergleiche die in den folgenden »Hilfs- und Rettungsbitten« vor-
kommenden Benennungen: »Feind« (Ps 5,9; 59,11); »Verfolger« (Ps 7,2; 31,16; 35,3; 142,7);
»Befeindender« (Ps 7,7); »sich Erhebender« (Ps 17,7; 59,2); »Schuldiger« (Ps 17,13; 28,3;
140,9); »Gegner« (Ps 27,12); »Unheimliches Tuender« (Ps 28,3; 59,3; 64,3; 141,9); »Feind«
(Ps 31,16; 59,2; 64,2; 143,9); »Gegner, einer der bekämpft« (Ps 35,1); »Löwe« (Ps 35,17);
»treuloses Volk, Mann des Betruges und der Bosheit« (Ps 43,1); »Mann der Bluttat« (Ps 59,3);
»Leute, frevelhaft Handelnde« (Ps 59,6); »Hasser« (Ps 69,15); »Lügenlippe, Falschzunge« (Ps
109,2); »böser Mensch« (Ps 140,2); »Mann der Gewalttaten« (Ps 140,2.5); die deutschen
Äquivalente weitgehend nach OKeel, a.a.O. 94–98.
37   Vgl. Ps 5,2; 17,1; 28,2; 39,13; 55,2; 56,9; 61,2; 64,2; 86,6; 88,3; 102,2; 130,2; 140,7;
142,7; 143,1.
38   Vgl. Ps 7,9; 17,1; 39,9; 51,3.11.16.
39   Vertrauensaussagen im Bittelement bedienen sich der 1. Person des Kohortativs (als
Wunschform! vgl. Ps 61,5; 86,11) oder eines partizipialen Attributs zum Subjekt des Bittsatzes, z.B. Ps 86,2: ». . . dein Knecht, der auf dich traut (»du bist mein Gott« ist störender, auch
von der Liturgie her kaum zu erklärender Einschub).
40   Vgl. Ps 4,2; 5,3; 13,4; 17,7; 22,20; 31,23.24; 38,23; 51,11 (cj.); 51,16; 69,7; 84,9;
94,1.2; 109,1.26. Die Tatsache, daß eine Reihe von Epitheta über den ›privaten‹ Rahmen hin-
ausweist, kann verschieden erklärt werden: Das Individualgebet kann in irgendeiner Weise die
Kultgemeinschaft einbeziehen wollen; es kann von der Formensprache der Gemeindegebete
beeinflußt sein, oder aber die ›israelitischen‹ Formeln sind Zeichen eines gesamtgemeindlichen
Gebrauchs des individuellen Gebets.
41   Vgl. Ps 6,5; 17,7; 31,2.17; 40,12; 43,3; 51,3; 54,3; 57,6.12; 69,14.17; 71,2; 86,11;
143,1.8.
42   Vgl. die Ergänzungen zum Bittsatz in Ps 17,8; 28,2; 31,3.4.5; 54,3; 58,9; 69,19; 71,2.3;
102,3; 109,26; 141,2; 143,8.11.

Das Bittelement, das meist im Imperativ oder verneint in der אל-Jussivform darüber hinaus aber auch in allen gängigen Wunschformen auftritt, ist seiner Motivation und Abzweckung nach eng mit den übrigen Formelementen des Klageliedes verbunden. Dieses Zwischenergebnis wird durch eine Übersicht über den Gesamtaufbau der in Frage kommenden Gebete und das Vorkommen des Bittelements im Gerüst des individuellen Klageliedes nur bestätigt.

Wie sich die Bitte bei einer Einzelanalyse als zentral erweist, so erscheint sie in einem Aufriß des Gesamtaufbaus eines Klagelieds als das tragende Element. Wir betrachten zunächst die kleineren Gebetstexte, d.h. solche, die nicht mehr als etwa 15 Zeilen (nicht Verse, weil die Verseinteilung sich nicht so streng an den in den Stichen gegebenen Sprechrhythmus hält) umfassen[43]. Das Bittelement nimmt in ihnen einen hervorragenden Platz am Anfang des Gebets ein, oder es erscheint in betonter Endposition kurz vor dem Abschluß des Klageliedes. Häufig tritt die Bitte am Eingang und am Ende des Gebets auf. Die Bitte zu Anfang des Klageliedes kann die Anrufung vollständig in sich aufnehmen und über das allgemeine Erhörungsersuchen hinaus das Verlangen nach Hilfe, Rettung und Abwehr des Bösen zum Ausdruck bringen:

Wenn ich rufe, antworte mir,
Gott meines Rechts;
wenn ich in Bedrängnis bin, hilf mir heraus,
erbarme dich meiner und höre mein Gebet.   (Ps 4,2)

Nach einer solchen Einleitung ist keine weitere Bitte mehr nötig; es folgt eine anklagende Rede gegen die Widersacher (V. 3–7), dann kann das Gebet auf der Note des Lobes und des Vertrauens enden (V. 8f). Umgekehrt führt das Lied Ps 3 durch Klage (V. 2f), Vertrauensäußerung (V. 4–7; darin eingeschoben: Klage V. 5a; Erhörungsgewißheit V. 5b) zum Höhepunkt, der Bitte:

Auf, Jahwe, hilf mir, mein Gott!   (Ps 3,8)

Danach beschließen wieder Lob und Vertrauensaussage den Psalm.
Charakteristisch für die Gebete, die Anfangs- und Endposition der Bitte vorbehalten, ist Ps 54, das letzte Wort (vor Gelübde und Vertrauensäußerung, die üblicherweise das Gebet beschließen) hat dann die Verwünschung der Feinde:

---

43 Die Einteilung in längere und kürzere Texte ist natürlich willkürlich. Sie geht von der Beobachtung aus, daß in den kleineren Psalmen alle notwendigen Elemente des Klageliedes vertreten sind, ferner von der Tatsache, daß auch in der babylonischen Beschwörung ›einfache‹ Gebete der angegebenen Größenordnung zu finden sind. Das Minimum für ein voll ausgebildetes Bittgebet dürfte bei etwa 7 Zeilen liegen, vgl. Ps 54; 120. Man wird kaum in der Annahme fehlgehen, daß in den kürzeren Klageliedern relativ mehr altes Traditionsgut vorkommt als in den ausführlicheren, oft auf den 3- bis 5fachen Umfang anschwellenden Gebeten – ausgenommen natürlich den Fall, daß ein ›barocker‹ Psalm ganz aus älteren Einzelteilen zusammengesetzt ist.

Gott, hilf mir in deinem Namen,
durch deine Kraft schaffe mir Recht.
Gott, höre mein Gebet,
achte auf die Worte meines Mundes.   (Ps 54,3f)
Er bringe Unheil über meine Feinde,
in deiner Treue vernichte sie.   (Ps 54,7)

Die statistische Auswertung aller oben Anm. 27 angezogenen Texte ergibt:
27 der 53 Klagelieder oder fast genau 50% gehören zu den kürzeren Gebeten
bis zu 15 Zeilen Länge; davon haben Eingangsbitte 19, Schlußbitte 7, keine
Bittformulierung 2 Texte[44]. Von den Liedern mit Eingangsbitte zeigen nur
Ps 4; 120; 121; 130 keine Schlußbitte irgendwelcher Art; die übrigen 15
Lieder haben außer der Eingangs- auch noch eine Schlußbitte. Die doppelte
Bittformulierung ist also für die Mehrzahl der ›kleineren‹ Gebete bezeugt.
Eine Differenzierung der Bittelemente, z.B. in Hilfsbitte zum Eingang des
Gebets und Feindbitte an seinem Schluß, ist dann, wie oben am Beispiel von
Ps 54 gezeigt, nichts Außergewöhnliches.
Die 26 ›längeren‹ Klagelieder – ihre durchschnittliche Zeilenzahl liegt bei
26, das ist fast das Doppelte des Maximalumfangs der ›kleinen‹ Gebete – zei-
gen ein ähnliches Bild. Vorherrschend ist die Rahmung des Klageliedes in
Eingangs- und Schlußbitte[45], die Texte, die lediglich eine Schlußbitte[46] oder
überhaupt keine Bittformulierung[47] aufweisen, sind auch hier selten.
Hinzu kommen aber bei den längeren Texten häufige Bittwiederholungen
im Korpus des Gebets, eine Erscheinung, die in den kleineren Liedern erklärlicherweise seltener zu beobachten ist.

---

44   Aufgeschlüsselt ergibt sich folgendes Bild: Zunächst Psalmen mit Eingangsbitte, das Auftreten von Bittwiederholungen (W) und von Schlußbitten (S) ist in Klammern vermerkt. Ps
4,2; 5,2–4 (W = V.9; S = Feindverwünschung V.11); 6,2–5 (S = Feindverwünschung
V.11); 12,2 (S = Feindverwünschung V.4); 26,1f (S = V.9.11); 28,1–3 (Feindverwünschung
V.4; S = Fürbitte V.9); 41,5 (S = V.11); 54,3f (S = Feindverwünschung V.7); 56,2 (Feindverwünschung V.8; S = V.9); 57,2 (hymnische Bitte V.6.12); 61,2–5 (S = Fürbitte V.7f);
64,2f (S = Feindverwünschung V.8f); 70,2 (Feindverwünschung V.3f; S = V.6); 120,2;
121,1; 130,1f; 140,2 (W = V.5.7.9; S = Feindverwünschung V.10f); 141,1–4 (Feindverwünschung V.6f.10; W = V.8f); 143,1f (W = V.7–11; S = Feindverwünschung V.12). Nur in
Endposition findet sich das Bittelement in Ps 3,8; 11,6 (Feindverwünschung, sonst fehlt jede
explizite Bitte); 13,4; 36,1f (Feindverwünschung V.13); 58,7–10 (Feindverwünschung);
63,10f.12b (Feindverwünschung V.12a); 142,7f. Keinerlei Bittformulierung zeigen Ps 52; 75.
45   Vgl. Ps 6,2–4.11 (V.9); 7,2.17 (V.7–10); 17,1f.13f (V.5cj.6–8); 31,2–5.16–19 (V.10);
35,1–6.22–26 (V.7.17.19); 38,2.22f; 51,3f.16 (V.9–14); 55,2f.24 (V.10.16); 59,2f.11–14
(V.5bf); 69,2.28–30 (V.7.14–19.23–26); 71,1–4.18 (V.8f.12f); 86,1–6.16f (V.11); 94,1f.23
(V.16); 102,2f.25 (V.14); 109,1.28f (6–21): Angegeben ist für jeden Psalm die Eingangs- und
Schlußbitte, und, soweit vorhanden, in Klammern die Zwischenbitten (Bittwiederholungen).
Ps 88 hat nur Eingangs- und Zwischenbitte (V.2f bzw. 14). Es ist durchweg eine freie Anordnung und Mischung der oben genannten fünf Bittypen zu konstatieren.
46   Durch fehlende Eingangsbitte dafür aber mit Schlußbitte (und in Klammern: Zwischenbitte) versehen fallen auf: Ps 22,20–22 (Vs.12); 27,11f (V.4.9); 39,13f (V.5.9.11);
40,14–16.18 (V.12); 42/43,3 (43,1); 73,24; 84,9f; 139,23f (V.19).
47   Keine Bittformulierung haben Ps 62 und 77.

Ein typisches Beispiel dafür bietet Ps 35: Nach ausführliche Bitten um Hilfe (V. 1–3) und Vernichtung der Feinde (V. 4–6) folgt ein begründender Klagesatz (V. 7), danach noch einmal eine Verwünschung (V. 8). Damit scheint der erste Teil des Gebets abgeschlossen. Der zweite Teil beginnt mit einem Hymnus (V. 9f), nimmt die Klage wieder auf (V. 11f.15f), in die das Unschuldsbekenntnis eingeschoben ist (V. 13f). Der dritte Teil (V. 17–21) bringt zuerst eine neue Anrufung, dann die erneute Klage, und wiederholt darauf Bitte um Rettung und Feindverwünschung; beide Bitteile sind durch ein dazwischentretendes Gelöbnis, das etwas deplaziert wirkt, aber liturgisch sicher möglich ist, getrennt (Ps 35,17–19):

Herr, wie lange willst du das mitansehen?   (Anrufung, Klage)

Rette mich vor ihrem Wüten [cj.: vor den Brüllern],
(rette) mein wertvolles Leben vor den Löwen.   (Bitte)

Ich will dir in großer Versammlung danken,
inmitten mächtigen Volkes will ich dich loben.   (Gelübde)

Nicht sollen sich freuen über mich meine niederträchtigen Feinde,
die mich grundlos hassen, die mit den Augen zwinkern.   (Bitte)

Die charakteristische Verschränkung der Bitte mit anderen Elementen des Klageliedes tritt in diesem Beispiel klar hervor. Und das Nebeneinander von begehrender Hilfsbitte und abwehrender Feindbitte ist ebenfalls typisch für die Gattung.

Wenn wir demnach das Bittelement mit B bezeichnen, den Korpus des Gebets mit seinen verschiedenen Elementen mit K und den abschließenden Lobpreis mit L, dann ergibt sich, stark vereinfacht, das Grundschema B – K – B – L für das alttestamentliche Klagelied eines Einzelnen. Das Mittelstück K kann bei längeren Texten noch einmal Bittformulierungen aller Art enthalten.

Die Strukturanalyse hat die zentrale Bedeutung des Bittelements im Klagegebet bestätigt; die wenigen Texte, in denen es nur schwach ausgeprägt ist oder ganz fehlt, können diesen Eindruck nicht verwischen. Zur letzteren Gruppe gehören die Psalmen 52; 62; 75; 77, zur erstgenannten alle jene Texte, welche das Bittelement in die Schlußposition setzen und es – im Verhältnis zum Umfang des ganzen Gebets – nur knapp zu Worte kommen lassen, also Ps 11; 63; 73; 84; 139. Nicht von ungefähr ist die Zugehörigkeit gerade dieser Lieder zur Gattung der Klagegebete umstritten[48]. Wenn wir uns jedoch erinnern, daß schon im alltäglichen Bittschema andere Elemente, insbesondere die Klage, Bittfunktionen übernehmen können[49], dann

---

48 Vgl. besonders die Kommentare von *HGunkel; AWeiser; HJKraus* zu den betreffenden Psalmen und z.B. *ACaquot*, Le Psaume LXXIII, Sem. 21 (1971) 29–56; *EWürthwein*, Erwägungen zu Psalm 73; in: Festschrift *ABertholet*, Tübingen 1950, 532–549 (abgedr. in: *EWürthwein*, Wort und Existenz, Göttingen 1970, 161–178); zu Ps 139: *JCMHolman*, BZ 14 (1970) 37–71; 198–227; ders., VT 21 (1971) 298–310; *JKrasovec*, BZ 18 (1974) 224–248; *HPMüller*, Die Gattung des 139. Psalms, in: ZDMGSuppl I,1, Wiesbaden 1969, 345–355; *HSchüngel-Straumann*, BZ 17 (1973) 39–51; *EWürthwein*, VT 7 (1957) 165–182 (abgedr. in: *EWürthwein*, Wort und Existenz, Göttingen 1970, 179–196).
49 S.o. 2.1.6.

lassen sich in jedem der angeführten Psalmen Indizien dafür anführen, daß
er in der Klagefeier eines Einzelnen verwendet worden ist.

Der Einzelnachweis für diese Behauptung kann nur kurz geführt werden. Ps 52 läßt die direkte
Konfrontation des Beters mit dem »Unheilstifter« ahnen, vgl. Ps 4,3ff; 6,9; 11,1. Der Wunsch
nach Vernichtung der Feinde kommt dabei klar genug zum Ausdruck (V. 3–9). In der Vertrauensaussage V. 10 verbirgt sich überdies die Bitte um Hilfe in der Not[50]. – Ps 62 gilt als (weis-
heitlich geprägtes) Vertrauenslied, das »in nächster Nähe zum individuellen Danklied« steht[51].
Die Vertrauensaussage gehört aber in die Bittzeremonie vor Beendung der Not; weisheitlicher
Einfluß (besonders V. 12f) spricht nicht gegen den kultischen Gebrauch. – Der mit der *tōdā*-
Formel eingeleitete Ps 75 »ist sicher kein Danklied«[52]. Der Text, der zweifellos bei kommunalen Klagefeiern rezitiert werden konnte, hat nach Ausweis der 1. pers. sing. in V. 10 auch für
Bittzeremonien des Einzelnen zur Verfügung gestanden. – Dasselbe gilt auch für Ps 77: Das
Handeln Jahwes mit Israel ist der Grund für die Anfechtung des Einzelnen. In Ps 75 wird der
fehlende Bitteil vom Gottesspruch V. 3ff und vom Dankgelöbnis V. 10 vorausgesetzt[53]. Bei Ps
77 übernimmt die Klage die Funktion der Bitte. Daß Ps 11 und 63 echte Klagelieder sind, wird
kaum bestritten. Die Elendsschilderungen (11,2f; 63,2) wollen die Hilfe Jahwes herbeirufen,
die Feindverwünschungen (11,6; 63,10) implizieren den Wunsch nach eigenem Wohlergehen.
– Schwieriger liegen die Dinge bei den folgenden drei Psalmen. Ps 73 ist offensichtlich ein
weisheitliches Gedicht, das anscheinend aber doch zum Ausdruck persönlichen Leidens
(V. 2.13f) im kultischen Rahmen gebraucht worden ist, denn V. 18.27 sind typische Feindverwünschungen, V. 24 ist eine echte Bitte[54]. – Ps 84 besingt den Schutz, die Geborgenheit, die
das Heiligtum bietet, läßt aber die individuelle Not durchscheinen[55]. V. 9 ist Bitte um Hilfe aus
der Not, V. 10 Fürbitte für den König (vgl. Ps 61,7f). – Ps 139 schließlich kommt nach langen,
weisheitlich-hymnischen Darlegungen zu Verwünschung (V. 19) und Bitte (V. 23f), die nur
im Zusammenhang einer Bittzeremonie für den Einzelnen sinnvoll sind[56].

Die Klagelieder des Einzelnen sind Bittgebete, in deren Gesamtaufriß dem
Bittelement die entscheidende Rolle zukommt. Ihre Lebenssituation ist allgemein so zu beschreiben: Ein Notleidender wendet sich um Hilfe und Rettung an den Mächtigen, an den Gott, der ihm nahesteht. Die Klagegebete
spiegeln eine typische Bittsituation.
Das läßt sich im einzelnen auch durch eine Gegenüberstellung von alltäglicher Bittrede und Klagegebet zeigen. Wir fanden oben 2.1.3 bis 2.1.6 als die
sprachliche Komponente einer Bitthandlung ein aus verschiedenen Elementen komponiertes Redestück, das zwar nach Länge und Zusammensetzung
sehr unterschiedlich ausfallen kann, aber in seiner Gesamtkomposition wie

---

50 Mit *HGunkel*, Psalmen 228; gegen *HJKraus*, BK XV,393. Vgl. *JJeremias*, 120.
51 *HJKraus*, BK XV,436f.
52 Vgl. *FCrüsemann*, 267ff; Zitat a.a.O. 208 Anm. 3. *JJeremias*, 111ff.
53 Vgl. *JJeremias*, 117ff.
54 Vgl. נחה in Bittformulierungen: qal Ps 5,9; 27,11; 139,24; hif Ps 31,4; 43,3; 61,3;
143,10. Alle hif-Stellen sind im Jussiv gehalten; zu Ps 73 allgemein vgl. oben Anm. 48; *LDelekat*, 84.
55 *LDelekat*, 241ff.
56 *EWürthwein*, VT 2 (1957) 171: »Höhepunkt des zweiten Teils und Ziel, dem der ganze
Psalm zustrebt, ist die Bitte am Ende . . .«; anders *HPMüller*, s.o. Anm. 48, 345ff. Zum ganzen Psalm vgl. oben Anm. 48.

auch in den Einzelelementen stets charakteristische Formen und Funktionen aufweist. Die treibende Kraft dieser Bittrede ist die Erwartung einer ›Zuwendung‹, die den Mangel des Bittstellers ausgleichen soll. Deutlich ausgesprochen fanden wir dieses Ziel in der eigentlichen Bittformulierung. Ebenso deutlich ordneten sich alle übrigen verwendeten Einzelelemente des Redestücks diesem umfassenden Zweck unter. Das gleiche Kompositionsprinzip treffen wir jetzt im alttestamentlichen Klagegebet wieder. Die Bitte im engeren Sinn gibt den Ton an; alle übrigen Teile fügen sich dieser Leitmelodie. Wir können die abstrakten Modelle beider, in den verschiedenen Lebensbereichen verwurzelten Bittreden nebeneinanderstellen. Diese Modelle sollen natürlich nicht jeweils einen unveränderlichen Konstruktionsplan demonstrieren, sondern nur die mögliche Verwendung der Hauptelemente in der alltäglichen und der kultischen Bitte aufweisen.

Alltägliche Bittrede	*Klagegebet*
(Anrede)	Anrede
Situationsschilderung	Bitte um Erhörung
Klage	Beschreibung des Betens
Bitte	Klage
Begründung	Bitte
(Angebot)	Gelübde

Abgesehen von den unten 2.3.2.2 erwähnten Sonderausprägungen einzelner Elemente im Klagelied fällt beim letzteren die Ausweitung der Anrede zum einleitenden Anrufungsteil (= Anrede + Bitte um Erhörung) und das weniger häufige Auftreten von expliziten Begründungssätzen[57] auf. Beide Erscheinungen sind vielleicht aus der größeren Distanz des Bittstellers zum Bittempfänger erklärlich. Jedenfalls stimmen die beiden Bittypen trotz aller Sondergestaltungen im Detail weitgehend strukturell und funktional überein.

2.3.2.2

Eine genauere Untersuchung aller übrigen Formelemente des Klagegebets würde hier zu weit führen. Wir wählen die drei wichtigsten und typischsten Stücke aus und besprechen kurz ihre Funktion in der Gesamtstruktur des Gebets. Einige andere Elemente, wie die Anrufung, die Beschreibung des Betens und Opferns, die Vertrauensäußerung, sind so nahe mit einem Hauptelement verwandt, daß sie ohne Schaden an dieser Stelle übergangen werden können. Andere, aus den babylonischen Gebeten bekannte Elemente, wie die Vorstellungs- oder die Sendungsformel, finden in den israelitischen Klageliedern keine Entsprechung; wir können nur ihr Fehlen konstatieren und auf die unterschiedliche formgeschichtliche Entwicklung des re-

---

57 Vgl. die enge Verbindung von Bitte und Begründung in der profanen Bittrede, oben 2.1.5.2.

ligiösen Bittformulars und die Andersartigkeit der theologischen Vorstellungen in beiden Kulturkreisen hinweisen.

2.3.2.2.1

Die Diskussion um das *hymnische Element* im Klagelied des Einzelnen ist in der letzten Zeit wieder aufgeflammt[58]. Schon *Gunkel* hatte sich mit der Tatsache auseinandersetzen müssen, daß das Klagegebet in Israel gelegentlich Anklänge an den Hymnenstil oder regelrechte hymnische Einschübe aufwies; jedoch war er geneigt, darin die Individualisierung und beginnende Auflösung der Gattung zu sehen[59]. Die gründlichere Erforschung der babylonischen Gebete und eine Neubesinnung auf die kultischen Funktionen der alttestamentlichen Psalmen brachten zu Bewußtsein, daß ein hymnisches Element in der Klage sehr wohl eine legitime Rolle spielen kann[60]. Man darf nur nicht aus einem gewissen Formalrigorismus heraus erwarten, daß im israelitischen Gebet das Hymnenelement an derselben Stelle wie im Babylonischen, d.h. als Erweiterung der Anrufung auftreten muß. Wir müssen vielmehr (unter Absehung vom »Danklied des Einzelnen«)[61] im eigentlichen Klagegebet die hymnische Ergänzung zu Anrufung und Bitte, zu Vertrauensäußerung, Bekenntnisteil und Lobgelübde (ganz selten zur Klage) von den größeren und eigenständigeren hymnischen Einschüben unterscheiden. Hymnische Erweiterungen zu anderen Elementen des Klageliedes haben sämtlich eine dienende Funktion; sie sollen Macht und Größe Jahwes anerkennen und den Bittempfänger für das Anliegen des Bittstellers empfänglich machen. Dasselbe Ziel verfolgen die eingeschalteten hymnischen Stücke.

Hier zunächst noch einmal eine vollständige Liste der Anrufungen und Bitten, die mit hymnischen Zitaten, meistens Epitheta zum Namen Jahwes, ausgeschmückt sind: Ps 4,2; 5,3; 7,2.4; 13,4; 17,7; 22,20; 27,1.9; 28,1; 31,5f; 35,23f; 38,23; 40,18; 43,2; 51,16; 59,6.12.14; 61,4.6; 63,2; 69,7.17; 70,6; 71,3; 84,9f; 86,5; 88,2; 94,1f; 102,13.25; 109,1.21.26; 140,7f; 143,10. Ähnlich liegen die Dinge, wenn ein hymnischer Ausdruck[62] zur Vertrauensäußerung, zu einem Bekenntnis, Lobgelübde oder zur Beschreibung des Betens hinzutritt. Die lobpreisende

---

58 Vgl. u.a. *WBeyerlin*, ZAW 79 (1967) 208–224; *FCrüsemann*, 39.275ff; 285ff; *SBFrost*, VT 8 (1958) 380–390; *RKilian*, BZ 12 (1968) 172–185; *KSeybold*, 142.146; *CWestermann*, Loben², 48–60; *EWürthwein*, VT 7 (1957) 165–182.
59 Vgl. *HGunkel* u. *JBegrich*, 18f.30.66f.258. *EWürthwein* dazu grundsätzlich: »Es scheint mir sicher, daß Gunkel, von den Idealen des Protestantismus seiner Zeit bewegt, das individuelle Element in den Psalmen, die doch Gebete der um den Tempel sich sammelnden Gemeinschaft war, überschätzt hat« (VT 7, 1957, 168).
60 Vgl. *JBegrich*, ZAW 46 (1928) 230ff (= TB 21, 179ff) und oben Anm. 58.
61 Das Danklied steht dem Hymnus sehr nahe. Eigenständige Danklieder des Einzelnen sind z.B. Ps 30; 32; Jona 2,3–10 (vgl. *HGunkel* u. *JBegrich*, 265ff; *FCrüsemann*, 210ff). Sie sind wohl in Israel *tōdā* genannt worden. Da die Klage- und Bittzeremonie gewisse·Arten der *tōdā* verwenden konnte (so *WBeyerlin*. ZAW 79, 1967, 208ff), ist nicht auszuschließen, daß auch selbständige Danklieder neben dem Klagegebet im Bittritual gebraucht wurden. Die Imperative in Ps 30,11 könnten z.B. andeuten, daß dieses Danklied für den Bittgottesdienst geeignet war.
62 Hier in weitestem Sinn gefaßt, vgl. *FCrüsemann*, 24ff.

Anerkenntnis der Größe und Taten Jahwes verstärkt jeweils die spezifische Intention des ›Gast-elements‹, dem es an- oder eingefügt wurde. Wir können uns im wesentlichen an *Crüsemanns* Beobachtungen zum Hymnenstil in Israel halten. Alle bekannten Ausdrucksformn des israeli-tischen Hymnenstils kehren im Klagelied des Einzelnen wieder. Im Zusammenhang etwa mit der Vertrauensäußerung stehen »Gelübdeformulierungen«, die stark an den »imperativischen Hymnus«[63] erinnern, z.B. Ps 13,6 »Ich will Jahwe singen, denn er hat sich meiner angenom-men«, vgl. Ps 57,3 (nach »Beschreibung des Betens«); 59,17f (2. pers.-Anrede, nach »Klage«); 109,30f (nach »Verwünschung«)! Dazu wären andere, freistehende Gelübdeformulierungen zu vergleichen; die Formel: »Ich will Jahwe singen . . .« (o.ä. Verb) hat im Hymnus des Ein-zelnen ihren ursprünglichen Sitz[64]. Und wiewohl die *tōdā*-Formel mit ihrem direkten, bei der Opferübergabe an Jahwe gesprochenen Anrede aus dem Danklied stammt und nicht mit dem Gelübdewort des Klageliedes verwechselt werden darf[65], hat sie doch hymnisch-preisenden Charakter und kann, was *Crüsemann* anscheinend übersieht[66], die typisch hymnische Formel כי טוב mit sich führen, vgl. Ps 43,4; 59,17f; 61,9; 63,5; 71,15.22ff.

Weiter können im Umkreis der Vertrauensäußerung Machtattribute für Jahwe auftauchen, die im Hymnus üblich, hier aber (nach dem Vorbild des Hymnus des Einzelnen?) durch Suffixe der 1. Person auf den Bittsteller bezogen sind, z.B. Ps 28,7: »Jahwe ist meine Kraft und mein Schild . . .«, vgl. Ps 140,8 (nach ›Bitte‹); oder das Klagegebet benutzt persönlich formulierte Hoheits- und Anerkennungsformeln, die aus dem »Jahwe-anredenden-Bericht-Stil«[67] stammen und manchmal als Zitat eingeführt sind, z.B. Ps 31,15: »Ich sagte: Du bist mein Gott« (vgl. Ps 71,5; 140,7); Ps 71,19: ». . . der du Großes getan hast, Gott, wer ist dir gleich?«; Ps 86,10: »Du bist groß, du tust Wunder, du, Gott, allein . . .«; Ps 71,7; 142,6: »Du bist meine Zuflucht . . .« Die hymnischen Formulierungen können auch aus dem berichtenden Er-Stil kommen, z.B. Ps 59,10: »Ich will mich (daran) halten: Gott ist meine Zuflucht«, vgl. Ps 62,3.7f; 73,26; 84,12. Das Klagegebet kann ferner partizipiale Formeln der liturgischen Sprache aufgreifen, z.B. Ps 121,2: ». . . der Himmel und Erde gemacht hat«[68]. In Verbindung mit der Vertrauensaussage kommen schließlich auch einfache Epitheta (vgl. Ps 38,16; 42,10) und preisende Darstellungen (vgl. Ps 63,4.8) vor. Noch bunter wird das Bild, wenn man die größeren hymnischen Einschal-tungen[69] voll mitberücksichtigt und auf ihre Formensprache und Motivationen hin unter-sucht. Die imperativische oder (in den Klageliedern sicher gleichwertige) jussivische Aufforde-rung an die Gemeinde[70] tritt ebenso auf (vgl. Ps 5,12; 9,12f; 22,24f; 35,27; 64,10f; 69,33.35 u.ö.) wie die uralte Gebetsformel ברוך יהוה[71] oder die ursprünglich Macht zusprechende For-mel יגדל יהוה, »Jahwe ist groß« (Ps 35,27; 40,17; 70,5) und: »Du bist groß, Jahwe« (vgl. Ps 86,10; 104,1).

---

63 *FCrüsemann*, 275 und 19ff.
64 *FCrüsemann*, 285ff.
65 *FCrüsemann*, 225.267ff.270ff.
66 *FCrüsemann*, 275.
67 *FCrüsemann*, 191ff; vgl. Ps 77,15; 104,1.
68 Gegen *Crüsemann* (a.a.O. 124f) muß gesagt werden, daß eine solche festgeprägte Formel im Zusammenhang eines Gebetstextes auch dann nicht ihren hymnischen Charakter verliert, wenn sie sonst in allen möglichen Situationen außerhalb des Kultus verwendet werden kann.
69 Vgl. Ps 3,4; 4,9; 5,5–7.12; 7,9a.10b.11f; 11,4f.7; 12,7f; 22,4–6.23–32; 28,6–8; 31,20–22.24f; 35,9f.27f; 36,6–10; 40,17; 41,14; 57,8–11; 64,10f; 69,31–37; 70,5; 73,26; 75,2; 77,12–21; 84,2–4; 86,8–10.15; 94,9–11.17–20; 102,19.26–29; 130,7; 139,1–18; 140,14.
70 *Crüsemann*: »Lobwunsch, Segenswunsch« (a.a.O. 188ff).
71 Mit *STowner*, CBQ 30 (1968) 386–399 gegen *FCrüsemann*, 165.214; vgl. Ps 28,6; 31,22; 41,14; und in rein hymnischen Zusammenhängen: Ps 66,20; 68,20.36; 106,48; 144,1.

Man kann sich nach diesem Befund des Eindrucks nicht erwehren, daß das Klagelied des Einzelnen in Israel unter dem Einfluß besonders des Individualhymnus[72] gestanden hat. Ist diese Annahme richtig, dann müßte, wie auch *Crüsemann* vermutet[73], eine enge Beziehung beider Gattungen in der Klagefeier des Einzelnen festzustellen sein. Das bedeutet aber nichts anderes, als daß die Gattungen von Hymnus und Bitte (Klage) institutionell aufeinander angewiesen sein konnten. Mit anderen Worten: Hymnische Elemente verschiedenster Art haben von Anfang an wie im babylonischen Beschwörungszeremoniell so auch im israelitischen Bittgottesdienst für den Einzelnen ihren festen Platz[74].

2.3.2.2.2

Bekenntnisformulierungen, sei es zum Ausdruck der Schuld oder zur Beteuerung der Unschuld, sind in den Klageliedern des Einzelnen nicht so häufig, wie man vielleicht annehmen möchte. In den zur Debatte stehenden 53 Texten lassen sich nur 8 Gebete mit Unschuldsbekenntnissen und 4 mit Schuldeingeständnissen nachweisen. Nun mögen allerdings diese Zahlen etwas irreführen, weil wir kaum mehr nachprüfen können, in wievielen Fällen andere Elemente die Funktion eines solchen Bekenntnisses mit übernommen haben: die mannigfachen Hinweise auf eigene Leistungen oder früheres Wohlverhalten die Rolle der Unschuldserklärung[75], manche Formulierungen von Bitte und Klage die Stelle des Schuldbekenntnisses[76]. Dennoch muß das Fehlen von expliziten Bekenntnissen auffallen, zumal das Eingeständnis der Schuld in den babylonischen Gebeten eine nicht unbeträchtliche Rolle spielt[77]. Möglicherweise wurde in Israel die Schuldfrage vor der eigentlichen Bitthandlung in einer besonderen Befragung Jahwes

---

72 *FCrüsemann* (a.a.O. 285ff) widmet dieser »dritten« hymnischen Grundform leider gerade noch 20 Seiten. Weil sie vielgestaltig ist und als undefinierbare Mischform erscheint? Dieser Hymnentyp macht aber den lebendigeren Eindruck neben *Crüsemanns* etwas blutleeren, homogenisierten imperativischen und partizipialen Formen!

73 »Der Hymnus eines Einzelnen, der Jahwe im Korpus direkt anredet und dessen Zentrum der anredende Bericht von Jahwes großen Taten ist, hat seinen ursprünglichen Sitz im Leben in Klagepsalmen bzw. den dazugehörigen Klagefeiern gehabt. Er nennt also die frühere Heilstat um heutiger Not und Bitte willen« (*FCrüsemann*, 291).

74 Damit müßte auch das ›Dankfest des Volkes‹ neu zur Debatte gestellt werden. Mit der Erkenntnis, daß das »sogenannte Danklied Israels« überwiegend Formen individuellen Dankens und Bittens aufnimmt (*FCrüsemann*, 155ff) kann man den speziellen Dankgottesdienst Israels noch nicht zu den Akten legen (man denke an die zahlreichen individuellen Lieder in unseren Gesangbüchern!). Vielmehr würde diese Beobachtung nur für die strukturelle Verwandtschaft der Dankgottesdienste und für die Wanderungsfähigkeit der Gebetstexte sprechen.

75 Vgl. bes. Ps 35,13f; 139,21f und unten 2.3.3.

76 Bitten um Jahwes Erbarmen (vgl. z.B. Ps 4,2; 6,3; 26,11; 27,7; 31,10; 41,5.11; 51,3; 69,17) bzw. um Verschonung vor Jahwes Zorn (vgl. Ps 6,2; 27,9; 38,2; 39,11; 77,10) oder Klagen über eingetretene Bestrafung (vgl. Ps 31,11; 38,4f; 39,12; 40,13; 102,11) setzen ein Wissen um die eigene Schuld voraus, vgl. *RKnierim*, Hauptbegriffe, 19ff.

77 S.o. 2.2.5.5; vgl. *AvSelms; KWilson*, An Introduction to Babylonian Psychiatry, AS 16 (1965) 289–298.

entschieden, so daß sie im Bittgebet nicht mehr die ihr in der ›Vorverhandlung‹ zukommende Bedeutung besaß.

Unter den Klageliedern des Einzelnen mit ausdrücklichem Schuldbekenntnis – dazu gehören Ps 38; 41; 51; 69; 130 – sticht der klassische Bußpsalm Psalm 51 hervor. In seinen Bitten (vgl. V. 3f.9.11) ist die Sündenvergebung dominierendes Thema; das eigentliche Schuldbekenntnis V. 5–7. legt Wert auf die Feststellung, daß dem Beter die Sünde bewußt ist (V. 5: durch vorhergehendes Priesterurteil?), daß er sich gegen Jahwe selbst vergangen hat (V. 6) und daß die Verkehrtheit in seinem Leben tief verwurzelt ist (V. 7). Von spezifischen Taten oder Einstellungen wird nicht gesprochen, die allgemeine Nennung der »Sünde« (פשע, חטאת, רע, עוון, חטא, in dieser Reihenfolge!) deckt alle möglichen Fehlverhalten des Bittenden[78]. Formal ist das Sündenbekenntnis eine ›Bestätigungsrede‹: »Ich kenne meine Sünde, meine Verfehlung steht mir vor Augen«. Ein solcher Ausdruck mit dem perfektischen Verb ידע stellt unveränderliche Tatbestände fest (vgl. Gen 12,11; Ex 3,7) oder meint, mit imperfektischer Verbform, den Vorgang des Erkennens[79]. Umgekehrt wird der Bittempfänger auf Bekanntes und Feststehendes oder kürzlich Aufgedecktes hingewiesen: »Gott, du kennst meine (sträfliche) Dummheit« (Ps 69,6). In diesen ›Bestätigungen‹ nach der Form »Ich kenne . . .« »Ich weiß . . .« »Ich habe eingesehen . . .« oder dem Schema »Du weißt . . .« »Du erkennst . . .« kommt in unseren wenigen Beispielen die Schuldübernahme zum Ausdruck. Die sonst so gebräuchliche Formel »Ich habe gefehlt . . .«[80] tritt auffallend zurück, vielleicht ein Indiz dafür, daß eine Entscheidung über das erste Geständnis bereits gefallen ist. Zumindest wird in den Klageliedern mit Schuldbekenntnis die ›Sünde‹ schon als bekanntes und feststehende Größe vorausgesetzt, die man nicht mehr definieren und zur Beurteilung vorlegen muß, sondern mit deren Existenz und übler Folgewirkung man fertigzuwerden hat. Man vergleiche auch die rhetorische Frage in Ps 130,3: »Wenn du, Jahwe, Sünden nachhältst, Herr, wer kann dann bestehen?« Daß in Bußpsalmen auch gelegentlich Hinweise auf die eigene Unschuld enthalten sein können oder umgekehrt Schuldaussagen in Gebeten, die vor allem die Unschuld beteuern (vgl. Ps 31,7 mit 31,11; 69,6 mit 69,10; 41,5 mit 41,13) scheint zunächst die Annahme einer vorher gefallenen Entscheidung zu widerlegen. Wie unten gezeigt werden soll, bleibt aber besonders in dem Fall, daß der Beter seine Unschuld beteuert, eine erhebliche Unsicherheit, die ein Schwanken zwischen Schuld- und Unschuldsbekenntnis erklären würde.

Wenn man an dieser Stelle Texte zum Vergleich heranzieht, die offensichtlich mit den Vorgängen beschäftigt sind, welche zur Feststellung der Schuld notwendig waren – z.B. die Erzählungen Jos 7,6ff; 1Sam 14,38ff; die ›Beichtspiegel‹ Ps 15; Hi 31 usw.[81] –, dann wird vollends klar, daß es in den Bußpsalmen nicht mehr um die Auffindung und Anerkennung, sondern um Lösung und Vergebung der Schuld geht; darin stimmen die alttestamentlichen Gebete mit den babylonischen überein. Die ›Diagnose‹ müßte

78 Vgl. *RKnierim*, Hauptbegriffe 19ff.
79 Vgl. Gen 15,8; 24,14; 42,33; 1Sam 20,9 – jeweils mit folgendem Begründungssatz; negativ, als Formel des Nichtbegreifens in 1Kön 3,7; 18,12; Jes 47,8; Ps 73,22; 101,4. Vgl. *RBultmann*, ThWNT I,696ff.
80 Ps 41,5; vgl. Ex 9,27; Num 24,34; Jos 7,20; 1Sam 15,24 u.ö.; *RKnierim*, Hauptbegriffe 20ff.
81 Die relevanten Texte sind von *KGalling*, ZAW 47 (1929) 125–130 behandelt worden; vgl. *RPettazoni*, La confessione dei peccati, 3 Bde., Bologna 1929–1936; *GvRad*, TB 8,281ff; ders., TAT I⁵,389ff; *GBornkamm*, Lobpreis, Bekenntnis und Opfer, BZNW 30 (1964) 46–63.

also nach dem Stand der Dinge bereits erfolgt sein. Das Schuldbekenntnis hat im israelitischen wie im babylonischen Gebet die Aufgabe, den Bittsteller in die für rechtens befundene Rolle des Büßers einzuweisen, damit er für seine Bitte die angemessene Ausgangsposition gewinnt.

Das Unschuldsbekenntnis ist seiner Bedeutung im Klagegebet nach nicht einfach die Umkehrung des Schuldbekenntnisses, das geht eindeutig aus der Formulierung der echten Bekenntnisse hervor. Die Aussage: »Ich bin rechtschaffen« (Hi 9,20f) oder »Ich bin schuldlos« (2Sam 3,28) erscheint in den Klageliedern bezeichnenderweise nicht; ebensowenig begnügen sich die Gebete in der Regel mit einem beiläufigen Hinweis auf die eigene Gerechtigkeit oder Vollkommenheit (vgl. Ps 7,9; 26,1.11; 41,13). Die Unschuldsbekenntnisse, besonders in den Psalmen 7; 17; 26, sind bei aller formalen Verschiedenheit originale Protestaktionen, die den Freispruch des Bittstellers herbeizuführen versuchen. Ps 7,4f läßt den Beter seine Reinheit in der Form einer bedingten Selbstverfluchung beschwören (vgl. Hi 31); Ps 26,4f ist nach dem Schema »(das) habe ich nicht getan« gestaltet, scheint also direkt auf eine Beschuldigung zu antworten (vgl. Ps 59,4; noch stärkeren Ausdruck findet die Abwehr von – gedachten? diagnostizierten? – Mängeln z.B. Ps 31,7; 139,21f). Ps 17,3f fordert Jahwe zur Feststellung der Unschuld auf (V. 3b poetisierend: »mein Mund vergeht sich nicht«). Ps 35,13f betont positiv das untadelige Verhalten des jetzt unschuldig Leidenden (vgl. Ps 31,7; 69,10; 139,21f), während Ps 73,13 wie 26,6 auf das Reinigungsordal anspielt, das der Beter im Bewußtsein seiner Unschuld auf sich nimmt oder nehmen will.

Man sieht: Das Unschuldsbekenntnis erscheint nicht nur häufiger in den Klageliedern des Einzelnen, es ist auch auf der ganzen Linie konkreter; es nennt mögliche Vergehen beim Namen: die Gemeinschaft mit Übeltätern (Ps 26,4f; 31,7); üble Nachrede, Fluchen (Ps 17,3); Betrügerei, Mißachtung des Gegners (Ps 7,5); Vernachlässigung der Hilfspflicht (Ps 35,13f); Ungeduld in Verfolgung (Ps 69,10). Diese Dinge wurden wahrscheinlich dem Beter angelastet, oder die vorhergehende Diagnose hatte sie als mögliche Leidensursachen herausgefunden. Das Gebet versucht nun eindringlich, Jahwe von der Haltlosigkeit solcher Vorwürfe zu überzeugen, und ihn zu bewegen, die ›Verurteilung‹ des Leidenden zurückzunehmen. Eine Entscheidung zugunsten des Bittstellers ist noch in keiner Weise gefallen; sie wird sich erst mit Annahme oder Ablehnung der Bitte ergeben. Aufgabe des Unschuldsbekenntnisses im Klagegebet ist es mithin, den Bittsteller aus dem Zusammenhang von Untat und Strafe herauszulösen, den Bittempfänger zu einer Revision seines Verhaltens gegenüber dem Bittsteller aufzufordern. Daß in den babylonischen Gebeten die Unschuldserklärung so stark zurücktritt, kann damit zusammenhängen, daß möglicherweise im Zweistromland die ›Diagnosezeremonie‹, welche wahrscheinlich dem Bittgebet voraufging, anders strukturiert war und eine deutlichere Feststellung von Schuld und Unschuld erlaubte.

2.3.2.2.3

Unter dem Oberbegriff *Angebotselement*[82] können wir alle jene Stücke des

---

82 S.o. 2.1.5.3.

Klageliedes zusammenfassen, die in irgendeiner Weise die frühere oder zukünftige Leistung des Bittstellers erwähnen, also vor allem die einschlägigen Beschreibungen des Klagens, Betens und Opferns, die Rückblicke, Gelübde und Vertrauensäußerungen. Wie wir sahen, gehört auch das Unschuldsbekenntnis teilweise hierher, sofern es nämlich eine für den Bittsteller positive Verhaltensbilanz zu geben versucht, wie z.B. Ps 35,13f; 139,21f. Die formgeschichtliche Analyse darf nicht verhindern, daß derartige Berührungspunkte verschiedener Elemente erkannt werden. Im alltäglichen Bittschema haben Leistungsangebote einen gesicherten Platz. Sie tauchen, zumindest unterschwellig, auch im Bittgebet auf[83], wenngleich das Wissen darum, daß Bitte und Klage an einen unendlich Mächtigeren ergehen, die menschlichen Leistungen von vornherein in starkem Maße relativiert; das wird in den Psalmen ja auch vielfach ausgesprochen, vgl. Ps 39; 50,7ff; 143,2 u.ö.

Wir überblicken kurz, wie das Leistungsangebot zur Sprache kommt. Stücke, welche die Verhaltensweise des Betenden (1) beschreiben oder auf sein Vorleben (2) eingehen, sind nicht nur im hiesigen Zusammenhang von Interesse, sondern können uns gleichzeitig Aufschluß über den rituellen Rahmen des Bittgebets geben. Unter (1) sind zu verzeichnen: Ps 3,5; 5,4.8; 17,6; 22,3; 26,8; 27,8; 28,2; 31,6.16; 38,7.16; 55,3.17f; 61,3; 63,7; 73,23ff; 77,2ff; 84,11; 86,3.6f; 88,2.10.14; 141,1f; 143,6. Zu (2) sind Stellen zu zählen wie: Ps 22,10f; 26,1.3; 40,10f; 42,5; 55,15; 69,8ff; 71,17; 109,4f; 139,22. Diese beschreibenden Andeutungen des eigenen Verhaltens sind von *Gunkel* als »Schilderungen des Bittens, Schreiens und Klagens« bezeichnet worden[84], ihre Funktion entspricht aber genau dem, was wir im Blick auf das allgemeine Bittschema ›Angebotselement‹ benannt haben. Situationsschilderungen der ›guten alten‹ Zeit‹, die als Kontrastfolie zur jeweiligen Not des Bittenden dienen könnten (vgl. Ps 77,12ff) sind recht selten, fallen auch nicht unter die Rubrik der ›Eigenleistung‹. Dagegen sind in die Zukunft weisende Gelübdeformulierungen als Versprechen, eine Art Dankesschuld abzutragen, die zweite große Gruppe der Leistungsangebote: Einfache Gelübde finden sich etwa in Ps 39,2f; 63,5; 71,14ff; die bekannten, in ziemlicher Regelmäßigkeit am Schluß eines Klageliedes auftauchenden Lobgelübde bilden eine spezielle Untergruppe: vgl. Ps 7,18; 13,6; 22,23; 26,7.11f; 27,6; 31,8; 35,9f.18.28; 51,16; 54,8; 56,13; 57,8ff; 59,17; 61,9; 69,31; 71,22ff; 75,10; 109,30.

Der Leistungsaspekt kann verschiedenen Formelementen zukommen; er soll die vergangene und zukünftige ›Gegengabe‹ des Bittstellers, so gering sie auch sein mag, herausstellen und nähert sich darüber hinaus in seiner Funktion der Vertrauensaussage: »In deine Gewalt begebe ich mich« (Ps 31,6); »Jahwe, ich liebe den Ort, wo dein Haus steht . . .« (Ps 26,8); »Ich warte auf dich, Jahwe . . .« (Ps 38,16). Das sind Sätze, die formal noch die menschlichen Tätigkeiten beschreiben, inhaltlich aber wegen des besonde-

---

83 S.o. 2.2.4.2 und 2.2.5.7. Auch der allen Opfervorstellungen traditionell und mit Recht skeptisch gegenüberstehende Protestant wird das Motiv der Leistung im Gebet nicht einfach ignorieren dürfen; vgl. *FHeiler*, 71–80; *RBohren*, EK 9 (1976) 19–21. Zur Geschichte der Opfervorstellungen in Israel, insbesondere zum Gabe- und communio-Charakter des Opfers, sowie zur priesterlichen »Anrechnungstheologie« vgl. *RRendtorff*, 250ff.
84 *HGunkel* u. *JBegrich*, 231.

ren Verhältnisses, das zwischen Jahwe und dem Beter herrscht, längst nicht
mehr nach dem Prinzip des *do ut des* verstanden werden können. Immerhin
bleibt festzuhalten, daß auch in den Gebeten ein Nachhall des normalen
menschlichen Bestrebens, für das Erbetene eine dankbare Gegenleistung zu
erbringen, zu spüren ist, und daß dieses Leistungsangebot der Bitte untergeordnet ist.

2.3.3
Die Bittzeremonie und ihr Sitz im Leben

Den Sitz im Leben für die Klagelieder des Einzelnen genauer zu bestimmen
ist jetzt die notwendige und äußerst schwierige Aufgabe. Die alttestamentlichen Texte, so sagten wir, beweisen durch ihre Existenz und durch mancherlei Andeutungen in ihrem Wortlaut: Es handelt sich bei ihnen nicht um
geistliche und private Lieder, sondern um Gebete, die für eine Gemeinschaft
wichtig waren. Andererseits dürfen wir die Klagegebete kaum mit den großen offiziellen oder durch den Jahreslauf festgelegten kultischen Veranstal-
tungen in Verbindung bringen. Welche gesellschaftlichen und kultischen
Beziehungen lassen sich dann für unsere Gebetstexte ausmachen[85]?
Leider sind die Quellen im Blick auf Klage- und Bittzeremonien des Einzelnen außerordentlich schweigsam. Wir können zwar mit einiger Zuversicht
die Klagefeiern des Volkes, in denen die kommunalen Bittgebete wurzeln,
rekonstruieren[86], und die babylonischen Beschwörungstexte lassen uns die
im Zweistromland für die Not des Einzelnen gebrauchten rituellen Modelle
erkennen. Aber die alttestamentlichen Schriften außerhalb des Psalters erwähnen das Elend des Einzelnen und seine kultische Behandlung recht selten. Diese Tatsache hat dann auch folgerichtig zu der oben erwähnten Unsicherheit bei der Ansetzung der individuellen Klagelieder geführt. Aber vielleicht können wir doch aus den uns zur Verfügung stehenden Informationen und Analogien ein schärferes Bild über die Bittzeremonien für den Leidenden gewinnen; vor allem müßte es uns gelingen, die Rollen der Beteiligten genauer zu erfassen.

2.3.3.1
Die alttestamentlichen Klagelieder des Einzelnen sind ihrer Struktur, ihrer
Intention und erkennbaren Überlieferungsgeschichte nach so nahe mit den
babylonischen Beschwörungsgebeten verwandt, daß wir voraussetzen dürfen: Sie sind wie jene Texte aus dem Zweistromland *von Fachleuten* gedich-
tet, überliefert und angewendet worden. Besonders die Schriftwerdung sol-

---

85 Vgl. *SMowinckel*, Psalms I, 2ff; II, 85ff. Natürlich haben auch Gunkels »geistliche Lieder« (*HGunkel* u. *JBegrich*, 180ff) einen gesellschaftlichen Bezug, nur ist die Gesellschaft in
diesem Fall das Abbild eines privatisierenden, biedermeierischen Milieus, wie es den Idealen
des 19. Jahrhunderts in Europa entsprach.
86 Vgl. die lebhaften und ausführlichen Beschreibungen bei *HGunkel* u. *JBegrich*, 117ff;
SMowinckel, Psalms I, 193f; *CWestermann*, Psalter, 29f.

cher, für die Not eines Einzelmenschen bestimmter Gebetsformulare verrät das berufliche Interesse: Undenkbar, daß lediglich aus privatem Sammlereifer und ohne kultischen Gebrauch auch nur eins der Klagelieder in den Kanon gekommen wäre. Sprache, Kompositionstechnik, Aufbau, Zielsetzung der Gebete verraten überdies deutlich genug die Handschrift geschulter Kräfte; das wird in der neueren Psalmenforschung auch kaum bestritten[87]. Die heikle Frage ist jedoch, in welcher Berufsgruppe wir am ehesten die Väter des Klageliedes des Einzelnen in Israel suchen können.
Nach unseren bisherigen Kenntnissen müssen wir in zwei Richtungen suchen. Einmal könnte das fest angestellte Tempelpersonal, also Priester, Leviten, Sänger oder eine Untergruppe dieser umfassenden Berufsstände, für die Urheberschaft und Überlieferung der Klagelieder in Frage kommen. Andererseits sind aber – und das ist bisher noch kaum beachtet worden – auch die vom festen Kultinstitut relativ unabhängigen Seher, Gottesmänner, Nabis als mögliche Tradenten und Handhaber der Klagegebiete in Betracht zu ziehen. Zunächst scheint natürlich alles in die erste Richtung zu weisen: Die handgreifliche Bindung mancher Klagelieder des Einzelnen an den heiligen Ort; ihre Verknüpfung mit Opferdarbietungen und kultischen Handlungen, die in den Zuständigkeitsbereich des Priesters gehören[88]. In den Priester- und Opfervorschriften des Alten Testament können wir gleichsam die Gegenprobe machen: Dem Kultpersonal am Tempel obliegen Sühne-, Reinigungs-, Ordal- und Diagnosefunktionen, sowie andere Entscheidungsbefugnisse[89]. Und es ist durchaus denkbar, daß der eine oder andere Klagepsalm in das eine oder andere Ritual hineinpaßt, die uns in den Büchern Lev und Num überliefert ist. Die Unschuldspsalmen könnten z.b. aus einem Ordalverfahren stammen, die Bußpsalmen vielleicht mit gewissen Sühne- und Reinigungsriten in Verbindung stehen. Aber nicht alle Klagegebete lassen sich im priesterlichen Verantwortungsbereich unterbringen. Vor allem scheint sich der Israelit in einer allgemeinen Notlage, z.B. im schweren Erkrankungsfall, nicht an den Priester, sondern an den Propheten und Gottesmann gewendet zu haben. Jedenfalls berichten manche Erzählungen, daß bei Lebensgefahr der Prophet nicht nur um seine – von Jahwe her erbetene und legitimierte – Prognose über den Ausgang der Krankheit angegangen wurde, vgl. 1Kön 14,1ff; 2Kön 8,7ff, sondern auch um seine Fürsprache und heilende Kraft. Das erinnert an babylonische Ver-

---

87 Vgl. *SMowinckel*, Psalms II, 85ff; *JJStamm*, ThR 23 (1955) 20f. Daß es neben der kultisch-zeremoniellen Bitte auch spontanes, direktes Beten zu Jahwe gegeben hat, sollte aus Texten wie Gen 19,17ff; 20,14ff; Ri 15,18; 16,28; 1Sam 1,10ff mit aller Deutlichkeit hervorgehen. Nur ist dieses »freie Laiengebet« (*AWendel*) eher ein Reflex der kultischen Gewohnheiten als umgekehrt.

88 Die mannigfachen Hinweise in den Psalmen selbst auf Kult und Opfer hat vor allem *SMowinckel* zusammengestellt: Psalmenstudien I, 134ff; Psalms I, 2ff. *Gunkels* bedingt positive Reaktion darauf in *HGunkel* u. *JBegrich*, 180ff.

89 Vgl. Lev 4f; 12–15; 27; Num 5,11ff; 15,27ff; 19; Dtn 17,8ff; *RRendtorff*; *RdVaux*, Bd. II, 195ff. Auch *KSeybold* (a.a.O. 77–98) denkt in erster Linie an die Bindung des Ritualexperten an ein Heiligtum.

hältnisse, in denen ja auch trotz vermutlich stärkerer Differenzierung der Aufgabenbereiche die Einholung und Beachtung von Omina mit der Beschwörertätigkeit Hand in Hand ging[90].

In der alttestamentlichen Erzählungstradition werden vor allem Mose, Elija, Elischa und Jesaja mit der Not des Einzelmenschen in Berührung gebracht. An diese Gottesmänner und Propheten wenden sich die Leidenden und Gefährdeten, vgl. außer den sogleich zu besprechenden Texten noch 2Kön 4,1.40; 6,5. Sie führen gelegentlich ein in den Erzähltexten natürlich nur sehr schwach erkennbares Ritual durch, bei dem das Gebet eine Rolle spielt. In 2Kön 20,1–11 (vgl. Jes 38) beschränkt sich die Mitwirkung Jesajas in V. 1 und V. 7 auf die Überbringung eines Gottesspruches und das Anlegen einer Feigenkompresse, also auf Prognose und Therapie, er hat keinen Anteil an der Bittzeremonie[91]. Wichtig aber ist außerdem, daß Hiskija sein Gebet auf dem Krankenlager spricht (V. 2f).

Andere Krankenheilungs- und Totenerweckungsgeschichten lassen in ebenso schwachen Umrissen ein Bittritual erkennen. So 1Kön 17,17–22: Im Kernstück dieser Geschichte folgen diese Maßnahmen Elijas aufeinander: Übernahme des toten oder bewußtlosen Kindes; Transport ins Obergeschoß des Hauses; erste Anrufung Jahwes; dreimaliges »Messen« oder Bedecken des Körpers (in der LXX stattdessen: »Anblasen«); zweite Anrufung Jahwes: »Jahwe, mein Gott, das Leben dieses Knaben kehre in seinen Körper zurück«: Gesundung des Kindes (V. 19–22; vgl. die Parallelgeschichte 2Kön 4,32–35; die jedoch keine Gebetsworte Elischas zitiert). – In Num 12,9–14 betet Mose für die aussätzige Mirjam; es fehlt jeder Hinweis auf eine rituelle Handlung. Dagegen verordnet in der Naamanerzählung der Prophet Elija rituelle Waschungen im Jordan (2Kön 5,10), was der Patient als eine Beleidigung empfindet und mit der Bemerkung quittiert: »Ich dachte, er würde (wenigstens) herauskommen, sich herstellen, seinen Gott, Jahwe, anrufen, seine Hand schwingen und (so) den Aussatz wegnehmen« (2Kön 5,11). Der unbekannte Prophet 1Kön 13 schließlich heilt Jerobeams Lähmung durch seine Fürbitte (V. 6). Eigenartig ist der Bericht 1Sam 15,24–31, der – wenn er in diesem Zusammenhang angeführt werden darf – zeigt, daß die Gegenwart eines Propheten für das Gebet und den Gottesdienst des Einzelnen entscheidend sein kann: Saul, der natürlich für das ganze Volk, aber immerhin unter dem Eindruck seiner persönlichen Verfehlung agiert, kann offensichtlich ohne Samuel sein Bußgebet nicht durchführen (V. 25.30f)[92].

Die Zeugnisse des Alten Testaments sind zugestandenermaßen nach beiden Seiten hin spärlich. Der Priesterschaft scheint die stationäre Behandlung

---

90 *RLabat*, TDP, bietet dafür ein gutes Beispiel: Der *āšipu* ist besonders in der ersten und vierten Teilsammlung (a.a.O. 1ff und 188ff) in die Krankenbehandlung eingeschaltet, und *Labats* Versuch, die Textsammlung in erster Linie als ein im modernen Sinn medizinisches Kompendium zu werten (a.a.O. XXXIff), schlägt nicht ganz durch; vgl. *EKRitter*, AS 16, 299–321. Zur Befragungspraxis im AT vgl. *CWestermann*, KuD 6 (1960) 17ff; die altorientalischen Parallelen und die umfangreichen Untersuchungen z.B. zum Problem des Schamanismus in aller Welt sollten aber deutlich werden lassen, daß die Grenze zwischen diagnostischer und therapeutischer Tätigkeit fließend ist und daß oft (wie in der Regel auch beim heutigen Mediziner) beide Funktionen in einer Person vereinigt sind. Vgl. *MEliade*, RGG³ Bd. V, Tübingen 1961, 1386–1388 und oben 2.2.2 Anm. 38.

91 Vermutlich gehören die erwähnten Funktionen Jesajas zu ursprünglich voneinander unabhängigen Erzählungen, die jetzt etwas gekünstelt zusammengefügt sind, vgl. *JGray*, I and II Kings, London 1963, 632ff.

92 Zum ›Heilungsamt‹ der Propheten vgl. *LBronner*, The Stories of Elijah and Elisha as Polemics, Leiden 1968, 99ff (mit ugaritischen Parallelen).

solcher Probleme zugekommen zu sein, die direkt mit der Kult- und eventuell mit der Urteilsfindung in besonderen Rechtsfällen zu tun hatten. Im deuteronomistischen Tempelweihgebet 1Kön 8 werden wir über die Funktion des Tempels dahingehend beschieden, daß derjenige, der sich gegenüber seinem Stammesgenossen verfehlt, an heiliger Stätte Sühnung erhalten kann (V. 31f). Nach dieser Angabe geht das Gebet zu kommunalen Anliegen über (V. 33f.35f). Dann folgt in einer überladenen und schwierigen Sammelbeschreibung V. 37ff eine Liste von Gebetsanlässen für die Gemeinschaft und für den Einzelnen[93]. In der Rückschau, aus der Zeit nach der Zerstörung des Tempels, erscheint der heilige Ort als die Stätte schlechthin, wo der Einzelne seine Sorgen vor Jahwe aussprechen konnte. Auf der anderen Seite erkennen wir, wie in den frühen Erzählungen Fürbitte- und Heilungsfunktionen den Propheten zugesprochen werden[94].

Diese Kolorierung der Prophetengestalten kann nicht zufällig oder gänzlich fiktiv sein. Ist das richtig, dann sind in den wenigen, oben angeführten Beispielgeschichten Andeutungen einer nicht an den Tempel oder an die heilige Stätte gebundenen, aber von göttlich legitimierten Personen durchgeführten und überwachten Bittzeremonie für den Einzelnen sichtbar geworden. Die babylonischen Verhältnisse können hier mit allem, was über das Berufsbild des *āšipu* zu sagen ist, als weitläufige Analogie gewertet werden. Viele Völker kennen schließlich vom offiziellen Kultus getrennte Heilungs- und Schutzzeremonien für einen Einzelmenschen[95]. Die Sonderstellung des Ritus für ein notleidendes Glied der Gemeinschaft ist in der Natur der Sache begründet. Auch diese allgemeine Überlegung stützt die oben gemachten Beobachtungen.

Wir haben weiter zu fragen, welche Rolle der ›Liturgiker‹, sei es Priester oder Prophet, in der israelitischen Bittzeremonie gespielt haben mag. Weil uns alle direkten Zeugnisse (abgesehen von den schon erwähnten beiläufigen Erzählungs- und Gesetzestexten) fehlen, sind wir ganz auf Vermutungen und die babylonischen Analogien angewiesen. Der Fachmann, an den sich der Leidende in seiner Not wendet, besitzt das Ritualwissen, er hat die zu rezitierenden Texte, die eventuell zu gebrauchenden Geräte und Materialien, er kennt die Zeiten, Orte, Umstände, unter denen eine Bittzeremonie durchgeführt werden muß. Er wird die notwendigen Opfer und kulti-

---

93 Vgl. *MNoth*, BK IX, 187f. Mir nicht verständlich ist, daß auch dieser Text für die »Restitutionspraxis« am schon Genesenen in Anspruch genommen wird (*KSeybold*, 89f).
94 Die Heilungs- und Wiederbelebungskräfte haften an der begnadeten Person des »Gottesmannes«, vgl. 1Kön 17,21; 2Kön 4,43. Daneben aber ist der Prophet der Fürbitter und Beter par excellence, vgl. Gen 25,21; Ex 8,4f.24ff; 10,17f; Ri 13,8 (ist das Verb עתר term. tech. für »durch Opfer bitten«?); Ex 32,11; 1Kön 13,6 (Jahwe »milde stimmen«); Gen 20,17; Num 11,2; 21,7; 1Sam 8,6; 2Kön 4,33; 6,17 (»beten« = פלל hitp); Ex 8,8; 17,4; Num 12,13; 1Kön 8,52; 17,20 (»schreien, rufen zu«). Vgl. *DRAp-Thomas*, VT 6 (1956) 238ff; *GvRad*, TAT I⁵, 305: »Die Fürbitte war das altprophetische Amt schlechthin.« Aber auch das Gebet eines Charismatikers läßt sich im Altertum kaum ohne einen rituellen Handlungsrahmen denken.
95 Vgl. *GBuschan*, Über Medizinzauber und Heilkunst im Leben der Völker, Berlin 1943; oben Anm. 90 und 2.2.2. Anm. 38.

schen Begleithandlungen anordnen und vorbereiten. Er wird allen Beteiligten, voran dem Patienten, ihre Rollen zuweisen. Er wird das Gebet oder die
Gebete und Sprüche auswählen und rezitieren lassen und den gesamten Ablauf der Zeremonie überwachen. Endlich wird er für einen guten Abschluß
der kultischen Handlungen sorgen und selbstverständlich auch irgendwann
die vereinbarte Bezahlung in Empfang nehmen.

Ganz wie bei den babylonischen Parallelerscheinungen stehen wir vor der
Schwierigkeit, daß der verantwortliche Leiter der Bittzeremonie des Einzelnen – sollen wir aus den spärlichen Informationen sein Berufsbild rekonstruieren – priesterliche und prophetische, kultgebundene und kultfreie
Züge aufweist. Wir müssen uns vorerst mit dieser zwiespältigen Beschreibung und Deutung der Texte zufriedengeben[96].

Nun haben allerdings zwei Forscher unabhängig voneinander die Bedeutung eines Hiobtextes für die Bittzeremonie neu herausgestellt: Hi
33,14–30 soll nach *KSeybold* und *JFRoss*[97] modellhaft das rituelle Verfahren einer Krankenheilung darstellen. Von der Thematik des Hiobdialogs her
könnte man allerdings gerade in den ›Freundesreden‹ Andeutungen darüber
erwarten, wie man sich die Hinwendung zu Jahwe im Notfall konkret vorgestellt hat. Hi 33,14–30 scheint nun die wichtigsten Stationen der Bitte
nachzuzeichnen. »The order of events is crucial: suffering, the presence of
the *mal'āk mēlîṣ*, the announcement and acceptance of duty, the interces-
sion, the entreaty by the sinner, the restoration . . .«[98] Die Deutung des in
V. 23 auftretenden besonderen »Boten« Jahwes für den vorgewarnten und
todkranken Beter ist ein Zentralproblem des Abschnitts. *KSeybold* hält die
Gleichsetzung mit einer Engelgestalt für schwerlich haltbar und weder lexikalisch noch konzeptionell für überzeugend. Wenn dagegen die Funktionen
dieses »Boten« – Verkündigung des Gotteswortes, Besuch des Kranken,
Fürbitte für diesen (V. 23f) – ernstgenommen würden, komme man dazu,

96   Die Diskussion um das Amt des Kultpropheten im AT geht leider in der Hauptsache auf
seine öffentlich-kommunalen Funktionen ein, vgl. *JJeremias*, 3ff. Alle Anzeichen deuten aber
darauf hin, daß am Heiligtum bzw. in loser Zusammenarbeit mit dem Heiligtum auch Spezialisten tätig waren, die nicht zu der für den regelmäßigen Opferdienst zuständigen Priesterschaft
gehörten, sondern im Auftrag von notleidenden Einzelpersonen Jahwe befragten und die erforderlichen Bittzeremonien leiteten. *KDeller* meint, daß an assyrischen Tempeln eine ähnliche »Arbeitsteilung« geherrscht habe, s.o. 2.2.2 Anm. 26. *SMowinckel* hält die Sängergilden
für die Fachleute, die am Jerusalemer Heiligtum das Psalmengebet überwachten (Psalms
II, 85ff); *JJeremias* denkt daran, daß die »halbamtlichen« Kultpropheten sich nicht nur mit öffentlichen Notständen befaßten: ». . . auch wenn ein einzelner Israelit die Propheten in einer
privaten Notlage um Jahwe-Befragung anging, konnten sie Unheilsworte aussprechen, sei es
gegen den Bittsteller selbst . . . sei es gegen seine Feinde, die seine Not heraufgeführt hatten«
(a.a.O. 196; vgl. jedoch die Einschränkung a.a.O. 149f).
97   *KSeybold*, 60–62.91–95; *JFRoss*, The Phenomenology of Lament, JBL 94 (1975) 38–46.
Wir sehen hier davon ab, daß *Seybold* den Text dann vorwiegend für die »Restitutionspraxis«
auswertet und daß *Ross* gemäß der gängigen Interpretation (vgl. HAL³ 588; *GFohrer*, KAT
XVI, Gütersloh 1963, 459) den מלאך מליץ als »Fürsprecher- oder Mittlerengel« in den Himmel
verlegt.
98   *JFRoss*, JBL 94 (1975) 42.

»in dem Boten eine prophetische Gestalt oder vielmehr einen priesterlichen Amtsträger zu sehen«[99]. *GFohrer* sieht übrigens die Vermittlerengel im selben Licht: »Sie haben den Menschen zu belehren und legen Fürbitte bei Gott ein. Sie erfüllen damit neben anderem die gleichen Aufgaben, die die Tätigkeit der Gottesmänner und Propheten ausmacht: Verkündigung und Fürbitte.«[100] Für *KSeybold* enthält unser Text darum das Gerüst eines nachexilischen »kultische(n) Heilverfahren(s)«, nämlich einer »rituellen Buße im Krankheitszusammenhang«[101]. Die einzelnen, noch im Alten Testament erkennbaren Akte des Rituals seien »a) das Anlegen des ›Leidschurzes‹ . . . b) eine Phase des Schweigens und der Erstarrung . . . c) die Gebräuche des Fastens und Wachens . . . d) das laute rituelle Weinen . . . e) die sprachlichen Äußerungen . . ., das Gebet . . . mit seinen Grundformen der Confessio und Doxologie«[102]. Im Zusammenhang unserer Arbeit wäre es bedeutsam, einen neuen Beleg dafür zu gewinnen, daß dem Kranken ein Kultexperte mit prophetischen Funktionen zur Seite gestanden hat. Das scheint nach Hi 33,23f auch dann zuzutreffen, wenn entsprechend nachexilischer Engeltheologie der »Bote« nur noch später Reflex einer irdischen Prophetengestalt sein sollte.

2.3.3.2

Wir versuchen nun, den *Bittsteller* und die anderen möglichen Teilnehmer einer Bittzeremonie näher ins Auge zu fassen. Mit *Mowinckel* können wir dabei vom Textbefund der Klagelieder ausgehen: »We have to distinguish between the poet and the ›I‹ who prays in the psalm. . . . ›I‹ is in this respect not the composer himself, but the person for whose use he has made the psalm, and who was to present it in the Temple. We shall probably think that most often . . . the individual concerned, for instance the sick person, let the acting temple functionary (the priest, the singer) present the psalm on his behalf.«[103] Hinter dem redenden, und in den Klagegebeten oft stark hervorgehobenen Ich haben wir aber nicht das Einzelschicksal, sondern den Typus des Leidenden in Israel zu suchen[104]. Was waren es für Notsituationen, die den Menschen zur kultischen Bittzeremonie seine Zuflucht nehmen ließen? Welche Rolle spielte der Bittsteller in dem vom Experten geleiteten Ritual?

---

99 *KSeybold*, 61.
100 *GFohrer*, KAT XVI, 459.
101 *KSeybold*, 91 und 83.
102 *KSeybold*, 83.
103 *SMowinckel*, Psalms II, 133.
104 Vgl. *JJStamm*, 33ff; *EWürthwein*, VT 7 (1957) 167f.180. Die Tradition, in der wir leben, zwingt uns immer wieder dazu, uns die Klagelieder des AT als Zeugnisse individuellen Erlebens anzueignen; in Wirklichkeit sind sie Ausdruck kumulativer Erfahrung der Einzelnen in ihren Gruppen: sowohl auf seiten der ›Dichter‹ und Liturgen als auch auf seiten der ›Patienten‹ und Bittsteller. Andererseits ist ein Verständnis der alten Gebetstexte nur darum möglich, weil sie ähnlichen Gruppenprozessen entstammen, wie wir selbst sie erleben, vgl. unten die Schlußbetrachtung.

In den Klageliedern selbst oder in ihrer unmittelbaren Umgebung kommen einige summari-
sche Situationsangaben vor, die den Zustand des Bittstellers treffend kennzeichnen: Er ist geschwächt (Ps 102,1; 61,3; vgl. Jes 57,16), seine Lebenskraft reicht nicht mehr (Ps 77,4; 142,4;
143,4; Jon 2,8; vgl. Ps 107,5). Der Betroffene ist verzweifelt und verbittert (1Sam 1,10; vgl.
Jes 38,15; Hi 7,11; 10,1). Zusammen mit den sattsam bekannten Elendsschilderungen des Kla-
geteils[105] vermitteln diese Summarien das Bild des in Todesgefahr stehenden Menschen, dessen körperliche Verfassung besorgniserregend, dessen soziale Stellung schwer erschüttert ist.
Denn die Schwäche und Verzweiflung, von der hier die Rede ist, meint nicht nur die körper-
lich-seelische Verfassung eines Menschen, sondern gleichzeitig seine gesellschaftliche Stellung (vgl. Hi 30). Vom Leidenden wenden sich selbst die nächsten Freunde und Bekannten
ab[106]; solcherart Ausgestoßene sammeln sich in Davids Söldnertruppe (1Sam 22,2), sie sind zu
allem fähig (2Sam 17,8), weil sie am Ende sind und das Leben für sie nicht mehr lebenswert ist
(Hi 3,20). Unschwer läßt sich erkennen, wie aus dieser typischen Situation heraus die Selbstbezeichnung »Armer«, »Elender«, »Verachteter«, »Unterdrückter«, »Geringer« usw.[107] in die
Sprache der Klagelieder Eingang gefunden hat.
Dieser Befund wird durch einen Blick auf erzählende Stücke, die auf die Situation des Bittens
vor Jahwe abheben, nur bestätigt. Die konkreten Anlässe zur Bitte sind sehr verschieden,
Krankheit und Tod rangieren an erster Stelle (Num 12,10; 2Sam 12,15; 1Kön 17,17; 2Kön
4,18ff; 5,1; 20,1; auch die Bedrohung Abimelechs im Traum Gen 20,3 gehört hierher). Andere
Anstöße zu Klage und Bitte sind: die Gefahren einer beschwerlichen Flucht (Gen 19,17ff); ein
Unwetter auf See (Jon 1,4ff; vgl. Ps 107,23ff); Gefahr des Verdurstens (Ri 15,18; vgl. Ps
107,5ff); bedrückende Kinderlosigkeit (1Sam 1,6ff); Angst vor Schuldknechtschaft (2Kön
4,1). Mit anderen Worten: Derjenige, der sich an Jahwe wendet, sieht seine Lebenschancen
ernsthaft beeinträchtigt. Seine physische und soziale Existenz sind gefährdet, und das Unheil,
das ihn zu verderben droht, kann leicht auch sein Haus, seine Sippe und Nachbarschaft erfassen
(vgl. Gen 20,4; 2Sam 24,17; Lev 13,45f usw.).
Ein Text verdient noch besondere Aufmerksamkeit, weil er in die Nähe des Jerusalemer Tem-
pelkults zu führen scheint. Wir hatten schon gesehen, daß derjenige Israelit, der sich verse-
hentlich kultisch versündigte (vgl. Lev 4,2ff; Num 15,27ff) oder verunreinigte (vgl. Lev
11–15), auf jeden Fall beim festangestellten Kultpersonal Lösung und Reinigung suchen mußte. Im großen deuteronomistischen Tempelweihgebet nun werden eine Reihe von ›nichtkulti-
schen‹ Notursachen aufgeführt, die angeblich ebenfalls im Tempel zur Verhandlung kommen
sollen: Hungersnot, Heuschreckenfraß, Feindeinfall (1Kön 8,37a). So weit, so gut; hier handelt es sich um kommunale Anliegen. Danach wechselt der schwierige Text jedoch zu Wider-
fahrnissen, die den Einzelnen auch allein treffen und ihm Anlaß zu einem Gebetsgottesdienst
sein können: »Jedwede Plage, jede Krankheit, jeder (Anlaß zu) Gebet und Flehen, die einem
Menschen zustoßen können, die einer als Schicksalsschlag erkennt . . .«[108] Es scheint, daß hier
in der Rückschau dem Tempelpersonal Aufgaben zugeschrieben werden, die vor der Zerstörung des Heiligtum nicht unbedingt in den Bereich priesterlicher Pflichten gehörten. Wichtig
aber ist auf jeden Fall die Beschreibung der Not als von Jahwe verursacht. Sobald dies (durch
vorherige Befragung Jahwes?) bekannt ist – die Verwendung des Verbs ידע im impf. könnte ei-

---

105   Vgl. *HGunkel* u. *JBegrich*, 184ff.214ff.
106   Vgl. Ps 55,14f; 88,19; Hi 19,13ff; *SMowinckel*, Psalms II,4.
107   Vgl. die Literatur zum Problem des ›Armen‹ im AT, z.B.: *HBirkeland, 'ani* und *'anaw* in
den Psalmen, Oslo 1933; *AGelin*, Les pauvres de Yahwe, Paris 1953; *FHauck* u. *EBammel*,
ThWNT VI,885–915; *JJStamm*, ThR 23 (1955) 55ff; *EGerstenberger*, THAT I,23–25;
GJBotterweck, ThWAT I,28ff (Lit.!); *MSchwantes*, Das Recht des Armen, Diss. Heidelberg
1974 (Lit.!).
108   1Kön 8,37bf; 2Chron 6,28bf; vgl. *MNoth*, BK IX,170.

nen vorhergehenden Erkenntnisvorgang andeuten –, kann sich der Notleidende an Jahwe wenden[109].

Ausgangspunkt für unsere Überlegungen ist also die Krisensituation eines »normalen«, »beliebigen« Israeliten, des »everyman«, wie *Mowinckel* ihn zu bezeichnen pflegt[110]. Denn für eine Beschränkung des Bittzeremoniells auf eine bestimmte soziale Schicht der Bevölkerung ergeben sich nach der obigen Analyse der Gebetsanlässe und auch sonst keinerlei Anhaltspunkte. Die Notsituation ist entscheidend: Ein Leben ist gefährdet, die Unterwelt scheint einen Menschen fassen und damit auch die Gemeinschaft um ihn bedrohen zu wollen[111]. Vielleicht hat man schon die ›privat‹ zur Verfügung stehenden Mittel versucht, um das Unheil abzuwenden; allerlei medizinische und magische Hausmittel hat es auch in Israel gegeben[112]. Ist die Gefahr aber aus eigener Kraft nicht zu bannen, dann muß man sich an Jahwe wenden. Durch eine Befragung wird man Auskunft über Ursache und Ausgang der Krise gesucht haben. Diagnose und Prognose sind dann die Grundlage für die weitere Verhaltensweise, vor allem zur Lösung der Frage, ob und wie man versuchen könne, Jahwe zur Abwendung des Unglücks oder zur Zurücknahme einer (ungerechtfertigten) Strafe zu bewegen. Die praktischen Schritte, die zur Ansetzung und Durchführung einer Bittzeremonie nötig waren, können wir nur ungefähr rekonstruieren. Der Leidende oder sein Beauftragter hatte einen Liturgen auf-, möglicherweise auch auszusuchen[113]. In Israel sind Diagnostiker und Therapeut allem Anschein nach oft identisch gewesen[114], doch war die Zahl der Experten nicht gering[115], unter denen der Patient die Auswahl zu treffen hatte. Wurde ein Liturg um Ausführung einer Bittzeremonie angegangen, dann mußte auch

---

109 Zu Krankheit und Plage als »Schlag« Gottes vgl. *JHempel*, Heilung, 251.
110 *SMowinckel*, Psalms I, 80; II,1 und passim. Die Annahme, das Klagegebet habe sich mit zunehmender Demokratisierung der israelitischen Religion von der königlich-höfischen Ebene zum Volk hinunterentwickelt, beruht auf der zumindest für Israel und die Ebene der persönlichen Heils- und Heilungshoffnung abwegigen Voraussetzung, daß der Königskult das Primäre und der praktizierte Volksglaube das Abgeleitete sei; vgl. z.B. *SMowinckel*, Psalms I,78: »Yahweh has gradually become . . . the god of the common man and woman . . .« (vgl. weiter *SMowinckel*, Psalms I,194f; 225ff).
111 Vgl. z.B. 69,2ff; 88,4ff; *ChrBarth*, 59ff; 91ff.
112 In den at.en Erzählungen führt selbstverständlich nicht jede Notlage automatisch zum Gebet oder zu einer kultischen Bittzeremonie; die Not lehrte auch damals nicht einfach Beten. Vgl. die Selbsthilfe der Betroffenen in Gen 16,2; 30,14ff; 47,15ff; Ex 5,15; 1Sam 25,23ff; 2Kön 6,24 und oben 1.2.1.4 Anm. 18.
113 Das Schicken nach fachmännischer Hilfe ist ein verbreitetes Erzählungsmotiv, vgl. z.B. 1Kön 14,2; 2Kön 1,2; 5,5; 8,8. In drei der genannten Fälle wird ausdrücklich die mitgenommene Bezahlung erwähnt.
114 ›Propheten‹ und ›Gottesmänner‹ erfüllen beide Funktionen, wenn auch in unseren Erzähltexten nie zur selben Zeit, s.o. Anm. 90 und 2.3.3.1.
115 Ohne daß etwas über die Aufgabenbereiche der Propheten oder Priester verlautet, wird gelegentlich von starken Aufgeboten berichtet: 400 Propheten dienen dem König des Nordreiches (1Kön 22,6), 85 Efod-Priester sind mit dem kleinen Heiligtum von Nob verbunden (1Sam 22,18).

eine Entlohnung festgesetzt oder entrichtet werden[116]. Bei der Festsetzung des Ortes und der Zeit für die Bittzeremonie wird der Liturg einen bedeutenden Einfluß gehabt haben.
Es steht anzunehmen, daß die vorbereitenden Handlungen nicht vom Patienten allein zu bewältigen waren. Oft wird er dazu gar nicht in der Lage gewesen sein, weil die Krankheit ihn schon zu sehr geschwächt hatte oder seine Notlage ihn behinderte. Die nächsten Familienmitglieder bekommen also eine wichtige Funktion schon im Vorbereitungsstadium der Bittzeremonie. Von daher wird es wahrscheinlich, daß sie auch in irgendeiner Weise bei der Durchführung des Bittgottesdienstes als mehr oder weniger beteiligte Zuschauer anwesend waren.

In der Ritualhandlung steht der Patient im Mittelpunkt des Geschehens, wenn auch der Liturg die Hauptverantwortung für den Ablauf der Zeremonie trägt. Das Ich der individuellen Klagelieder, das ist seit EBallas Studie weitgehend anerkannt, ist das Ich des betenden Patienten. Ob das Gebet von ihm selbst oder in seinem Namen vom Liturgen gesprochen worden ist, bleibt gleichgültig. Es kommt allein darauf an, daß Handlungen und Worte auf den Leidenden und zu Befreienden abgestellt sind. Die babylonischen Beschwörungstexte, die den Beschwörer gelegentlich neben und mit dem Patienten zu Worte kommen lassen, bestätigen diese Rolle des Patienten vollauf. Ein entferntes, dennoch zitierenswertes Parallelbeispiel ist die Rolle, die der kranke Navajo-Indianer im Heilungsritual spielt[117]. Nachdem die Ursache der Krankheit durch einen ›Wahrsager‹ festgestellt ist, wählt man den Medizinmann, der das wirkungskräftigste Ritual kennt. Unter seiner Obhut muß der Patient in einer ausgedehnten Zeremonie mancherlei Gebete sprechen.
Über die Rezitation des Gebetes hinaus wird der Bittsteller auch in Israel bei der Ausgestaltung der Zeremonie mitgewirkt evtl. auch das Opfer mit durchgeführt haben. Über Einzelheiten fehlen uns jedoch zuverlässige Nachrichten. – Über die Beteiligung der nächsten Anverwandten können wir ebenfalls nur Mutmaßungen anstellen. Wir wissen, daß die Anwesenheit der Familienmitglieder bei familiären Opferfesten dringend erwünscht war (vgl. 1Sam 20,6.28f; 1,3ff; Ri 13,19) und daß z.B. Gelübdegottesdienste (Dankgottesdienste) für die Errettung des Einzelnen mit mehr oder weniger großem Gefolge gefeiert wurden[118]. Die Vorbereitungen des Bittgottesdienstes beschäftigten die Angehörigen, das läßt sich z.B. aus 1Kön 14,1ff; 2Kön 4,20ff erkennen, Berichten, in denen sich vor allem Mütter um die erkrankten Kinder bemühen. Die wenigen Erzählungen über Heilungsrituale verraten leider nichts von einer Mitwirkung der Familie. Es bleibt allein das auch bei den individuellen Dankliedern ausschlaggebende Indiz der Gebete selbst: Wie dort so sind auch in den Klageliedern des Einzelnen häufig Teilnehmer an der Zeremonie direkt oder indirekt angeredet (vgl. Ps 5,12; 31,24f; 35,27f; 40,17; 41,14; 130,7; 140,14), freilich ist das Formelement der direkten Ermahnung im Klagelied, in dem es ja vor allem um die an Jahwe gerichtete Bitte geht, nur spärlich vertreten[119].

---

116   Zu den in Anm. 113 genannten Texten vgl. noch 1Sam 9,7f: Die Belegstellen zeigen, daß der Lohn, den der Gottesmann erhielt, stark schwanken konnte und anscheinend nach der Finanzkraft des Bittstellers bemessen wurde.
117   Vgl. *LCWyman* u. *CKluckhohn*, 1938; *CKluckhohn* u. *LCWyman*, 1940; *GReichard*.
118   Vgl. 1Sam 9,22ff; 2Sam 12,23ff; 15,7ff; 1Kön 1,9; dazu die vielen Belege aus den individuellen Dankliedern bei *HGunkel* u. *JBegrich*, 265ff.
119   Vgl. Ps 55,14 und *SMowinckels* Theorie von der Übernahme des Gebetsgutes durch die Weisen (VT.S 3) Leiden 1955, 205–224.

Aus alledem gewinnen wir in ungefähren Umrissen das Bild eines Bittgottesdienstes für den Einzelnen, der sich im kleinsten Rahmen abspielt. Krankheit und Unglück eines Menschen sind, wenn sie ein lebensbedrohendes Stadium erreichen, keine Privatsache. So wie die Umgebung eines Leidenden in Israel vor der ›Ansteckungsgefahr‹ durch das Unheil erschrickt, wie sie Abwehrreaktionen entwickelt und gegebenenfalls den Gefahrenträger aus der Gesellschaft ausschließt (vgl. Lev 13,45f), so werden zumindest in der kleinsten Primärgruppe, der ein Leidender angehört, auch das Verantwortungsgefühl für den Unglücklichen und Abwehrkräfte gegen das Böse wach. Man versucht, den Bedrohten zu rehabilitieren, und zwar nicht nur aus reiner Nächstenliebe, sondern auch im ureigensten Gruppeninteresse. Und weil der Leidende (Kranke, Verfemte, Unglückliche) oft nicht in der Lage ist, selbst die erforderlichen Schritte zu unternehmen, wird die Gruppe, der er angehört, alles Notwendige in die Wege leiten: Ursache und Wirkung des Unheils erkunden, das hereingebrochen ist oder hereinzubrechen droht, vor allem die Mittel aufbringen. Die Gruppe wird einen Fachmann zu Rate ziehen und ihn mit der Heilung, d.h. mit der Durchführung eines Bittgottesdienstes, betrauen.

2.3.3.3
Die Feindverwünschungen sind ein auffallendes Element in den individuellen Klageliedern, das wir bisher nur im Zusammenhang mit der Bitte erwähnt haben[120]. In einer Darstellung der soziologischen Beziehungen des Klagegebets muß noch einmal auf das schwierige *Feindproblem* eingegangen werden. Zahlreiche konkurrierende Deutungsversuche der »Feinde« erschweren das Verständnis unserer Texte[121]. Wir müssen ausgehen von der Frage, wieso in den Gebetstexten für den Einzelnen die Konfrontation mit »Feinden«, »Verfolgern«, »Übeltätern«[122] eine derart prominente Stelle einnimmt, und von da aus zu erfassen versuchen, welche Beziehungen zwischen dem Beter und seinen Widersachern bestehen. Eine Grundvoraussetzung ist dabei die auch hier geltende Erkenntnis, daß die Klagelieder wohl in keinem einzigen Fall[123] Einzelerfahrungen wiedergeben, vielmehr einen in

120 S.o. 2.3.2.1; die Feindverwünschung kann man als abwehrende Bitte klassifizieren. Dieser Bittyp hatte sich schon bei der Analyse des alltäglichen Bittschemas als eine Sonderform erwiesen, vgl. oben 2.1.3.·
121 Vgl. die Deutungen der Feinde bei *HGunkel* u. *JBegrich*, 196–211; *HBirkeland*; *SMowinckel*, Psalmenstudien I, 95ff; *ders.*, Psalms II, 6ff; eine Übersicht bei *JJStamm*, ThR 23 (1955) 50ff. *Gunkel* und *Mowinckel* versuchen eine geistesgeschichtliche Interpretation des Feindphänomens; für *Mowinckel* ist dabei das magische Element entscheidend wichtig. *OKeel*, Feinde, benutzt moderne gruppenpsychologische Erkenntnisse: Das Feindbild entsteht unter Mitwirkung der das eigene Negative veräußerlichenden Projektion des »Schattens« (*CGJung*) in die Umwelt, vgl. a.a.O. 54ff und VF 19 (1974/2) 36f.
122 Eine Übersicht über die Feindbezeichnungen bieten *HGunkel* u. *JBegrich*, 196 Anm. 6; 197 Anm. 2; *OKeel*, Feinde, 93–98.
123 Es könnte scheinen, als ob sehr konkrete Texte wie Ps 120 eine Ausnahme bildeten; wahrscheinlich liegen aber auch hier generalisierte Aussagen vor.

langer Tradition herausdestillierten Feindbegriff verwenden, welcher dem einzelnen Beter genügend Spielraum läßt, seine persönlichen Erfahrungen darin unterzubringen[124]. Mit anderen Worten: Das Böse, das dem Einzelmenschen zu schaffen macht, und das im konkreten Fall in verschiedener Gestalt auftreten kann, ist in der Gebetssprache von Anfang an zwar personal, aber unter Abstrahierung von allen individuellen Zügen anvisiert. Die Klagegebete verwenden zur Bezeichnung des Bösen weiträumige Chiffren. Alle scheinbar gezielten Hinweise auf einmalige Feinde, seien es Menschen, Tiere, Dämonen, sind typisch zu verstehen, sie aktualisieren und synthetisieren die Angstvorstellungen der damaligen Gesellschaft[125].

Folgende Einzelbeobachtungen können uns vielleicht helfen, die Beziehungen zwischen Beter und Feind zu erkennen:
(1) Die Widersacher werden in den Klageliedern manchmal direkt angeredet: »Ihr Leute . . .« (Ps 4,3; vgl. evtl. Ps 58,2); ». . . alle Unheilstifter« (Ps 6,9); »Du Mächtiger . . .« (Ps 52,3); »Du, ein Mensch meinesgleichen, mein Freund und Vertrauter . . .« (Ps 55,14); »Ihr Dickschädel . . ., ihr Narren . . .« (Ps 94,8). Eine anklagende direkte Rede gegen die Feinde ohne nominale Anrede findet sich Ps 62,4. Die Frage ist, ob sich in dieser Redeweise eine Auseinandersetzung des Bittstellers mit seinen Feinden während der Bittzeremonie spiegelt. Ganz von der Hand zu weisen ist eine solche Vermutung nicht. Es ist durchaus möglich, daß in manchen Bittzeremonien eine Gegenüberstellung der Kontrahenten mit dem Ziel erfolgte, Jahwe eine (richterliche) Entscheidung für den einen oder den anderen treffen zu lassen. Aus anderen Lebensbereichen sind uns solche Verfahrensweisen bekannt: Aus dem Gerichtsleben[126] und natürlich auch aus dem Ordalverfahren am Tempel, so weit wir es aus den Quellen rekonstruieren können[127]. Eine Anrufung Jahwes als Richter in der Bittzeremonie (vgl. Ps 35,1; 43,1; 74,22) und eine mögliche Gegenüberstellung verfeindeter Brüder braucht aber nicht gleichbedeutend zu sein mit einer sakralrechtlichen Institution am Heiligtum, durch die allgemeine Notfälle zur Entscheidung gebracht wurden[128]. Auf jeden Fall gäbe es für die direkte Austragung eines Konfliktes in einer Bittzeremonie nur weitläufige Beispielgeschichten im Alten Testament: die Opferdarbringungen Kains und Abels Gen 4,3ff; die Gottesentscheidung für Elija auf dem Karmel 1Kön 18 usw. Babylonische Beschwörungsgebete reden gelegentlich die bösen Dämonen oder die in Abbildungen gegenwärtigen Feindgestalten an[129]. Die Masse unserer Klagelieder aber kennt die direkte Anrede nicht, spricht vielmehr in der dritten Person über die Widersacher und wird darum auch nicht mit der Gegenwart von Opponenten oder Anklägern in der Bittzeremonie rechnen. Die persönliche Anrede der Feinde kann eine bloße Stilform sein.
(2) Es ist psychologisch und soziologisch durchaus verständlich, daß die Feinde eines Individu-

---

124   Vgl. *SMowinckel*, Psalms II,8: »These psalms have to use sufficiently general wording to be suitable on many similar occasions.«
125   Die Erkenntnis, daß Jahwe das Leid schickt (vgl. Ps 38,12; 39,11; Am 3,6 usw.) steht für den Israeliten nicht in Widerspruch zu der Erfahrung, daß es meistens durch handfeste »Zwischeninstanzen« ausgelöst und auch gewollt wird; vgl. *EGerstenberger*, Leiden.
126   Zu den dort gebräuchlichen Redeformen vgl. *HJBoecker*.
127   Vgl. Num 5,11ff; *RPress*, ZAW 51 (1933) 121–140.227–255.
128   Die Arbeiten von *HSchmidt*; *LDelekat*; *WBeyerlin* überbewerten die juridische Sprache der Klagegebete; vgl. *AGamper*; *EGerstenberger*, VF 17 (1972/1) 95–97.
129   Vgl. *WGLambert*, AfO 23 (1970) 39–45; *GMeier*. In den *su'illa-* und *namburbi*-Texten werden neben den Göttern hauptsächlich die Kultmittel angeredet, s.o. 2.2.4.2 Anm. 76.

ums aus der ›in-group‹, aus der nächsten Umgebung des Betreffenden kommen können. Darin hat sich *Gunkel* von *Levy-Bruhl* richtig beraten lassen[130]. Sorgfältige und gewichtige anthropologische Feldstudien jüngeren Datums bestätigen diese Erkenntnis[131]. Bei drei durch Kontinente voneinander getrennten Stämmen, den Dobu-Insulanern in der Südsee, den Navajo-Indianern Arizonas und den Azande im südlichen Sudan wird der Hexen- und Zauberglaube untersucht. In allen drei Fällen spielt die Furcht vor demjenigen, der mit Hilfe übernatürlicher Mächte und wirksamer Formeln einem anderen Schaden zufügen oder sich an ihm rächen kann, eine große gesellschaftliche Rolle. Besonders *Fortune* und *Kluckhohn* weisen eindringlich auch auf die positiv-regulierenden Funktionen hin, die diese Praktiken haben. Man sollte annehmen, daß die Erfahrung gruppeninterner Konflikte und die Angst vor übermenschlichen Mächten auch in Israel lebendig war; Mi 7,5f (vgl. Ps 12,3) und Ps 91,5f sind nur zwei beredte Zeugnisse dafür[132]. In den Klageliedern des Einzelnen ist jedenfalls deutlich zu beobachten, daß die vertrauten Menschen der eigenen Gruppe nicht nur entfremdet werden können (vgl. Ps 38,12; 69,9; 88,9.19), sondern daß sie geradezu als Feinde und Urheber des Unglücks in Betracht kommen (vgl. Ps 41,7; 55,14f.21; 35,12; 38,21; 109,4f).

(3) Nicht nur für den ›primitiven‹, sondern ebensogut für den ›normalen‹ und heutigen Menschen, der sich mit einer Primärgruppe (z.B. Familie, Wohngemeinschaft, Verein) identifiziert, ist es selbstverständlich, daß der ›Feind‹ vor allem aus der ›out-group‹, d.h. der Gruppe kommen kann, mit der man selbst in Konkurrenz oder in Konflikt lebt. Diese feindliche Gruppe kann die andere Familie, das nächste Dorf, der fremde Stamm sein. Die antiken Anschauungen über Krankheits- und Unglücksursachen vorausgesetzt, war es durchaus vernünftig, ›die anderen‹ verantwortlich zu machen, ihren bösen Willen als Ausgangspunkt des Unheils anzusehen und diese Wurzel allen Übels mit allen Kräften zu bekämpfen. Folglich wird man in den individuellen Klagegebeten unter den »Übeltätern« (vgl. Ps 7,10; 58,4.11; 6,9; 94,4); »Verbrechern« (vgl. Ps 140,2.5.12); »Betrügern« (vgl. Ps 5,7; 43,1); »Mördern« (vgl. Ps 26,9; 55,24; 139,19; 35,4; 38,13; 40,15); »Verleumdern« (vgl. Ps 140,12); »Falschzeugen«, »Lügnern« (vgl. Ps 27,12; 31,19; 63,12; 120,2); »Hassern« (vgl. Ps 35,19; 38,20); »Verfolgern« (vgl. Ps 7,2; 142,7) in der Hauptsache Personen der natürlichen Antigruppe zu sehen haben[133]. Wie eine weiter entfernte Gruppe in den Geruch der Verschlagenheit kommen und dann die Rolle einer typischen Feindgruppe übernehmen kann, läßt sich in etwa aus Ps 120,5ff ablesen. Wenn Meschech auf die Musker hinweist[134], dann spielt dieser Psalm auf zwei völlig verschiedene Völkerschaften an (zu Kedar vgl. Jes 21,16f), die nur wegen ihrer angeblichen Hinterhältigkeit und Aggressivität zusammengestellt sind. – Im übrigen kann man natürlich nicht in jedem Fall die Feinde als geschlossene Gruppen interpretieren wollen. Das Leben bringt es mit sich, daß der Einzelne sich einmal von einer ganzen Feindesgruppe (vgl. Ps 3,2; 31,14; 56,3), ein andermal von einzelnen Verfolgern (vgl. Ps 7,13ff; 109,6ff) bedroht sieht. Darum tauchen in den Klageliedern die Feindbezeichnungen auch im Singular auf, und manchmal wechselt das Gebetsformular vom einen in den anderen Numerus (vgl. Ps 5,5f; 7,2f; 13,5; 35,7f u.ö.), vielleicht um beiden Möglichkeiten gerecht zu werden. Wenn man die Feindbezeichnungen der Klagelieder des Einzelnen als Chiffren für die natürlichen Feinde, d.h. die aus der Feindgruppe stammenden Widersacher, erkennt, dann lassen sich auch leicht die dem Kriegs- und Jagdleben

130 *HGunkel* u. *JBegrich*, 206f.
131 Zum Folgenden vgl. die ausgezeichneten Darstellungen von *RFFortune; CKluckhohn* und *EEEvans-Pritchard*, Witchcraft; darüber hinaus den Exkurs »Gebet und Magie« oben 2.2.3 und die dort genannte Literatur.
132 Vgl. *GFohrer*, BHH I,315f.
133 Weitere Feindbezeichnungen in den oben Anm. 122 genannten Listen.
134 Vgl. *AGoetze*, 179.

entliehenen Bilder für ihre verderbliche Tätigkeit erklären[135]. Denn so beschreibt man gemeinhin die Auseinandersetzungen von verfeindeten Gruppen! Unwahrscheinlich dagegen ist *Gunkels* Annahme, es könnten soziale Gegensätze im eigenen Volk mit im Spiel sein[136]. Im Altertum hat es ›die Armen‹ als selbstbewußte gesellschaftliche Gruppierung höchstens in den Großstädten gegeben.

(4) Nach Lage der Dinge konnte es für den Israeliten kein weiter Schritt sein, bei der Identifizierung der Unglücksursachen über die Menschen seiner eigenen und der Feind-Gruppe hinauszugehen und auch dämonische Kräfte für sein Leiden haftbar zu machen. Eher war es sogar umgekehrt. Der Gedanke an übermenschliche Mächte, die Unheil stiften konnten, legte sich sehr schnell nahe, und möglicherweise schloß man erst danach auf die Menschen, die mit ihnen (oder mit denen sie) im Bunde standen. Freilich hat der Jahweglaube mit der Dämonenfurcht weitgehend aufgeräumt; doch sollte man die Bemühungen der offiziellen Religion und ihre Wirkung auf das Volk auch nicht überschätzen. Die Verbote heidnischer Kult- und Zauberpraktiken (vgl. Ex 22,17; Lev 17,7; 19,26.31; Dtn 18,9ff) sind nämlich zu einem guten Teil nicht monotheistisch motiviert, sondern sie entstammen ganz allgemein verbreiteten Schutzreaktionen der Gesellschaft gegen die gemeinschaftsschädigende schwarze Magie, man vergleiche etwa den § 47 der Tafel A der Mittelassyrischen Gesetze[137], der genau die gleiche Intention erkennen läßt. So ist es nicht zu verwundern, daß sich im Alten Testament »nicht wenige Spuren magischer Anschauungen und Praktiken«[138] erhalten haben. *Mowinckels* These, nach der die Feindklischees der individuellen Klagelieder auch dämonisches Wesen und Wirken mit einschließen, ist also im Kern richtig; sie sollte bei der Interpretation der Klagegebete sorgfältig beachtet werden[139].

Liturg, Beter (Patient) und wahrscheinlich ein kleiner Kreis von Verwandten sind wohl an der Bittzeremonie in Israel beteiligt gewesen. Soziologisch gesehen präsentiert sich in einer solchen Kultversammlung einmal die Primärgruppe, welcher der Hilfesuchende angehört, zum anderen, in der Person des Liturgen, die kultische Institution, die zur Abwendung der Gefahr und zur Herbeiführung eines heilvollen Zustandes für den Einzelmenschen berufen ist. Der Leidende und die unmittelbar mit ihm gefährdete Primärgruppe wenden sich durch Vermittlung des Fachmannes an Gott. Ihr Bestreben muß dahin gehen, Jahwes Hilfe gegen das Böse zu mobilisieren. Und weil das Böse in einer personal durchwalteten Welt letztlich auf die Willensentscheidung eines menschlichen oder übermenschlichen Urhebers zurückzuführen ist, muß sich das Bittgebet gegen diesen oder diese ›Täter‹ richten. Wenn Jahwe selbst der Verursacher des Unglücks war, mußte man sich mit ihm auseinandersetzen, das geschieht besonders in den Klage- und Bekenntniselementen des Gebets. Aller Erfahrung nach aber waren Menschen die eigentlichen Unheilstifter; dann hieß es, nach den Regeln des Gruppenkonflikts entweder die Übeltäter in den eigenen Reihen zu entlar-

---

135   Vgl. *HGunkel* u. *JBegrich*, 198; *OKeel*, Feinde, 194ff.201ff.
136   *HGunkel* u. *JBegrich*, 209: »Es handelt sich offenbar um aufgeklärte Reiche . . .«
137   *JBPritchard*, ANET³; 184.
138   *KGalling*, RGG³ IV,601.
139   Vgl. *NNicolsky*, Spuren magischer Formeln in den Psalmen (BZAW 46), Berlin 1927; *SMowinckel*, Psalmenstudien I,60ff.135ff; ders., Psalms II,7f; *OKeel*, Feinde.

ven oder, und das war sicher der Normalfall, Front gegen die Feindgruppe und ihre dämonischen Helfer zu machen.

2.3.4

Ablauf und Motivation der Bittzeremonie

Die alttestamentliche Psalmenexegese hat sich, wenn es um die Rekonstruktion von Kulthandlungen ging, lieber mit den großen Jahresfesten und dem regelmäßigen Tempelkult Israels oder auch mit den besser greifbaren Volksklagefesten und den Dankgottesdiensten des Einzelnen befaßt als mit der schwer erkennbaren Bittzeremonie des Notleidenden[140]. Das Klagegebet sollte aber nicht stiefmütterlich behandelt, Hymnen und Danklieder des Psalters nicht zu sehr in den Vordergrund gezogen und der offizielle Heiligtumskult nicht überbetont werden. Die uns erhaltene Sammlung von Psalmen besteht zu einem guten Drittel aus Gebeten, die bei der Bittzeremonie für den Einzelnen Verwendung fanden. Damit stellen sie den größten, geschlossenen Block von Kultliedern, die uns erhalten geblieben sind – ganz im Gegensatz zu den Nachrichten über ihre tatsächliche Verwendung. Wir müssen aus der Menge der überlieferten Texte folgern, daß die dazugehörige kultische Handlung in Israel neben oder vor allen anderen Begehungen einen wichtigen Platz eingenommen hat.

Bei dem Versuch, den Ablauf der Bittzeremonie zu erkennen, sind wir allerdings wegen der unglücklichen Quellenlage auf zufällige Nachrichten und Analogieschlüsse angewiesen, und wir kommen über einen gewissen Wahrscheinlichkeitsgrad nicht hinaus. Manche Einzelvorgänge sind überhaupt nicht mehr rekonstruierbar. Dennoch lohnt ein Versuch, die Klagegebete des Einzelnen in den kultischen Rahmen hineinzustellen, dem sie sehr wahrscheinlich entstammen. Die babylonische Gebetsbeschwörung mit ihren reichhaltigen Ritualangaben kann uns dabei als Vergleichsmodell dienen, aus dem wir sicher nicht einzelne Teile herausbrechen und in den israelitischen Kontext verpflanzen dürfen, das aber doch die unter ähnlichen Verhältnissen im Zweistromland gewachsene Gattung des Klagegebets im größeren Detail zeigt. Die erzählenden Stücke des Alten Testaments geben hier und da andeutungsweise den Blick auf eine Ritualhandlung frei.

Was die Motivation und Zielsetzung der israelitischen Bittzeremonie anlangt, dürfte es leichter sein, aus den vorhandenen Analogien und vor allem aus den Klageliedern selbst Rückschlüsse zu ziehen. Denn die Bitte an Jahwe drückt die elementaren Wünsche und Befürchtungen aus, Sehnsucht nach Gesundheit und Heil und Angst vor Lebensminderung und Tod, welche Israel mit seiner Umwelt, im weiteren Sinn mit der ganzen Menschheit, teilte

---

140 Die beiden Standardwerke über die at.en Psalmen (*HGunkel* u. *JBegrich*; *SMowinckel*, *Psalms*) fassen ihre Aufgabe bezeichnenderweise von den Hymnen und Königsliedern her an. Dieses Verfahren ist weithin üblich geblieben; die israelitische ›Kasualpraxis‹ kann dabei nicht zu ihrem Recht kommen. Vgl. *EGerstenberger*, in: TUMSR 2, 179–223.

(Röm 8,19ff). Daß die Hoffnungen und Ängste der Menschen wegen der kulturellen und theologischen Eigenart sehr verschieden ausgeprägt sein können, dürfte selbstverständlich sein. Aber es gibt eine gemeinmenschliche Basis, und ein wesentliches Merkmal der Gemeinsamkeit ist neben der inhaltlichen Füllung der Bitte (Leben und Heil) die gesellschaftliche Beziehung: Die rituell vollzogene Bitte für den Einzelnen ist in das Leben und Streben der Primärgruppe eingebettet.

2.3.4.1

Bevor wir zum Hergang der Bittzeremonie selbst kommen, sollten wir uns auf ihre wahrscheinlichen Vorstadien besinnen. Wie schon mehrmals angedeutet, mußte der Leidende in Israel wie auch in Babylonien, wenn die ihm bekannten ›Hausmittel‹ nicht ausreichten, zunächst einmal die Ursachen seines Unglücks ermitteln. Für den diagnostischen Dienst, besonders in Krankheitsfällen, stand dem Israeliten augenscheinlich der Prophet, vielleicht auch der Efod-Priester, zur Verfügung[141]. Die Fragen, die durch den ›Geistlichen‹ an Jahwe gestellt wurden, zielten in ihrer einfachsten Gestalt auf die Klärung des zu erwartenden Schicksals: Wird der Kranke leben oder sterben? »Werde ich von meiner Krankheit genesen?« ist formelhaft gebraucht in 2Kön 1,2; 8,8.9; in der 3. pers. 1Kön 14,3. Die Antwort wurde wohl durch die Orakelspender Urim und Tummim[142] gegeben, vielleicht aber auch durch prophetisches Wort. Andere Anfragen geben dem Bescheid des Gottesmannes einen weiteren Spielraum, vgl. Gen 25,22f (Anfrage wegen eines bösen Omens); Ex 18,15f (Bitten um Rechtsentscheidungen); 1Sam 9,9 (Bitte um Aufklärung eines Verlustes). Das Verb שׁרד mit folgendem direkten oder präpositionalem Objekt, das den befragten Gott nennt, ist als terminus technicus für den ganzen diagnostischen Vorgang im Gebrauch gewesen[143]. Dieser prägnante Sinn scheint auch noch in der späten Stelle 2Chron 16,12 vorzuliegen: »Asa wurde krank . . . aber selbst in seiner Krankheit fragte er Jahwe nicht, sondern (suchte sein Heil) bei den Ärzten.« Neben dem Ausdruck יהוה דרשׁ kommen im selben Sinn verwendete Sätze mit den Verben שׁאל (Num 27,21; Dtn 18,11; Jos 9,14; Ri 1,1; 18,5; 20,18.23.27; 1Sam 10,22; 14,37; 22,10.13 u.ö.) und בקשׁ pi (Ex 33,7; Lev 19,31; Dtn 4,29; 2Sam 21,1; Jes 45,19; 51,1; Jer 50,4; Hos 3,5; 5,6 u.ö.)[144] vor. Weniger häufig und prägnant wird das Verb פנה אל für den Befragungsvorgang gebraucht, vgl. Lev 19,4.31; Dtn 31,18. In jedem Fall, ob der zu befragende Mittelsmann Prophet oder Efod-Priester war, müssen wir *JJeremias* zustimmen: »Es handelt sich bei der Befragung Jahwes nie um reine Information, sondern stets auch um die Bitte um Wegweisung . . .«[145] Und diese Feststellung müßte dahingehend ausgeweitet werden, daß Fragen mehr privater Natur ebenso kultisch-ritueller Beantwortung bedurften wie die Anfragen öffentlichen Charakters – auch wenn solches Begehren eines Einzelnen im kleineren Rahmen und in der Wohnung des Propheten abgehandelt werden konnte. Die Befragung des Propheten oder Priesters war eine selbständige Kulthandlung; sie zielte aber auf die eigentliche Bittzeremonie, soviel ist aus den

---

141 Vgl. *AJepsen*, Nabi, München 1934, 75f.199ff; *JJeremias*, 140ff; *AGonzalez*.
142 Vgl. *ERobertson*, VT 14 (1964) 67–74.
143 Vgl. oben Anm. 90 und 1Sam 28,7; 1Kön 14,5; 2Kön 1,2; 8,8; 22,13.18; Jes 8,19; 9,12; 19,3; 58,2; Jer 8,2; 21,2; Ez 14,7.10; 20,1.3 u.ö. *CWestermann* kann hinter den Texten sogar das Befragungsschema erkennen: 1. Ein Mensch erkrankt. 2. Ein Bote wird zum Gottesmann geschickt. 3. Der Bote bringt ein Geschenk mit. 4. Er fragt den Gottesmann nach den Genesungschancen. 5. Es ergeht ein Gottesspruch (KuD 6, 1960, 18).
144 Vgl. *HWWolff*, BK XIV,1²,79; beide Ausdrücke spielen in das Bedeutungsfeld »bitten, beten« hinüber, s.o. 2.1.7 Anm. 84.
145 *JJeremias*, 141.

Zeugnissen des Alten Testaments und der vergleichbaren babylonischen Vorzeichenpraxis deutlich. Anfragen zu beantworten und Gebete (bzw. Fürbitten) durchzuführen, das ist eine Hauptaufgabe für den Gottesmann[146]. Die Befragung Jahwes geht dem Gebet des Leidenden (bzw. der Fürbitte für ihn) voraus. Es ist durchaus möglich, daß manche Psalmen, z.B. Ps 5; 39, im Bereich dieser der Bittzeremonie vorgelagerten Kulthandlung entstanden sind.

Es liegt nahe, an eine weitere, dem eigentlichen Bittgottesdienst vorangehende Kulthandlung zu denken: die Reinigung des Liturgen wie des Patienten. Vor Kultfesten aller Art hatte der Israelit gewisse Tabuvorschriften zu beachten. Der (spätere) Oberbegriff für die Befolgung der Reinheits- und Tabuvorschriften ist »sich heiligen« (vgl. Ex 19,22; Num 11,18; Jos 3,5; 7,13; 1Sam 16,5 u.ö.). Aus der letztgenannten Stelle geht besonders deutlich hervor, daß der Heiligungsakt als eigenständige Handlung dem Opfergottesdienst voraufgeht, vgl. auch Lev 8,6ff; Ex 30,19ff; Neh 12,30; Ex 19,14f; 2Sam 12,20 usw. Die »Heiligung« war für jeden Umgang mit dem heiligen Gott Israels, sogar für den ausnahmsweisen Genuß heiliger Brote (1Sam 21,5f) und selbstverständlich für jedweden Priesterdienst (Lev 21; Num 8,8ff) strenge Vorschrift und Voraussetzung. Aus den babylonischen Ritualen wissen wir, daß zumindest der Beschwörer sich vor der Kulthandlung einer Reinigung zu unterziehen hatte (s.o. 2.2.4.2), und in der späteren Zeit wird es üblich, sich vor jedem Gebet und Gottesdienst rituell zu waschen[147]. Folglich sind mit ziemlicher Sicherheit auch Heiligungs- und Reinigungsriten zur Vorbereitung auf die Bittzeremonie des Einzelnen bekannt gewesen. Von diesen vorlaufenden Handlungen muß man jene Waschungen, Reinigungen, Entsühnungshandlungen unterscheiden, die zur Bittzeremonie selbst gehören, wie z.B. die Handwaschungen Ps 26,6; 73,13 oder das der Heilung dienende Bad des Naaman 2Kön 5,10.14.

2.3.4.2

Über die genaue Durchführung der Bittzeremonie gibt das Alte Testament leider keinen Aufschluß. Wir können mit einiger Sicherheit vermuten, daß das Klagelied den Mittel- und Höhepunkt der Begehung bildete: In diesem Gebet drängt alles zur Entscheidung; das Danklied des Einzelnen hat eine ähnlich hervorragende Position in der Dankfeier, und auch beim babylonischen Beschwörungsgebet läßt sich die besondere Bedeutung des vom Patienten gesprochenen Gebetes feststellen. Das alttestamentliche Klagelied muß aber wie sein babylonisches Parallelstück eingebettet gewesen sein in rituelle Handlungen mancherlei Art.

Am wichtigsten wird (neben Vorbereitungshandlungen und Abwehrriten) die Darbringung von Gaben oder Opfern gewesen sein. Ein kultisches Gebet ohne die sichtbare Andeutung der Hingabe und der ›Eigenleistung‹ läßt sich jedenfalls für die ältere Geschichte Israels kaum vorstellen. Das Opfer des Einzelnen ist in den späten Vorschriftensammlungen der Priesterschrift als Reinigungs-, Sühn- oder freiwilliges Opfer erwähnt[148]; aber möglicherweise hat das für finanzschwächere Familien erschwinglichere Speiseopfer, ein Kuchen aus Mehl und Öl, dazu vielleicht andere Gaben des täglichen Bedarfs und Weihrauch (vgl. Lev 2,1ff) in der Bittzeremonie eine größere Rolle gespielt, als wir aus den Texten erkennen können. Denn in den Klage- und Dankliedern ist zwar das Dankopfer klar bezeugt[149], die Hinweise auf ein die Bittzere-

---

146 *JJeremias,* 140ff; vgl. *AGonzalez,* 173ff.
147 Vgl. Ps 51,4.9; Apg 16,13; *WBunte,* BHH III,1581f.2137f; *HJHermisson,* 84–99; Mischna Ber 8,1–4; Hag 2,6; Tamid 1,4 usw.
148 Vgl. Lev 1–7; dazu *RRendtorff,* 83f.134ff.
149 Vgl. Ps 54,8; 66,13f; 107,22; 116,17; *HGunkel* u. *JBegrich,* 266ff; *SMowinckel,* Psalms

monie begleitendes Opfer dagegen sind dürftig. Ps 5,4 und eventuell Ps 27,4 erwähnen ein »Schauopfer«[150], das zu den Vorbereitungshandlungen gehören wird. Indirekt bezeugen Ps 4,6; 27,6; 40,7; 51,18 eine begleitende Opferhandlung, bei denen wahrscheinlich Tiere geschlachtet wurden. Von dem einfacheren Speiseopfer ist in Ps 141,2 die Rede:

Mein Gebet gelte vor dir als Weihrauchgabe,
das Aufheben meiner Hände als Abendopfer.

Die hier gemeinten Gaben können in etwa der Nahrungsmittelgabe entsprechen, die wir auch in den babylonischen Texten traditionsgeschichtlich vom Schlachtopfer abzuheben hatten (s. 2.2.4.2), eine Weihrauchmischung ist in Ex 30,34f beschrieben, ein Speiseopfer außer in Lev 2,1ff z.B. in Num 7,13.19.25 usw.[151] Beide Opferarten, die sicher einmal eine selbständige Rolle gespielt haben (vgl. Num 16; Lev 23,16f) tauchen nebeneinander in Jes 1,13; Ez 16,18f; 2Chron 2,3; 29,7; Lev.2,1ff; 16,1ff auf. Die Gaben der Stammesfürsten in Num 7 bestehen neben den Schlachtopfern aus Opfergefäßen, die »mit Feinmehl, vermischt mit Öl, als Speiseopfer« gefüllt sind und anderen Gefäßen, »voll Weihrauch« (Num 7,13f.19f u.ö.).
Wir dürfen aufgrund der wenigen Hinweise annehmen, daß in der Regel die Rezitation des Klageliedes von einer Gabendarbringung begleitet war. Ein Verweis auf das allgemeine Bittschema (s.o. 2.1) und die im Klagelied modifizierte Rolle des Angebotselements (s.o. 2.3.2.2.3) mag diese These ebenso stützen wie die Aufzählung einiger Belegstellen, in denen Gebet und Opfer zusammen eine Rolle zu spielen scheinen: Vgl. Gen 4,3ff; 32,21f; Num 5,15ff; 15,3ff; 1Sam 7,9; 26,19; 1Kön 18,36f; Jer 14,12; Mal 1,9ff.
Das Gesagte wird jedoch infragegestellt durch die Tatsache, daß in den Psalmen mehrfach das materielle Opfer, wenn nicht abgelehnt, so doch deutlich als zweitrangig behandelt wird. Es ist in diesem Zusammenhang auf die Ps 40; 50; 51; 141 zu verweisen und auf die ›kultkritischen‹ Äußerungen der Propheten, die damit sicher in irgendeiner Verbindung stehen (vgl. Am 4,4f; 5,21ff; Hos 6,6; 8,11ff; Jes 1,10ff; Mi 6,6ff; Jer 14,12). *Gunkel* wertete diese Äußerungen als eine prinzipielle Distanzierung vom Kultleben: »Die Seele tritt, von den Banden des Kultus befreit, vor ihren Gott.«[152] *Mowinckel* will eine gewisse Konkurrenz zwischen den Autoren der Psalmen und der mit dem Opferdienst betrauten Priester an ein und demselben Heiligtum erkennen[153]. *GvRad* und *JHermisson* sehen in den abwertenden Aussagen über das Opfer einen Prozeß der Spiritualisierung[154].
Bei Licht betrachtet, wird in den Psalmen generell und in den individuellen Klageliedern speziell das Opfer nicht grundsätzlich verpönt, der Zusammenhang zwischen rituellem Wort und ritueller Handlung nicht *a limine* aufgelöst. Für das Klagegebet kann man sagen: In den kritischen Gedanken zum Opfer wird lediglich das Angebotselement des normalen Bittschemas relativiert. Nicht einmal das! Es wird auf die ihm zukommende Bedeutung für das Ganze zurückgeschnitten. Die Gabe an Jahwe kann nicht das auslösende Moment für seine Hilfeleistung sein in dem Sinn, wie etwa Jakob seinen Bruder Esau mit einem Geschenk versöhnen will (Gen 32,21). Schon im alltäglichen Leben ist das blinde Vertrauen auf die Wirkung einer Gabe oder Leistung auf den Bittempfänger unangebracht; die Bittrede, die persönliche Willenserklärung und Offenlegung der Motive für die Bitte sind entscheidend. Wieviel mehr in der Bitte an Jahwe! Eine echte Gegengabe an Jahwe ist schlechterdings nicht möglich. Gegen die Überschät-

II,31ff; *RRendtorff*, 135ff; *HJHermisson*, 31ff.
150   Vgl. *WBaumgartner*, HAL³,145.
151   Die übrigen Belege bei *RRendtorff*, 169ff.
152   *HGunkel* u. *JBegrich*, 278.
153   *SMowinckel*, Psalms II,22f.85ff.
154   *GvRad*, TAT I⁵,380ff; *HJHermisson*, 31ff.

zung der Gabe und damit eine Verfälschung der Bitte wenden sich die relativierende Äußerungen in den Psalmen.

Was die rituelle Verkoppelung von Gebet und Opferdarbringung in der Bittzeremonie für den Einzelnen angeht, so ist anzunehmen, daß beide Vorgänge synchron vonstatten gingen oder daß das Gebet dem Opfer unmittelbar folgte. Über die sicher üblich gewesenen Einleitungs- und Abschlußhandlungen sowie über die zugehörigen ›Liturgenworte‹ sind wir gar nicht oder unzureichend informiert. Die von *JBegrich*[155] angestoßene Diskussion über das priesterliche Heilsorakel hat erwiesen, daß eine direkte Antwort des Liturgen im Namen Jahwes an den Bittsteller möglich war. Man müßte solche Antwort natürlich nach dem Klage- und Bittgebet ansetzen. Falls sie ergeht, ist auch das spontane Danklied des Erhörten möglich. Eine schematische Darstellung der Bittzeremonie würde dann so aussehen: Einleitungshandlungen und -worte – Darbringung der Gaben – Gebet des Bittstellers – eventuell begleitende Worte und Handlungen des Liturgen – Heilsorakel des Liturgen – Danklied des Bittstellers – Abschlußhandlungen und -worte.

Von den im Laufe der Bittzeremonie geübten rituellen Handlungen bekommen wir durch zufällige Andeutungen einen kleinen Eindruck, ohne daß wir sie genau einordnen könnten. Der Bittsteller wäscht sich symbolisch die Hände (Ps 26,6; 73,13); er unterzieht sich einem Reinigungsritual mit Ysop (Ps 51,9 vgl. Lev 14,6f), umschreitet den Altar (Ps 26,6) oder schreitet auf den Altar zu (Ps 43,4). Den Gebrauch eines Opfertisches scheinen Ps 23,5; 69,23 vorauszusetzen[156]. Man wird bei einer Zusammenschau dieser kultischen Elemente der Klagelieder des Einzelnen stark an den Ritualvollzug in Babylonien erinnert.

Aus den relativ wenigen Andeutungen über den äußeren Hergang der Bittzeremonie können wir also folgendes Bild gewinnen: Liturg, Patient und eventuell Assistenten und Teilnehmer aus dem engeren Familien- oder Freundeskreis arrangierten Geräte und Gaben für die kultische Handlung, danach erfolgte vermutlich die Übergabe des Opfers, gegebenenfalls zuerst die Schlachtung eines Opfertieres, und das Bittgebet des Patienten. In Einzelfällen wurde das Gebet durch ein Heilsorakel direkt beantwortet[157], und der Erhörte konnte ein Danklied anstimmen. Wenn der Erhörungszuspruch nicht in der Liturgie der Bittzeremonie vorkam, dann schloß diese gewiß nach dem Patientengebet mit Segens- oder Begleitworten des Liturgen und entsprechenden Abschlußhandlungen ab.

2.3.4.3

Ein besonderes Problem stellt die Frage der Bindung oder Nichtbindung der Bittzeremonie an einen heiligen Ort dar. Damit wird gleichzeitig noch einmal die Frage nach dem Berufsstand und der Funktion des Liturgen aufge-

---

155 ZAW 52 (1934) 81ff = TB 21, 217ff; vgl. *RKilian*, BZ 12 (1968) 172–185.
156 Vgl. die Aufstellungen bei *SMowinckel*, Psalmenstudien I, 140ff.
157 Es ist natürlich zu fragen, ob der Gottesspruch nicht ursprünglich in die ›Befragungshandlung‹ hineingehört habe und erst sekundär in die Bittzeremonie verpflanzt worden sei. Die wenigen in den Psalmen erhaltenen Heilsorakel (vgl. Ps 12,6; 32,8; 75,3f; 91,3ff; 121,3ff) wollen dem Beter die Sicherheit geben, daß Jahwe zu seinen Gunsten eingreifen wird: Eine solche Ankündigung ist bereits gleichbedeutend mit der Aussage, daß sich das Geschick des Leidenden zum Besseren wenden wird. Als solche wäre sie noch innerhalb der Befragungshandlung denkbar, aber die Bitthandlung verlöre ihren Sinn. Vgl. oben Anm. 8 und 155.

griffen. Die vielfache Erwähnung des Tempels in den individuellen Klage-liedern[158] ist für *Mowinckel* der entscheidende Beweis der kultischen Bin-dung ans Heiligtum, und das bedeutet ja für die nachexilische Zeit: ans Jeru-salemer Heiligtum[159]. *Gunkel* hingegen kann auf zahlreiche Aussagen ver-weisen, die den Beter weit entfernt vom Tempel oder auf dem Krankenlager zeigen; er kann damit seine Vorstellung untermauern, nach der es sich bei den individuellen Klageliedern um geistliche, kultfreie Nachdichtungen al-ter Kultformulare handelt[160]. Beider Argumente verdienen uneinge-schränkte Beachtung. Wahrscheinlich haben viele Bittzeremonien am Hei-ligtum stattgefunden, vielleicht nicht an den Hauptaltären, die für den täg-lichen und offiziellen Kult bestimmt waren, sondern an Seiten und Sonder-altären oder an Opfertischen. Wir haben oben schon von der Möglichkeit gesprochen, daß besonders die Sühne- und Reinigungsriten, zu denen ent-sprechende Psalmgebete gehörten, in der Hand der ortsgebundenen Prie-sterschaft lagen.

Andere Überlegungen und Beobachtungen weisen aber auf die Existenz freierer, vom Heiligtum unabhängiger Bittzeremonien hin. Spätestens nach der Kultzentralisation in Jerusalem mußte es unmöglich sein, alle ›pri-vaten‹ Bittgottesdienste oder die ganze Kasualpraxis am Tempel abzuhalten. Im akuten Notfall konnte der Betroffene auch nicht bis zu einem Jahresfest warten, so wie Elkana und Hanna es 1Sam 1,3ff tun, um Jahwes Hilfe zu er-bitten; mancher Kranke war, wie wir es z.B. in 2Kön 4,19f; Jes 38,1 lesen, ohnehin nicht transportfähig. Möglicherweise hat auch, das sahen wir an den babylonischen Beispielen, eine gewisse Scheu bestanden, alle und jede Not im oder am Heiligtum zu behandeln, die Furcht vor einer Beeinträchti-gung des heiligen Ortes war sicher vorhanden. Die Krankenheilungsbe-richte von Gottesmännern, die außerhalb des Heiligtums, am ›profanen‹ Ort das Heilungszeremoniell vornehmen[161], sprechen nun auch positiv da-für, daß die Bittzeremonie für den Einzelnen nicht unbedingt an den Tempel und die nur dort fungierende Priesterschaft gebunden war. Wenn diese An-

158 Vgl. S*Mowinckel*, Psalmenstudien I,140ff.
159 Zion und Daviddynastie sind in den individuellen Klageliedern nur an folgenden Stellen erwähnt: Ps 51,20; 61,7f; 63,21; 69,36; 84,8; 102,14.17.22. Die meisten dieser Stellen kön-nen aber nicht als Beweis dafür dienen, daß der betreffende Text am Jerusalemer Heiligtum entstanden ist oder ihm allein verhaftet war, denn es handelt sich bei ihnen möglicherweise um sekundäre Erweiterungen.
160 H*Gunkel* u. *JBegrich*, 180ff.
161 Vgl. Num 12,11ff; 1Kön 17,17ff; 2Kön 4,30ff; 5,8ff; 20,1ff. Die Staatsheiligtümer wa-ren im Alten Orient sicherlich in erster Linie zur Ausrichtung des offiziellen, die Gesamtord-nung tragenden Kultdienstes bestimmt. K*Deller* sagt von den assyrischen Tempeln: »Es ist gar nicht so sicher, ob die Tempelliturgie überhaupt auf eine massive Präsenz von ›Kirchgängern‹ angelegt war. Im Innenraum des Tempels dürften jedenfalls die Kultdiener weitgehend unter sich geblieben sein . . . Da die Gottheit im Tempel ›leibhaftig‹ wohnend und thronend vorge-stellt wurde, mußte wenigstens das Adyton des Tempels vor jeder kultischen Verunreinigung bewahrt werden. Das schließt eigentlich den Beter per definitionem (der Kranke ist ein von bö-sen Dämonen Besessener) vom Betreten des Tempelinneren aus . . .« (schriftlich an mich).

nahme zutrifft, ergeben sich neue Deutungsmöglichkeiten für die Psalmen
die fern vom Heiligtum gesprochen worden sind[162]. Sie entstammen solchen Bittzeremonien im außerkultischen Bereich und verraten durch ihr(
Sehnsucht nach den Vorhöfen des Herrn und nach dem »Schauen« seine:
Antlitzes nicht ihre privatisierende Stimmung, sondern ihre innere Ver-
bundenheit mit dem offiziellen Kult, an dem der Leidende wegen seiner besonderen Lage zur Zeit nicht teilnehmen kann.
Es bleibt also die Annahme, daß zumindest ein Teil der individuellen Klagelieder nach Analogie der babylonischen Beschwörungsgebete außerhalb de:
Tempels in einer vom Kultfachmann geleiteten Bittzeremonie entstander
und gebraucht worden ist. Wenn bei solchen kultischen Bitthandlungen ir
der Regel Speise-, Schütt- und Weihrauchgaben dargebracht wurden, dürften derartige Zeremonien auch nach der deuteronomischen Reform nocl
möglich gewesen sein.

2.3.4.4

Unsere Überlegungen zum Hergang und Ort der israelitischen Bitthandlung müssen im Blick auf Sinn und Ziel der Zeremonie abgerundet werden
Wie können wir den Bittgottesdienst für den Einzelnen charakterisieren? E:
liegt nahe, hier dieselben Kriterien zu verwenden wie oben bei der Beurteilung der allgemeinen Bittrede oder der babylonischen Beschwörung. Dor
bemerkten wir, daß alles Bitten auf Behebung der Not, Vertreibung des Bösen und Sicherung des Wohlbefindens angelegt ist. Dieselben Aspekte unc
Motivationen lassen sich beim israelitischen Klagelied vor Jahwe feststellen
Der Leidende möchte sich selbst durch Vermittlung des Liturgen mit seiner
Gott versöhnen; er möchte das Unheil, das ihn bereits angefallen ist ode:
ihm droht, vertreiben und dadurch die heile Ordnung wiedergewinnen
Nun ist dies eine großflächige Betrachtungsweise. Sie ordnet den Bittgottesdienst des Einzelnen in ein Weltbild ein: das kleine Gebet erscheint eingebettet in den Zusammenhang der kosmischen Ordnungen oder der umfassenden Gemeinschaftsverhältnisse, die wir im alten Israel zu erkenner
meinen[163].
Diese Sicht der Dinge hat gewiß ihre Berechtigung. Aber sie muß am End(
einer Betrachtung stehen. Wenn wir anfangen, uns über die Funktion unc
das Ziel des Bittgottesdienstes klarzuwerden, gehen wir tunlichst von de:
Ursprungszelle der Zeremonie aus, und das ist die Primärgruppe, die klein(
soziale Einheit, die ihre kultischen Begehungen neben dem offiziellen Kul1
hält, und die ihre Traditionen nicht aus dem großen Strom der offiziellen

---

162 Vgl. Ps 27; 42/43; 84.
163 Zu den großen Ordnungsvorstellungen vgl. *HGese*, Lehre und Wirklichkeit in der alter
Weisheit, Tübingen 1958; *ChrKayatz*, Studien zu Proverbien 1–9 (WMANT 22), Neukir
chen-Vluyn 1966; *HHSchmid*, Wesen und Geschichte der Weisheit (BZAW 101), Berlin 1966
GvRad, Weisheit in Israel, Neukirchen-Vluyn 1970. Die gesamtgesellschaftlichen kultischer
Institutionen sind letztlich dieser kosmischen Ordnung verpflichtet und bieten dem »privaten«
Glück und Leid wenig Raum, vgl. *HJKraus*, Gottesdienst; *RdeVaux*, Bd. II,89–429.

Volksreligion, sondern zu einem erheblichen Teil aus den schmalen Rinnsalen der Familien- und Sippenüberlieferung empfängt. Wir könnten denselben Sachverhalt auch so darstellen: Das Wesen des Bittgottesdienstes für einen Einzelnen wird nicht dadurch erfaßt, daß man ihn von Anfang an auf einen großen Sinnzusammenhang projiziert. Man hat seine Eigenart und Zielsetzung vor allem innerhalb des natürlichen soziologischen Rahmens abzustecken. Das haben nun freilich gerade die verschiedenen gattungsgeschichtlichen Deutungsversuche je auf ihre Weise auch versucht, und wir müssen uns nun abschließend mit ihren wichtigsten Ergebnissen auseinandersetzen, ehe wir eine eigene Deutung versuchen.

Gunkels Zweckbestimmung der Klagelieder, so sagten wir, entstammt dem Gesellschaftsverständnis des privatisierenden 19. Jahrhunderts. Genauer: Das zugrunde liegende Modell der menschlichen Gemeinschaft war das Ideal des (akademisch gebildeten) Bürgertums. Besonders im religiösen Bereich kam nach jener Auffassung der Qualität des individuellen Seins ein absoluter Höchstwert zu. Die Erfahrung des Einzelnen und seine schöpferische Kraft galten als das Lebenselement der Gesellschaft; in der Religion war man vollends bereit, alle Vorwärtsentwicklung dem genialen Funken bedeutender Führergestalten zuzuschreiben. *Gunkel* hatte zwar mit großem Scharfblick die hervorragende Bedeutung gesellschaftlich wiederkehrender Situationen für die Ausprägung von literarischen Gattungen erkannt. Aber er mochte oder konnte trotzdem nicht auf die Pionierrolle des Individuums in der Geschichte der Religion verzichten. Darum war er geneigt, die Klagelieder des Einzelnen als geistliche, kultfreie Dichtungen anzusehen und ihren Beitrag an persönlicher, innerer Erfahrung in den Vordergrund zu rücken. Wir haben gesehen, daß dieses Gesellschaftsmodell den Texten und der in ihnen zum Ausdruck kommenden Sache nicht gerecht wird. Israels Klagegottesdienst für den Leidenden leben aus der kultischen Gruppenerfahrung. Soweit wir erkennen können, spielt das persönliche Element in ihnen eine untergeordnete Rolle. Wenn *Gunkels* und seiner Zeitgenossen Konzept von der überragenden Kraft des Individuums für die Klagelieder des Einzelnen fragwürdig wird, dann kann man sich auch nicht mehr an die Persönlichkeit des Propheten Jeremia und an seine ›Konfessionen‹ klammern. Auch diese Klagegebete dürften den Gebetsformularen des Kultes näherstehen als dem »freien Laiengebet«[164].

Mowinckel sieht das Klagelied des Einzelnen als ein Ritualgebet, das Schutz und Heilung vor allem möglichen Übel, besonders vor menschlichen und dämonischen Widersachern bringen soll. Seine Ansicht basiert auf der frühen ethnologischen und religionsphänomenologischen Forschung: *Mowinckel* ist eingestandenermaßen stark von *WGrønbech* und *JPedersen* beeindruckt: Vor dem Hintergrund des sich am Mana-Begriff orientierenden primitiv-magischen Weltverständnisses entfaltet sich der Glaube an ein persönliches Gegenüber[165]. Dies geschieht in allen Kulturen nach annähernd denselben Grundregeln, wenn auch in jedem Volk in spezifischer Einzelentfaltung. Von der Religion Israels kann *Mowinckel* darum sagen: ». . . wir wollen . . . versuchen, zu zeigen, daß es sich hier um eine besondere Form von etwas Allgemeingültigem handelt . . .«[166] Die Gesellschaft, welche die Religion hervorbringt, ist in *Mowinckels* Augen aber hierarchisch gegliedert. Stammesfürst und König gelten ihm als die eigentlichen Repräsentanten des Volkes; sie stehen der Gottheit gegenüber und sind die Träger des

---

164   Vgl. *HGReventlow*, Liturgie und prophetisches Ich bei Jeremia, Gütersloh 1963; *EGerstenberger*, JBL 82 (1963) 393–408.
165   Vgl. *SMowinckel*, Religion.
166   *SMowinckel*, Religion 10.

Kultes. Das Klagegebet des Einzelnen kann sich darum nur sekundär, im Zuge der Demokratisierung der Religion und des Kultus entwickeln. Wir konstatierten oben schon, daß auf diese Weise der ›kleine Kult‹, der sich vor und neben aller völkischen Religion in der Primärgruppe entfaltet, nicht richtig in den Blick kommen kann. Auch die christliche Kasualpraxis kann nicht einfach bedingungslos aus dem Gemeindegottesdienst erklärt werden.

Die sakralrechtlichen Erklärungsversuche von *HSchmidt*, *LDelekat* und *WBeyerlin* schließlich konzentrieren lobenswerterweise ihre Aufmerksamkeit auf die Frage nach dem institutionellen Haftpunkt der Klageliedgattung. Sie stimmen darin überein, daß sie die Eigenständigkeit des individuellen Klageliedes zunächst respektieren, dann aber sehr schnell eine »Institution«[167] am Heiligtum, im Gewebe des offiziellen Kultes, ausfindig zu machen suchen. Die Bitt- und Klagezeremonie für den Einzelnen erscheint also wieder als das Abgeleitete; die eigentliche Heimat des Gebets ist der für die ganze Gemeinschaft geltende Kult. Das hat zur Folge, daß die wirklichen gesellschaftlichen Zusammenhänge, aus denen heraus der Notleidende seine Bitte vor Jahwe bringt, nur scheinbar geachtet werden. Die genannten Forscher konstruieren einen Sitz im Leben von einer übergreifenden Rechtsordnung her, die sie zudem ohne ausreichende Begründung in den Tempelkult hineinprojizieren.

Die entscheidende Frage im Blick auf die individuellen Klagegebete des Alten Testaments lautet: Wo ist ihr natürlicher Haftpunkt in der Gesellschaft? Im Tempelkult bietet sich in der Tat nur das Ordalverfahren als mögliche institutionelle Heimat an[168]. Bei diesem Verfahren müssen aber der Reinigungseid des Beschuldigten und entsprechende fluchbringende Handlungen im Mittelpunkt stehen[169]: außer für Ps 7 und eventuell noch den einen oder anderen Unschuldspsalm lassen sich schlechterdings für keinen Text Beziehungen zu einem Ordalverfahren wahrscheinlich machen. Die mancherlei Hinweise auf das richterliche Handeln Jahwes zugunsten des Beters und gegen die andrängenden Feinde können nicht einfach für eine postulierte Tempelgerichtsbarkeit beschlagnahmt werden, deren Verhältnis zur normalen Ortsgerichtsbarkeit dann auch völlig in der Schwebe bleibt[170]. Gottes

---

167 Vgl. meine Besprechung von *WBeyerlin*, Rettung, in: VF 17 (1972/1) 95–97.

168 Die Verfahren, in denen Priester über rein und unrein zu entscheiden (vgl. Lev 13,3ff u.ö.) oder über die Wiederaufnahme eines Geheilten zu befinden hatten, scheiden wegen ihrer anderen Zielsetzung als ursprünglicher Lebenssitz für die Klagelieder aus; s.o. 2.3.1 Anm. 8. Zum Ordalverfahren vgl. *RPreß*, ZAW 51 (1933) 121–140; 227–255; *EKutsch*, RGG³ II,1808f.

169 Num 5,15ff ist der Text, der uns am ausführlichsten über das Ritualgeschehen während eines Gottesgerichts informiert. Ein Klagegebet von der Art der individuellen Klagelieder des Psalters läßt sich in diesem·Ablauf kaum unterbringen. Auch Jos 7,20f, die Exhomologese des überführten Diebes, läßt sich nicht als Prototyp für das Klagegebet des Einzelnen in Anspruch nehmen.

170 Bei *WBeyerlin*, Rettung, ist (nach Dtn 17,8ff) eine Art Rechtshilfeabkommen zwischen weltlichem und geistlichem Gericht vorausgesetzt, das die Urteilsvollstreckung mit einschließen soll, vgl. a.a.O. 68ff.142ff. »Es konnte zur Hinrichtung des lügenhaft-rechtsbrecherischen Feindes im kultischen Rahmen kommen . . .« (a.a.O. 146). Daneben wird a.a.O. 70f mit einem Strafvollzug »durchaus auch im außerkultischen Leben« (a.a.O. 71) gerechnet. Um seine Prämissen (a.a.O. 14f u.ö.) zu retten, fügt *Beyerlin* den schönen Satz hinzu: »Wo die letzten Phasen eines Gerichtsvollzuges, vor allem die der Strafvollstreckung, außerkultischen Institutionen und Umständen überlassen geblieben sein könnten, da würde es doch unfraglich sein, daß sie als bloße Folge und Auswirkung kultisch-institutioneller Gerichtsentscheidung zu gelten hätten« (a.a.O. 72).

Handeln als Richter geschieht vielmehr im Himmel (Ps 7,7f) und wird in der Notlage als helfendes Eingreifen für den Bittsteller erfahren: nicht als Rechtsverfahren mit dem Ziel der Urteilsfindung, sondern als vollstreckende Tat[171]. Dem Gerichtshandeln Jahwes aus der Höhe entspricht eben kein Verfahren vor einem (imaginären) Tempelgericht; trotz der juridischen Terminologie mancher Psalmen deutet die gattungsgeschichtliche Untersuchung und der Vergleich mit dem babylonischen Genre dahin, daß wir es bei der Klagezeremonie für den Notleidenden mit einer echten Bittzeremonie zu tun haben, nicht mit einem sakral verbrämten Gerichtsverfahren. Bei den Klageliedern geht es nicht in erster Linie um Schuld oder Unschuld des Beters, sondern um seine Not. Würde diese Not vor ein Tribunal gebracht, müßte – auch nach der Einstellung der Psalmdichter damals – Jahwe selbst auf der Anklagebank Platz nehmen[172]. Denn die Notursachen liegen letztlich im Einflußbereich Jahwes. Er kann Unglück, Krankheit, Gefahr abwehren, Heil und Leben schenken, wie ein Richter, wie ein König, wie ein Mächtiger, in dessen Hand es steht, Entscheidungen zu fällen und durchzusetzen.

2.3.4.5

Was kann demnach als Sinn und Ziel der Bittzeremonie, die in der Primärgruppe verwurzelt ist, herausgestellt werden? Die Gruppe wird die gottesdienstliche Handlung in Auftrag gegeben, der kultische Fachmann wird sie (in Zusammenarbeit mit dem Heiligtum?) ausgeführt haben. Die Familie hat für die Ausrichtung der Bittzeremonie zu sorgen, und der Leidende oder der vom Unglück Verfolgte, der seinerseits eine Gefahr für die Gruppe darstellt, soll in dieser kultischen Handlung rehabilitiert werden. Er soll zu einem vollwertigen Leben zurückfinden, und das ist nach israelitischer Auf-

171 In den babylonischen Gebeten findet sich die Bitte um einen Prozeßentscheid neben der anderen um Festsetzung eines (guten) Schicksals (vgl. oben S. 108f). Bei beiden handelt es sich um himmlische Verfahren, die sich direkt auf den Menschen auswirken. Die israelitischen Klagelieder rufen Jahwe als Richter an und bitten um Wiederherstellung des Rechts (vgl. Ps 7,7ff; 17,2 u.ö.; weitere Belege bei *AGamper*). Die Psalmen bezeichnen Jahwe auch als Arzt (vgl. Ps 6,3; 30,3; 41,5; 60,4; 103,23; 107,20; 147,3) oder Krieger (vgl. Ps 3,8; 17,13; 35,2f; 64,8 u.ö.), ohne daß ein entsprechendes Verhalten im Tempel dargestellt worden wäre. Also haftet wohl auch in Israel die Vorstellung von Jahwe, dem ›Richter‹ an der himmlischen Ratsversammlung, die Entscheidungen über die Menschen fällt.
172 In manchen weisheitlichen Schriften wie auch gelegentlich in den Klagepsalmen wird der Schritt aus der Bitt- in die Anklagesituation vollzogen: vgl. im AT Pred und Hi; die babylonischen Kompositionen »ludlul bēl nēmeqi« und die »babylonische Theodizee« (*WGLambert*, BWL 32ff; 70ff), sowie Ps 7; 17; 26; 44; 73; 89 usw. Das Aufbegehren gegen die Ordnung, in der der Beter Mangel leiden muß, ist aber in seiner Intensität sehr verschieden. Wenn oben 2.1.6 festgestellt wurde, daß der Vorwurf Teil der Klage und damit Teil der Bittrede sein kann, und daß die Klage selbst mehr oder weniger direkt Rechte des Bittstellers einklagt, dann ergibt sich analog für die ›Anklage Gottes‹ in unseren Gebetstexten: Sie gehört mit zu den möglichen Bauelementen des Klagelieds und will mit das Eingreifen des gerechten Richters zugunsten des Beters provozieren.

fassung nur möglich, wenn das Verhältnis zu Gott und Menschen in Ordnung gebracht und dadurch das Böse vertrieben wird.

Selten wird im Alten Testament über Sinn und Ziel des Gebets reflektiert. Die Freunde Hiobs gehen in ihren beschwörenden Appellen auf das Thema ein, z.B. Hi 22,27:

Wenn du ihn (d.h. Gott) bittest, dann erhört er dich,
dann kannst du ihm deine Gelübde erfüllen.

Sie wissen, wie und warum Gott einen Menschen verwarnt und was der Gezüchtigte dann zu tun hat, Hi 33,26:

Er soll zu Gott beten, und der wird ihm gewogen sein,
er darf jubelnd sein Angesicht sehen.
Gott wird sein Ansehen wiederherstellen[173].

Daß beide Male auf das kultische Gebet abgehoben ist, zeigt deutlich die Terminologie: עתר = durch Opfer erbitten, vgl. auch Ri 13,8; שלם נדרים = Gelübde erfüllen, vgl. 2Sam 15,7; Jes 19,21; Gottes Angesicht schauen; vgl. Ex 23,15; 34,20[174]. Die weisen Freunde Hiobs empfehlen dem Leidenden getreu der herrschenden Auffassung das Bittgebet als Ausweg aus der Not und als Brücke in ein normales, segensreiches Leben. Ihr Ratschlag beleuchtet brennpunktartig die Problematik des Hiobbuches. Gott kann nicht zur Rechenschaft gezogen, er muß gebeten werden. Wenn der von Gott Bestrafte aber sich aufs Bitten verlegt, so meinen die Freunde, dann wird er das heile Leben wiedergewinnen und die schlimmen Folgeerscheinungen (vgl. Hi 29f) überwinden. In ähnlicher Weise sind die Hinweise der Freunde auf das Gebet in Hi 5,8ff; 24ff; 8,5ff; 11,13ff zu verstehen, vgl. Hi 11,15–19:

. . . dann kannst du frei dein Haupt erheben,
dann stehst du fest da und brauchst dich nicht zu fürchten.
Du wirst die Qual vergessen,
du denkst daran, wie an verrinnendes Wasser.
Dein Leben wird wie der helle Tag;
was finster war, wird wie der Morgen sein.
Du faßt Vertrauen, weil es Hoffnung gibt.
Du wirst dich schämen und in Frieden schlafen.
Du kannst ruhen, ohne daß dich jemand aufschreckt.
Viele werden dich umschmeicheln.

Die Klagelieder selbst stellen den Wunsch nach Rehabilitierung des Leidenden obenan. Das Unglück ist ja darum so niederschmetternd, weil es die Herauslösung des Einzelnen aus der Gemeinschaft mit Jahwe und den Menschen signalisiert. Darum ist es das Hauptziel der Bitte, Gott zur Wiederherstellung des guten Gemeinschaftsverhältnisses zu bewegen. »Sei mir

---

173 Zur letzten Stelle vgl. jedoch die Textemendationen von *GBeer* (BHK⁷ 1142) und bei *GFohrer*, KAT XVI, 1963, 455. Nach *KSeybold* bedeutet צדקה »zunächst das ›Anrecht‹ zur Teilhabe an der kultischen Gemeinschaft . . .«, dann aber im weiteren Sinn »die kultische und soziale Rehabilitation« des Beters (a.a.O. 92).
174 Vgl. *GvRad*, TAT I¹,377 Anm. 22; *GFohrer* (KAT XVI) 460f; *KSeybold*, 92.

nicht fern!«[175] So schreit der Beter. »Wende dich zu mir!«[176] »Kehre um, rette mich!«[177] »Beweise deine Treue!«[178] »Erbarme dich meiner!«[179] »Heile mich!«[180] »Sei mir Helfer, Fels, Beschützer, Rächer!«[181] Wie immer auch die Hilferufe an Jahwe lauten mögen: Sie möchten die unmittelbare Gemeinschaft mit Gott wiederherstellen.

Nun ist bei dieser Rehabilitierung nicht an ein nur zweiseitiges Verhältnis zwischen Beter und Gott gedacht. Zwar sucht der Leidende Rettung und Erlösung von Schmerzen und Not. Als höchstes Gut ersehnt er sich das Leben[182], aber dieses Leben ist ein Dasein in der Gemeinschaft mit Jahwe und mit den Menschen seiner Umwelt. Die Freundschafts- und Verwandtschaftsbezeichnungen im Klagelied weisen deutlich genug darauf hin, und die Abgrenzung von den Feinden hat dieselbe Funktion.

Die Freundschafts- und Verwandtschaftsbeziehungen spielen vor allem im Klageelement eine Rolle. Der Notleidende spürt den Verfall der menschlichen Bindungen:

Meine Freunde und Angehörigen stehen (starr) vor meinem Unglück;
die mir nahe stehen, halten sich fern. (Ps 38,12)

Man vergleiche Ps 31,12; 35,11ff; 38,12; 55,14f; 69,9; 88,9.19, die in eindringlicher Weise über die Entfremdung von den nächsten Mitmenschen klagen, und zwar hauptsächlich unter dem Aspekt, daß die Umgebung den Leidenden wie einen Ausgestoßenen behandelt. Die Verachtung, die den Unglücklichen trifft, schildert bewegend Hi 30 in betonter Kontrastierung zum glücklichen Leben des von Gott Gesegneten (Hi 29). Krankheit und Unglück lösen die engsten mitmenschlichen Bindungen. Der Beter kennt diese Zusammenhänge und die zugrunde liegenden Vorurteile; er wird sie ja in der Regel teilen. Aber als Ausgestoßener klagt er über sein eigenes Leid (»Ich bin meinem Bruder ein Fremder geworden . . .« Ps 69,9), und er beschuldigt die früheren Vertrauten des Treuebruchs (»Wenn der Feind mich schmähte, könnte ich es ertragen . . . nun aber du, ein Mensch von meinesgleichen, mein Freund und Vertrauter . . .« Ps 55,13f) oder er klagt Gott selbst an: »Du hast mir Freund und Angehörigen entfremdet; meine Bekannten vergessen mich« (Ps 88,19). Dann wieder weist das Gebet auf die vorbildliche Haltung des Beters in ähnlichen Fällen hin:

175   Ps 22,12.20; 35,22; 38,22; 71,12.
176   Ps 25,16; 69,17; 86,16; 119,132.
177   Ps 6,5; vgl. 71,20; 90,13.
178   Ps 17,7; vgl. 31,17; 36,11; 40,12. Die Solidarität Jahwes mit dem Bittsteller, die von der Bundestreue Gottes zu seinem Volk im Ursprung zu unterscheiden ist, spielt in den Klageliedern des Einzelnen eine hervorragende Rolle. Das Wort חסד z.B. erscheint mit Bezug auf Jahwe insgesamt 124mal in den Psalmen, davon 38mal in individuellen Klageliedern. 34 Vorkommen entfallen auf hymnische Responsorien, z.B. in den Ps 107; 118; 136.
179   Ps 4,2; 6,3; 9,14; 25,16; 26,11; 27,7; 30,11; 31,10; 41,5.11; 51,3; 56,2; 86,3.16; 119,58.132.
180   Ps 6,3; 41,5; vgl. 30,3; 60,4; 103,3; 107,20; 147,3.
181   Vgl. Ps 10,14; 19,15; 28,1; 30,11; 31,3; 54,6; 71,3; 121,3f.
182   Vgl. *GvRad*, TB 8,225–247; ders., TAT II, Sachregister s.v. »Leben«; *ChrBarth*; *ARJohnson*, The Vitality of the Individual in the Thought of Ancient Israel, 1949.

Ich aber, wenn sie krank waren, zog mir den Sack an;
ich habe mich fastend für sie gebeugt,
mein Gebet (für sie) war echt[183].
(Sie waren) mir wie Genosse und Bruder
wie einer um seine Mutter trauert, ging ich umher;
so lag ich da in Trauer. (Ps 35,13f)

Oder er schildert das verderbliche Tun der angeblichen Freunde, vgl. Ps 12,3; 28,3; 35,11f; 109,4f. Die verwendeten Relationstermini bezeichnen nicht ausschließlich die Blutsverwandtschaft, sondern auch die Wohn- und Lebensgemeinschaft: »Freund« und »Angehöriger« (Ps 38,12; 88,19) soll anscheinend beide Verhältnisbestimmungen umfassen (vgl. 2Sam 19,7; 1Kön 5,15; Jer 20,4.6; Prov 14,20; 18,24). In Ps 88,19 tritt als dritte Bezeichnung der Ausdruck מידעים hinzu; er findet sich außer in Hi 19,14 und 2Kön 10,11 sonst nur im Psalter (vgl. noch Ps 31,12; 55,14; 88,9) und meint Menschen, die in einem engen Vertrauensverhältnis zu einem anderen stehen. Verschiedene Arten und Grade des Vertrauens deuten auch die Wörter אלוף (Ps 55,14 vgl. Mi 7,5); קרוב (Ps 38,12; vgl. Hi 19,14); שלם (Ps 7,5)[184]; שכן (Ps 31,12 vgl. Prov 27,10). Mit אח hingegen (Ps 35,14; 69,9) ist in der Regel der Blutsverwandte gemeint[185].

Es ist charakteristisch, und eigentlich nicht verwunderlich, daß das Gewebe der sozialen Beziehungen im Klagelied des Einzelnen in der Hauptsache im Klageelement sichtbar wird. Der Verlust des gesellschaftlichen Status und der Sicherheit in der Gemeinschaft kommt dem Leidenden schmerzlich zu Bewußtsein und wird von den Gebetsformularen berücksichtigt. Die Bitte um die Rückkehr des heilen Zustandes schließt die Wiedergewinnung der Gruppensolidarität und die Sicherheit des Einzelnen in seiner Gruppe an erster Stelle mit ein. Denn die Bitte um Recht und Gerechtigkeit, Leben und Heil, Licht und Wahrheit[186] setzt voraus, daß die mitmenschlichen Gemeinschaftsverhältnisse ebenso geheilt werden wie das Verhältnis des Bittstellers zu Jahwe.
Kehrseite desselben Bemühens um Rehabilitierung des Einzelnen und Konsolidierung der Gruppe ist der Versuch, die feindlichen Mächte auszuschalten.

Der Feind oder die Feinde, so sagten wir (vgl. o.S. 144ff), tritt bzw. treten nicht als Einzelgänger auf. Häufig werden Pluralformen zur Bezeichnung der Widersacher gebraucht, gelegentlich ist von den Zusammenrottungen, den ›gangs‹ der Feinde, die Rede: »Jahwe, wie zahlreich sind meine Feinde; in Massen erheben sie sich gegen mich« (Ps 3,2; vgl. Ps 3,7; 22,13; 25,19; 31,14; 37,16; 38,20; 55,19; 56,3; 69,5 und Ps 38,20; 69,5); sie umzingeln ihr Opfer, dringen von allen Seiten auf es ein (vgl. Ps 3,7; 12,9; 17,11; 22,13.17; 31,14; 55,11; 59,7.15; 109,3). Gelegentlich, doch das erscheint bedeutungsvoll, tauchen die Feinde in strukturierten Gruppen

---

183 Vgl. *WBaumgartner*, HAL³, 300.
184 Vgl. *JHTigay*, JBL 89 (1970) 178ff.
185 Vgl. *EJenni*, THAT I,98–104.
186 Die ›erbetenen Güter‹ werden in den Klagegebeten oft paarig genannt. Auch wenn man den parallelismus membrorum berücksichtigt, könnte sich darin eine Erinnerung an die Bitte um zwei Schutzgenien erhalten haben, vgl. *WvSoden*, BaghM 3 (1964) 148–156 und die Psalmenkommentare (bes. *MDahood*, AncB 16/I,148) zu Ps 23,6; 25,21; 43,3; 89,15.

auf: »Verbirg mich vor der Bande der Übeltäter; vor den tobenden Unheilstiftern« (Ps 64,3; vgl. Ps 55,15; Jer 6,11; 15,17; Hi 19,19); »Hunde umringen mich, die Schar der Übeltäter hat mich eingekreist« (Ps 22,17; vgl. Ps 86,14; Num 16,5f; Hi 15,34; 16,7); »Ich hasse die Versammlung der Übeltäter« (Ps 26,5). In diesen Aussagen werden offensichtlich uralte Erfahrungen von Gruppenkonflikten aufgegriffen; die »Feinde« des Psalmisten, ob es sich dabei um Menschen oder Dämonen handelt, werden als Antigruppe gesehen, von der man sich zum eigenen Besten, zur Bewahrung der eigenen Identität abgrenzt. An Ps 120 meinten wir Spuren eines solchen Vorganges aus geschichtlicher Zeit feststellen zu können (vgl. o.S. 145).

Wir können demnach festhalten: Der Einzelne ist in den individuellen Klageliedern ein Glied seiner Gruppe; sein Leiden ist nicht privates Leid. Sein Schicksal berührt die Menschen seiner Umgebung so stark, daß sie Mitbetroffene sind, und als solche an dem Versuch der Rehabilitierung Anteil haben. Vom Sinn und Ziel der Bittzeremonie können wir also folglich nur im Rahmen dieser kleinen Gemeinschaft sprechen. Das Leben, das der Leidende erfleht, ist weder ein rein privates Glück noch auch das Heil, welches das Volksganze oder das Universum umfaßt. Es geht den Klagegebeten um die Gerechtigkeit, die sich unmittelbar im Dasein der Primärgruppe auswirkt, um das Leben, das dieser Gruppe und in ihr dem Einzelnen Existenzmöglichkeiten eröffnet. Der Bittsteller will Jahwe für sein ›kleines‹ Glück erwärmen; für ihn bedeutet das Schutz in der gewohnten Lebensgemeinschaft und Ausschaltung aller derer, die möglicherweise an seinem und seiner Leute Unglück ein Interesse haben könnten.

Erst sekundär, so sollte man annehmen, sind die Kulthandlungen der Sippe und der natürlichen Wohn- und Lebensgemeinschaft in den offiziellen Jahwekult eingegliedert oder mit ihm verbunden worden. Unsere Texte repräsentieren natürlich diesen späteren Zustand. Sie reden Jahwe, den Gott Israels an; sie sehen manchmal die Fürbitte für das Staatsoberhaupt vor (vgl. Ps 61,7f) oder fügen einen Segensspruch für Jerusalem und Israel (vgl. Ps 51,20) an. Es ist auch durchaus anzunehmen, daß individuelle Klagelieder als Modelle für die Volksklage gedient haben und daß manches Gebet des Einzelnen von der größeren Tempelgemeinde adaptiert worden ist. Schon das Dankopferlied des geretteten Einzelnen scheint einen weiteren Rahmen vorauszusetzen als das Klagegebet; es wird »in großer Versammlung« gesungen (vgl. Ps 22,23.26; 40,10f). Das Klagelied des Einzelnen hat dagegen in seinem beschränkten Teilnehmerkreis, seiner größeren Unabhängigkeit vom offiziellen Kult und vielleicht in manchen Begleitriten und Vorstellungen archaische Züge des ›kleinen‹ Gruppengottesdienstes bewahrt.

3
Schlußbetrachtung

Am Ende müssen wir uns noch einmal fragen, ob es sinnvoll und legitim ist, die Klagelieder des Einzelnen – wie oben geschehen – in einen kultischen Handlungsrahmen hineinzuprojizieren. Dabei soll auch deutlich werden, wie sehr die verwendete Untersuchungsmethode, wenn man ihre Berechtigung bejaht, und die durchgeführten Analysen und Synthesen, wenn sie in den Grundzügen richtig sein sollten, noch kritischer Ergänzung bedürfen.

3.1
Verfahrensfragen

3.1.1
Wir sind von zwei unbewiesenen Voraussetzungen ausgegangen: Bei den alttestamentlichen Klageliedern des Einzelnen handelt es sich nicht um literarische, sondern um Sprech-Texte. Und: Jeder einzelne Text hat seinen Schwerpunkt in der Bitte. Wir haben es also mit religiöser Bittrede zu tun. Diese Prämissen werden zwar nicht allseitig anerkannt, bilden aber doch so etwas wie eine gemeinsame Grundlage für die meisten neueren Forschungen. Wir können sie folglich aus der bisherigen Arbeit an den individuellen Klagegebeten übernehmen. Dabei kommt es nicht darauf an, daß die Klagelieder als schriftliche oder mündliche Texte entstanden sind, wohl aber darauf, daß sie für die Rezitation bestimmt waren. Es ist ferner relativ gleichgültig, wie viele Funktionen das Klagelied neben der Bitte erfüllte; wichtig ist, daß es als echte Bittrede zwecks Abwendung der Not und nicht erst im Rückblick auf schon überstandene Gefahr rezitiert worden ist. Der Gang unserer Untersuchung hat gezeigt, daß die gewählte Basis tragfähig ist. In den Texten selbst und in ihrem Umkreis finden sich genügend Hinweise darauf, daß sie in tatsächlichen Bittsituationen gebraucht worden sind.

3.1.2
An dieser Stelle kamen zwei weitere, zu überprüfende Thesen ins Spiel: Zu jeder Bittrede gehört ein adäquater Handlungsrahmen, ein ›kommunikatives Handlungsspiel‹, das die sprachliche Äußerung unterstützt, erklärt, ja – stammesgeschichtlich gesehen – erst ermöglicht. Zweitens: Zu der religiösen Bittrede gehört, entgegen früherer, privatisierender Auffassung, in der Regel ein kultisch-ritueller Handlungsrahmen. Woher stammen diese Postulate? In erster Linie aus sozialwissenschaftlichen Beobachtungen und Theorien. Die enge Verbindung von Sprechakt und Sprechhandlung ist dann auch in unserer eigenen Erfahrung nachprüfbar. Können wir diese Gesetzmäßigkeit unbesehen für das alte Israel voraussetzen? Wir meinen: Ja. Speziell bei Bittrede und Bitthandlung treffen wir auf allgemeingültige Verhaltenskonstanten, die überdies in den alttestamentlichen Zeugnissen, z.B. den Erzählungen, immer wieder als Einheit vorkommen.

3.1.3
Wie können wir den zugehörigen Handlungsrahmen erkennen, wenn die

alttestamentlichen Gebetstexte nur undeutliche Hinweise geben und die
Psalmenüberschriften als Zusätze späterer Archivare in dieser Hinsicht kein
Zutrauen verdienen? Die erste Arbeitshypothese lautet: Kultisches und all-
tägliches Bitten sind miteinander verwandt. Es müßte also möglich sein,
anhand des im Alten Testament erkennbaren alltäglichen Bittschemas Nä-
heres über die Bittsituation, die Struktur der Bitthandlung und der Bittrede,
die Rollenverteilung der Akteure und die Intention des Ganzen zu erfahren.
Theoretisch könnten für eine solche vergleichende Analyse beliebige Bitthandlungen, auch unsere eigenen, herangezogen werden. Die Wahl alttestamentlicher Erzählungen als Vergleichsmaterial bringt den Vorteil, daß
mögliche kulturelle Sonderausprägungen von vornherein mit berücksichtigt werden können.

3.1.4

Aus den Postulaten der Zusammengehörigkeit von Bitthandlung und Bittrede und der kultisch-rituellen Verankerung des Bittgebets ergibt sich auch
die zweite Arbeitshypothese: Die babylonischen Beschwörungsrituale, die
den alttestamentlichen Klageliedern ähnliche Gebetstexte enthalten, dürfen
als analoge Modelle religiöser Bitte betrachtet werden. Die Parallelität
dürfte sich vor allem auf rituelle Elemente (Reinigungs- und Opferhandlungen) und die Rolle des Ritualexperten erstrecken. Beide Erscheinungen
sind nach Ausweis der babylonischen Texte (und nach Ausweis zahlreicher
sozialanthropologischer Untersuchungen) unabdingbare Bestandteile der
kultischen Bitthandlung. Der Schluß liegt nahe, daß Israel die kultische
Bitte für den Einzelnen in ähnlicher Weise rituell umrahmt hat, und die ge-
nugsam bekannten Hinweise in den Klageliedern auf Opfer- und sonstige
Begleithandlungen bestätigen diese Vermutung. Ferner läßt sich meines
Erachtens die Folgerung nicht umgehen, daß auch in Israel ein Experte für
die Zeremonie verantwortlich war, und der Charakter der alttestamentlichen Gebetsformulare wie die gelegentlichen Hinweise auf Divinations-
und Heilungspraxis der Propheten machen auch diese Annahme wahrscheinlich.

3.1.5

Die ganze Arbeit ist durchsetzt mit eklektischen Verweisen auf sozialwissenschaftliche Literatur; es wird fortwährend der Versuch gemacht, jene
›modernen‹ Begriffskategorien zur Erfassung alttestamentlicher Sachverhalte zu verwenden. Die Gefahren einer noch unsystematischen Anwendung dieses Instrumentariums ›von außen‹ sollen nicht verkannt werden.
Außerdem muß man sich eingestehen, daß es ›die Sozialwissenschaft‹ als
Einheit überhaupt nicht gibt, sondern eher vielerlei konkurrierende Strö-
mungen und spezielle Forschungsrichtungen, die allerdings das gemeinsame Ziel haben, den Menschen in seinen gesellschaftlichen Beziehungen
zu verstehen. Die hier vertretene Grundüberzeugung läßt sich so definieren: Wir dürfen uns bei der Exegese der Bibel nicht auf eine rein literari-

sche, rationale, auf den Wortteil fixierte Betrachtung zurückziehen. Bewußt oder unbewußt reden wir immer auch vom Wortgeschehen, d.h. von den Handlungen, die das Wort begleiten. Das bedeutet, wir beziehen ohnehin den gesellschaftlichen Hintergrund des literarisch überlieferten Wortes in unsere Überlegungen ein. Dann müssen wir es aber bewußt tun: Wir haben die Kategorien zu benutzen – wie vorläufig sie auch immer sein mögen –, die heute für die Erkenntnis derartiger sozialer Sachverhalte zur Verfügung stehen. Das Resultat unseres Versuchs, mit fremdem Handwerkszeug zu arbeiten: Ritus und Rolle im Bittprozeß werden verdeutlicht. Und es ergibt sich die dringende Anfrage an den Psalmenexegeten: Welche Bedeutung hat die Primärgruppe, wenn ein Mitglied Not leidet, des Schutzes bedarf oder seine Rehabilitation betreibt?

3.2
Zur gattungsgeschichtlichen Forschung

Die von *HGunkel* begonnene form- und gattungsgeschichtliche Interpretation der alttestamentlichen Literatur wird heute zu Recht einer Überprüfung unterzogen. Sie bedarf der Weiterbildung gemäß heutigem wissenschaftlichen Erkenntnisstand. Die Fortentwicklung der *Gunkel*schen Methode zu einer ›Literaturwissenschaft‹ im engen Sinn wäre in Wirklichkeit ein Rückfall ins vorige Jahrhundert. Der ›Text‹ ist ohne seinen ›Sitz im Leben‹ nicht denkbar.

3.2.1
Der zur Textgattung gehörende ›Sitz im Leben‹ kann heute mit Hilfe von sozialwissenschaftlichen Erkenntnissen genauer definiert werden als die stereotype Lebenssituation, in der sich gesellschaftlich konventionierte oder ritualisierte Handlungsabläufe abspielen. Dieser Handlungshintergrund bringt den korrespondierenden, ebenfalls gesellschaftlicher Kontrolle unterliegenden Text hervor. Die heutige alttestamentliche Forschung ist überwiegend Textanalyse; sie leidet weithin an der fehlenden sozialwissenschaftlichen Grundlagenbesinnung. Wünschenswert wäre ein möglichst vollständiges, deskriptives System der im antiken Israel gebräuchlichen Verhaltensmuster. Ihnen könnten die bekannten mündlichen und schriftlichen Textgattungen zugeordnet werden.

3.2.2
Die sozialwissenschaftlich erfaßten ›Lebenssituationen‹ sind für die Erkenntnis der zugehörigen Gattungen von entscheidender Bedeutung. Sie ermöglichen die Einordnung der Texte in die soziale Wirklichkeit des antiken Israel. Erst von seiner ›Lebenssituation‹, seinem Ort im Sozialgefüge und im konventionierten Handlungsablauf her wird der Text in seiner gedanklichen, sprachlichen, strukturellen Eigenart voll verständlich. Die ›Lebenssituation‹ kann überdies wesentliche Kriterien zur Frage der Vergleich-

barkeit von Texten liefern. Lexikalische und stilistische Untersuchungsverfahren haben in dieser Hinsicht nur einen begrenzten Wert. Sind hingegen die Lebenssituationen vergleichbar, kann man mit einiger Sicherheit annehmen, daß auch die zugehörigen Textgattungen korrespondieren.

3.2.3
Unsere Analysen der verschiedenen Bittreden haben gezeigt, daß die grammatischen oder stilistischen Formen nicht isoliert betrachtet werden dürfen. Konventioniertes Reden (und alles Reden ist bis zu einem gewissen Grad konventioniert) bedient sich zwar stereotyper Ausdrucksweisen. Gerade die Gebetssprache ist traditionell festgelegt. Aber jede Lebenssituation erlaubt innerhalb einer gewissen Bandbreite eine Fülle von Ausdrucksformen, die im Zusammenklang mit den jeweils ›vorgeschriebenen‹ Handlungsabläufen das gewünschte Signal ergeben. Die Gattungsanalyse darf darum unter keinen Umständen einseitig die grammatischen Formen zum Ausgangspunkt ihrer Untersuchungen machen; sie muß das Zusammenspiel von Lebenssituation und Text berücksichtigen.

3.2.4
Für die Struktur eines Textes sind die Formelemente von großer Bedeutung: Sie sind die Konstruktionsteile des Textes, die Bausteine der Gattung. Sie können einander zu- oder untergeordnet sein; sie fügen sich auf jeden Fall der Gesamtintention des ›kommunikativen Handlungsspiels‹ ein. Wir bemerkten die zentrale Stellung des Bittelements in den untersuchten Bittreden. Die übrigen Elemente scheinen ihm stets untergeordnet zu sein. Das schließt nicht aus, sondern geradezu ein, daß andere Elemente die eigentliche Bitte vertreten können: ein Zeichen mehr für die innere Flexibilität einer Gattung. Hinzu kommt die bekannte Tatsache, daß die Anordnung der Elemente z.B. in einem Klagegebet erheblich variieren kann. In der Gattungsforschung wird man diese Mehrdeutigkeit, Austauschbarkeit und Beweglichkeit der Formelemente innerhalb eines Textes mehr als bisher beachten müssen.

3.2.5
Die Gattung selbst schließlich, oder vorsichtiger: einzelne Exemplare eines konventionierten Redetyps, sind nun weder unlösbar mit der originalen Lebenssituation verschweißt, noch – unseren Warenzeichen vergleichbar – rechtlich gegen Mißbrauch geschützt. Im täglichen Leben ereignen sich ständig ›Abwanderungen‹ von Texten in fremde Lebenssituationen. Das Kriterium dazu scheint oft die Brauchbarkeit oder der Erfolg eines Textes zu sein. Am Gebet exemplifiziert: Erfolgreiche Gebete werden nicht nur für die ursprünglich intendierte Situation, sondern nach und nach auch für andere Fälle verwendet. Je mehr sich dabei die am Text erkennbare Korrespondenz zwischen Situation und sprachlicher Formulierung verwischt, desto schwerer wird die Arbeit des Exegeten. Aber diese ›äußere‹ Flexibilität von

Texten ändert nichts an der Tatsache, daß jede sprachliche, konventionierte Äußerung einen soziologisch bestimmbaren, wenn auch sekundären oder tertiären Haftpunkt hat.

3.3
Individuum und Kult

Die vorliegende Untersuchung könnte dazu anregen, das Verhältnis des Einzelnen zu seiner Gruppe insbesondere im Blick auf den Gottesdienst weiter zu durchdenken. Besonders im protestantischen Bereich wird das Gebet einseitig auf das Individuum und der Gottesdienst einseitig auf ein imaginäres Volk Gottes bezogen. Es fehlt die vermittelnde Liturgie und der Sinn für die sozialen Zwischeninstanzen. Auch die protestantischen Amtshandlungen sind nur sehr bedingt als Zeremonien anzusprechen, die auf die Primärgruppe bezogen sind. Sie sind einerseits äußerst stark ›privatisiert‹, andererseits der theologischen und kirchenamtlichen Fiktion unterworfen, Teil des Gemeindegottesdienstes zu sein.

3.3.1
In den alttestamentlichen Klagegebeten begegnet uns der leidende Einzelmensch. Aber nicht in seiner unverwechselbaren Singularität, wie wir ihn wohl gerne sehen möchten. Er hat weder Namen noch Einzelschicksal. Seine Klage ergeht in traditionellen Gebetsformen, die der Ritualexperte für ihn ausgesucht hat. Der Leidende paßt sein Leid in die vorgegebene Sprache und den vorgegebenen Ritus ein und demonstriert dadurch schon seine Abhängigkeit von der Gesellschaft wie die Tatsache, daß die Gesellschaft mitbetroffen ist von seiner Not. Daß wir heute die Stimme des Beters nur in entindividualisierter, gesellschaftlicher Gestalt wahrnehmen können, bedeutet für uns andererseits Gewinn. Die singuläre, individuelle Not wäre unserem Verständnis entzogen.

3.3.2
In den meisten modernen, technisch zivilisierten Ländern der Erde ist der Mensch zunehmend auf sich allein gestellt. Viele Faktoren wirken mit, die Isolierung des Einzelnen voranzutreiben: Verkleinerung der Primärgruppen, besonders der Familie; wachsendes Angebot an technischen und medizinischen Hilfsmitteln; sich verbreiternde Sozialfürsorge; Vermehrung der Fürsorgeinstitutionen von der Kinderkrippe bis zum Altersheim; stärker werdenden Arbeitsteilung; größere Wohn- und Berufsmobilität usw. Die Erkenntnis wächst, daß das Ideal des selbstgenügsamen, autarken Einzelnen eine Illusion ist. In den gruppentherapeutischen Bewegungen wird die Reintegration des angeschlagenen Individuums in die überschaubare Gruppe versucht: ein Vorgang, der sich mit der Rehabilitation des Leidenden, die wir im Alten Testament zu erkennen meinten, berührt.

3.3.3
Die Primärgruppe hat also im alten Israel und heute eine vergleichbare Funktion: Stützung und Wiedergewinnung des geschwächten Einzelnen. Selbstverständlich handelt es sich damals und jetzt um verschieden strukturierte Gruppen: Dort in der Regel um die bodenständige Familie oder Großfamilie, hier um die mehr oder weniger zufällige und vorübergehende Versammlung gleich Interessierter, gleich Kranker. Und doch lassen sich ihre Funktionen nebeneinanderstellen. Das bedeutet aber auch: Wir können das alttestamentliche Modell als Anschauungsobjekt benutzen. Wir werden daraus lernen, wie ›die Alten‹ Wort und Ritual gebrauchten, wie sie Schuld und Unschuld verarbeiteten und in allem gruppenbezogenen Tun zur Rettung des Leidenden sich selbst transzendierten.

3.3.4
Die alttestamentliche Klagegruppe braucht – genau wie ihr babylonisches Gegenstück oder wie die neuzeitliche Therapiegruppe – einen fachkundigen Leiter. Wir haben ihn im Laufe dieser Untersuchung des öfteren mangels besserer Berufsbezeichnung den ›Ritualexperten‹ genannt. Verallgemeinernd können wir sagen: Wo die Kommunikation untereinander oder mit dem potentiellen Helfer schwierig oder gefährlich wird, tritt ein geschulter Vermittler in den Kommunikationsprozeß ein. Die Gruppe überträgt ihm teilweise oder ganz die Kontrolle über Ritus und Sprache in der gewünschten Zeremonie. Wir dürfen aufgrund vieler anthropologischer Studien annehmen, daß derartige Funktionsübertragungen von Urzeiten her vollzogen worden sind. Menschliche Religiosität als Gemeinschaftsphänomen führt unmittelbar zu einer solchen Spezialisierung. Wie weit das spontane Privatgebet Vorstufe oder Ableger des Zeremonialgebets ist, läßt sich schwer sagen. Doch sprechen allgemeine Überlegungen für die Priorität des vom Fachmann geleiteten Ritualgebets: Kommunikation mit der Gottheit ist wesensmäßig Angelegenheit der Gruppe; der Ritualexperte ist Exponent jener gesellschaftlichen Verankerung des Gebets. Das Individuum muß sich der vorgegebenen Regeln und Verhaltensmuster bedienen, will es sich an dem Kommunikationsprozeß beteiligen. Es kann dies ohne Verlust der »persönlichen Frömmigkeit« tun; die individuelle Hingabe wird im Gegenteil erst durch die Formen und Strukturen der Gruppenreligiosität ermöglicht.

3.3.5
Dem vermittelnden Experten kommt in der Bittzeremonie eine Schlüsselposition zu. Wir sind darüber durch das Alte Testament selbst nur spärlich unterrichtet. Falls aber die prophetischen Heilungsberichte und jene Stelle aus Hi 33 die Existenz eines Ritualexperten im alten Israel voraussetzen, dann dürfen wir uns anhand des zugezogenen Vergleichsmaterials seine möglichen Funktionen ausmalen. Der Ritualfachmann dürfte für Ritus und Text der Bitthandlung verantwortlich sein. Er muß die Zeremonie in allen

ihren Verästelungen gründlich erlernen, d.h. sich voll in den Überlieferungsprozeß hineinstellen, in dem natürlich auch die Weiterbildung, die
Umgestaltung und Neuschöpfung der Texte und Riten geschieht. Im Ritualfachmann treffen sich oft seherische, medizinische und priesterliche
Funktionen, diagnostische und therapeutische Tätigkeit können in einer
Person zusammenfallen. Für das alte Israel bedeutet das: Zur Bitthandlung
für Kranke und Notleidende gehört auch die Erkundung und Verkündigung
des Gotteswillens.

3.3.6
Für das Verständnis des alttestamentlichen Kultus ist demnach zu beachten:
Der Einzelne lebt sein Leben vor allem in der kleinen Welt der Primärgruppe. Dort sucht er auch nach Sinnerfüllung und religiöser Erfahrung. Es ist
folglich schlichtweg falsch, kultisches Geschehen primär und ausschließlich
im größeren, soziologisch gesehen aber sekundären, Bereich von Gemeinde, Stamm oder Volk zu untersuchen bzw. zu etablieren. Welche Folgen
eine solche Unterscheidung von kultischem Primär- und Sekundärbereich
für unser Verständnis des alttestamentlichen Jahweglaubens haben würde,
kann hier nicht mehr untersucht werden. Es läßt sich aber denken, daß eine
angemessene Spannung zwischen »Familienglaube« und »Volksglaube«
manche religionsgeschichtlichen Phänomene des Alten Testaments, vom
»Gott der Väter« bis zum deuteronomischen Kampf gegen Beschwörer,
Wahrsager, Zeichendeuter (vgl. Dtn 18,9–13) in einem neuen Licht erscheinen lassen würde.

Abkürzungs- und Literaturverzeichnis

Abkürzungen soweit wie möglich nach G. Krause u. G. Müller (Hg.), Theologische Realenzyklopädie (TRE). Abkürzungsverzeichnis, zusammengestellt von S. Schwertner, Berlin/New York 1976
Babylonisch-assyrische Quellenausgaben, Lexika, Standardwerke nach W. von Soden, Akkadisches Handwörterbuch (AHw), Wiesbaden 1965ff
Allgemeine Abkürzungen nach K. Galling (Hg.), Die Religion in Geschichte und Gegenwart (RGG³), Bd. VI, Tübingen ³1962, S. XIXf und XXXIIf
Grammatikalische Abkürzungen nach W. Baumgartner, Hebräisches und Aramäisches Lexikon zum Alten Testament (HAL), Leiden ³1967ff
Bücher, die im Literaturverzeichnis enthalten sind, werden in den Fußnoten der Arbeit lediglich mit Verfassernamen und Seitenzahl zitiert. Ist ein Verfasser mit mehreren Publikationen vertreten, wird ein Stichwort des Titels hinzugefügt. Aufsätze und Artikel werden mit Verfassernamen, Siglum der Zeitschrift, des Sammelbandes oder Lexikons und Jahrgang sowie Seitenzahl zitiert. Die Abkürzungen für die wichtigsten assyriologischen Veröffentlichungen (vgl. AHw Bd. I, S. X–XVI und Ergänzungen dazu) werden im Literaturverzeichnis nach dem jeweiligen Titel genannt und beim erstmaligen Erscheinen in der Arbeit durch Verfasser- oder Herausgebernamen eingeführt.

Aistleitner, J., Die mythologischen und kultischen Texte aus Ras Schamra, Budapest 1959
Argyle, M., Social Interaction, New York 1969 (dt. Übers. von W. R. Arlt, Soziale Interaktion, Köln 1973)
Balla, E., Das Ich der Psalmen (FRLANT 16), Göttingen 1912
Barth, Chr., Die Errettung vom Tode in den individuellen Klage- und Dankliedern des Alten Testaments, Zollikon 1947
Becker, J., Wege der Psalmenexegese (SBS 78), Stuttgart 1975
Begrich, J., Die Vertrauensäußerungen im israelitischen Klagelied des Einzelnen und in seinem babylonischen Gegenstück, ZAW 46 (1928) 221–260 (abgedr. in: *ders.*, Gesammelte Studien zum Alten Testament, hg. v. W. Zimmerli, TB 21, München 1964, 168–216)
Benedict, R., Patterns of Culture (1934), Boston ¹¹1959
Bernet, W., Gebet (ThTh 6), Stuttgart/Berlin 1970
Beyerlin, W., Die *tôdā* der Heilsvergegenwärtigung in den Klageliedern des Einzelnen, ZAW 79 (1967) 208–234
– Die Rettung der Bedrängten in den Feindpsalmen der Einzelnen auf institutionelle Zusammenhänge untersucht (FRLANT 99), Göttingen 1970
– Kontinuität beim ›berichtenden‹ Lobpreis des Einzelnen, in: H. Gese u. H. P. Rüger (Hg.), Wort und Geschichte (Festschr. K. Elliger = AOAT 18), Kevelaer/Neukirchen-Vluyn 1973, 17–24
Biggs, R. D., ŠÀ.ZI.GA, Ancient Mesopotamian Potency Incantations (TCS 2), New York 1967
Birkeland, H., Die Feinde des Individuums in der israelitischen Psalmenliteratur, Oslo 1933
Blau, P. M., Exchange and Power in Social Life, New York/London/Sydney 1964

Boecker, H.-J., Redeformen des Rechtslebens im Alten Testament (WMANT 14), Neukirchen-Vluyn ²1970

Bohren, R., Das Tier und der Heide sprechen mit, EK 9 (1976) 19–21

Bowra, C. M., Primitive Song, Cleveland/New York 1962

Brockelmann, C., Hebräische Syntax (HeSy), Neukirchen 1956

Brueggemann, W., Besprechung von: J. H. Hayes (Hg.), Old Testament Form Criticism (TUMSR 2), San Antonio 1971; in: Religious Studies Review 1 (1975) 8–13

Burden, J. J., Magic and Divination in the Old Testament and their Relevance for the Church of Africa, Missionalia 1/3, Pretoria 1973, 103–112 (mir nicht zugänglich)

Burkert, W., Homo Necans. Interpretationen altgriechischer Opferriten und Mythen (RVV 32), Berlin 1972

Castellino, G. R., Le lamentazioni individuali e gli inni in Babilonia e in Israele, Turin 1940

Caplice, R. J., Namburbi Texts in the British Museum, Or. 34 (1965) 105–131; Or. 36 (1967) 1–38.273–298; Or. 39 (1970) 1–32

– Participants in the Namburbi-Rituals, CBQ 29 (1967) 346-352

– Further Namburbi Notes, Or. 42 (1973) 508–517

Chicago Assyrian Dictionary (CAD) = Assyrian dictionary of the oriental institute of the university of Chicago, hg. von I. J. Gelb, B. Landsberger, A. L. Oppenheim, E. Reiner; Chicago 1956ff

Clines, D. J. A., Psalm Research since 1955, TynB 18 (1967) 103–126; TynB 20 (1969) 105–125

Crüsemann, F., Studien zur Formgeschichte von Hymnus und Danklied in Israel (WMANT 32), Neukirchen-Vluyn 1969

Culley, R. C., Oral Formulaic Language in the Biblical Psalms, Toronto 1967

Dalglish, E. R., Psalm 51 in the Light of Ancient Near Eastern Patternism, Leiden 1962

Delekat, L., Asylie und Schutzorakel am Zionsheiligtum, Leiden 1967

van Dijk, J. J. A., Sumerische Götterlieder II, Heidelberg 1960

Divination en Mésopotamie Ancienne (Referate vom 14. Assyriologenkongreß, Straßburg 1965), Paris 1966

Driver, G. R., Canaanite Myths and Legende, Edinburgh 1956

Ebeling, E., Tod und Leben nach den Vorstellungen der Babylonier, Berlin 1931

– Die akkadische Gebetsserie ›Handerhebung‹ (AGH), Berlin 1953

– Beiträge zur Kenntnis der Beschwörungsserie Namburbi, RA 48 (1954) 1–15.76–85.130–141.178–191; RA 49 (1955) 32–41.137–148.178–192; RA 50 (1956) 22–33.86–94

– Aus dem Tagebuch eines assyrischen Zauberpriesters, Osnabrück 1972 (mir nicht zugänglich)

Eibl-Eibesfeldt, I., Grundriß der vergleichenden Verhaltensforschung, München 1967

Evans-Pritchard, E. E., Social Anthropology and other Essays (1962), New York ²1966

– Witchcraft, Oracles and Magic among the Azande, Oxford 1937

– Nuer Religion (1956), Oxford 1970

Falkenstein, A., Die Haupttypen der sumerischen Beschwörung literarisch untersucht (LSSt NS 1), Leipzig 1931

– Sumerische Götterlieder Bd. I, Heidelberg 1959

– und *W. von Soden*, Sumerische und akkadische Hymnen und Gebete (SAHG), Zürich 1953

Farber, W., Beschwörungsrituale an Ištar und Dumuzi, Diss. Wiesbaden 1976 (mir nicht zugänglich)

von Ferber, L., Die Sprachsoziologie als eine Methode der Untersuchung des Arzt-Patienten-Verhältnisses, KZS 27 (1975) 86–96

Firth, R., The Work of the Gods in Tikopia, London ²1967
– Tikopia Ritual and Belief, London 1967
Fohrer, G., Prophetie und Magie, ZAW 78 (1966) 25–47
Fortune, R. F., Sorcerers of Dobu (1932), New York 1963
Frenzen, W., Klagebilder und Klagegebärden in der deutschen Dichtung des höfischen Mittel-
alters, Würzburg 1936
Gamper, A., Gott als Richter in Mesopotamien und im Alten Testament, Innsbruck 1966
Garcia de la Fuente, O., La búsqueda de Dios en el Antiguo Testamento, Madrid 1971
Gehlen, A., Anthropologische Forschung (1961), Hamburg ⁶1968
– Die Seele im technischen Zeitalter (1957), Hamburg ¹¹1969
Gerstenberger, E., Sammelbesprechungen zur Psalmenliteratur, VF 17 (1972/1) 82–99; VF 19
(1974/2) 22–45
– Meditation über Gen 50,15–22a in: A. Falkenroth u. H. J. Held (Hg.), Hören und Fragen
III/2, Neukirchen-Vluyn 1975, 59–68
– Psalms in: J. H. Hayes (Hg.), Old Testament Form Criticism (TUMSR 2), San Antonio
1974, 179–223
– Psalmen in der Sprache unserer Zeit (zusammen mit K. Jutzler und H.-J. Boecker), Neukir-
chen-Vluyn ²1976
– Leiden (zusammen mit W. Schrage), Stuttgart 1977
Gesenius, W. u. Kautzsch, E., Hebräische Grammatik (GK), Leipzig ²⁸1909
Goeke, H., Die Anthropologie der individuellen Klagelieder, BiLe 14 (1973) 13–29.112–137
Goetze, A., Kleinasien (KGAO III/1), München ²1957
Goldammer, K., Elemente des Schamanismus im Alten Testament (SHR 21/2), Leiden 1972,
266–285 (mir nicht zugänglich)
Gonzalez, A., Profetismo y sacerdocio, Madrid 1969
Grapow, H., Wie die alten Ägypter sich anredeten, wie sie sich grüßten und wie sie miteinan-
der sprachen (SSA 26), Berlin 1960
Gunkel, H., Die Psalmen (HK II/2, 1926), Göttingen ⁵1968
– und J. Begrich, Einleitung in die Psalmen, Göttingen 1933, ³1975
Haferkamp, H., Die Struktur elementarer sozialer Prozesse, Stuttgart 1973
– Mikrosoziologische Analyse, KZS 27 (1975) 241–256
Hallo, W. W., Individual Prayer in Sumerian, JAOS 88 (1968) 71–89
Hardmeier, Chr., Kritik der Formgeschichte auf texttheoretischer Basis am Beispiel der pro-
phetischen Weheworte, Diss. Heidelberg 1975 (in Buchform München 1978)
Heiler, F., Das Gebet (1923), Nachdruck ⁵1969
Hempel, J., Heilung als Symbol und Wirklichkeit im biblischen Schrifttum, Göttingen ²1965
– Das Ethos des Alten Testaments (BZAW 67), Berlin ²1964
Hentschke, R., Die Stellung der vorexilischen Schriftpropheten zum Kultus (BZAW 75), Ber-
lin 1957
Hermisson, H. J., Sprache und Ritus im altisraelitischen Kult (WMANT 19), Neukirchen-
Vluyn 1965
Hofstätter, P. R., Gruppendynamik (1957), Hamburg ¹⁰1968
Homans, G. C., The Human Group, New York 1950 (dt. Übers. von R. Gruner, Theorie der
sozialen Gruppe, Opladen ⁶1974)
Jahnow, H., Das hebräische Leichenlied im Rahmen der Völkerdichtung (BZAW 36), Gießen
1923
Jastrow jr., M., Die Religion Babyloniens und Assyriens Bd. II, Gießen 1912
Jeremias, J., Kultprophetie und prophetische Gerichtsverkündigung in der späten Königszeit
(WMANT 35), Neukirchen-Vluyn 1970

Keel, O., Feinde und Gottesleugner (SBM 7), Stuttgart 1969
- Die Welt der altorientalischen Bildsymbolik und das Alte Testament, Zürich/Neukirchen-Vluyn 1972
King, L. W., Babylonian Magic and Sorcery (BMS), London 1896
Klatt, W., Hermann Gunkel (FRLANT 100), Göttingen 1969
Kluckhohn, C., Navaho Witchcraft (1944), Nachdruck Boston 1967
- und *L. C. Wyman*, An Introduction to Navaho Chant Practice (MAAA 53), Menasha 1940
Knierim, R., Die Hauptbegriffe für Sünde im Alten Testament, Gütersloh 1965
- Old Testament Form Criticism Reconsidered, Interp. 27 (1973) 435–468
Knudtzon, J. A., Assyrische Gebete an den Sonnengott Bd. II, Leipzig 1893
Köcher, F., Die Ritualtafel der magisch-medizinischen Tafelserie »Einreibung«, AfO 21 (1966) 13–20
Kraus, H.-J., Geschichte der historisch-kritischen Erforschung des Alten Testaments, Neukirchen-Vluyn ²1969
- Gottesdienst in Israel, München ²1962
- Psalmen (BK XV), Neukirchen 1960
Krecher, J., Sumerische Kultlyrik (SKL), Wiesbaden 1966
Kunstmann, W., Die babylonische Gebetsbeschwörung (LSSt NS 2), Leipzig 1932
Kutsch, E., Trauergebräuche und Selbstminderungsriten im Alten Testament, in: K. Lüthi u.a., Drei Wiener Antrittsreden (ThSt[B] 78), Zürich 1965, 25–42
Rabat, R. Traitè Akkadien de diagnostivs e pronostics medicaux (TDP), Paris 1951
Laessøe, J., Studies on the Assyrian Ritual and Series *bît rimki (bît rimki)*, Kopenhagen 1955
Lambert, W. G., Babylonian Wisdom Literature (BWL), Oxford 1960
- Three Literary Prayers of the Babylonians, AfO 19 (1959/60) 47–66
- A Middle Assyrian Medical Text, Iraq 31 (1969) 28–39
- Fire Incantations, AfO 23 (1970) 39–45
- The *tamītu*-Texts, in: Divination en Mésopotamie Ancienne (s.o.) 119–123
Lande, I., Formelhafte Wendungen der Umgangssprache im Alten Testament, Leiden 1949
Landsberger, B., Brief des Bischofs von Esagila an König Asarhaddon (BBEA), Amsterdam 1965
Leonhard, K., Ausdruckssprache der Seele, Berlin 1949
Lust, J., The Mantic Function of the Prophet, Bijdr. 34 (1973) 234–250 (mir nicht zugänglich)
Macdermot, V., The Cult of the Seer in the Ancient Middle East, London 1971 (mir nicht zugänglich)
Mayer, W., Untersuchungen zur Formensprache der babylonischen »Gebetsbeschwörungen« (StP.SM 5), Rom 1976
Mead, G. H., Mind, Self and Society, Chicago 1934
Meier, G., Die assyrische Beschwörungssammlung *Maqlû (Maqlû)* [BAfO 2], Berlin 1937
Meißner, B., Babylonien und Assyrien, Bd. I Heidelberg 1920; Bd. II Heidelberg 1925
Meyer, R., Das hebräische Verbalsystem im Lichte der gegenwärtigen Forschung (VT.S 7), Leiden 1960, 309–317
Michel, D., Tempora und Satzstellung in den Psalmen (AET 1), Bonn 1960
Middleton (Hg.), J., Magic, Witchcraft and Curing, New York 1967
Monberg, T., The Religion of Bellona Island Bd. I, Kopenhagen 1966
Moortgat, A., Vorderasiatische Rollsiegel, Berlin ²1966
Mowinckel, S., Psalmenstudien I–VI (1921ff), Nachdruck Amsterdam 1961
- Religion und Kultus, Göttingen 1953
- The Psalms in Israel's Worship Bd. I–II, New York 1962
Mullo-Weir, C. J., A Lexicon of Accadian Prayers (LAP), Oxford 1934

Neumann, P. H. A., Zur neueren Psalmenforschung (WdF 192), Darmstadt 1976

Noth, M., Das System der zwölf Stämme Israels (1930), Darmstadt ²1966

– Die Welt des Alten Testaments (WAT), Berlin ⁴1962

– »Geld und Geist« im Kult des alten Israel (1963), in: *ders.*, Gesammelte Studien zum Alten Testament (TB 6), München ³1966, 372–389

Ohm, Th., Die Gebetsgebärden der Völker und das Christentum, Leiden 1948

Olmsted, M. S., The Small Group, New York ¹⁵1959

Oppenheim, A. L., The Interpretation of Dreams in the Ancient Near East, Philadelphia 1956

– A New Look at the Structure of Mesopotamian Society, JESHO 10 (1967) 1–16

– Ancient Mesopotamia, Chicago ³1968

Orlinski, H. M., The Seer Priest an the Prophet in Ancient Israel (1971), in: Essays in Biblical Culture, New York 1974, 39–65

Pritchard (Hg.), J. B., The Ancient Near East in Pictures Relating to the Old Testament (ANEP²), Princeton ²1969

– (Hg.), Ancient Near Eastern Texts Relating to the Old Testament (ANET³), Princeton ³1969

Quell, G., Das kultische Problem der Psalmen, Berlin 1926

von Rad, G., Gerechtigkeit und Leben in der Kultsprache der Psalmen (1950), in: *ders.*, Gesammelte Studien zum Alten Testament (TB 8), München ³1965, 225–247

– Theologie des Alten Testament (TAT), Bd. I München ⁵1966; Bd. II München ⁵1968

Rahner, K., Über das Beten, GuL 45 (1972) 84–98

Reiner, E., Šurpu, a Collection of Sumerian and Akkadian Incantations (BAfO 11), Graz 1958

Rendtorff, R., Studien zur Geschichte des Opfers im Alten Israel (WMANT 24), Neukirchen-Vluyn 1967

Renger, J., Untersuchungen zum Priestertum in der altbabylonischen Zeit, ZA 58 (1967) 110–188; ZA 59 (1968) 104–230

Richter, W., Exegese als Literaturwissenschaft, Göttingen 1971

Ritter, E. K., Magical Expert and Physician in Babylonian Medicine, AS 16 (1965) 299–321

Salonen, E., Die Gruß- und Höflichkeitsformeln in babylonisch-assyrischen Briefen (StOr 38), Helsinki 1967

Schäfer, R., Gott und Gebet, ZThK 65 (1968) 117–128

Schmidt, H., Das Gebet des Angeklagten im Alten Testament (BZAW 49), Gießen 1928

Schrank, W., Babylonische Sühneriten (LSSt 3/1) Leipzig 1908

van Selms, A., De babylonische termini voor zonde, Wageningen 1933

Seux, M.-J., Hymnes et prières aux dieux de Babylonie et d'Assyrie, Paris 1976

Seybold, K., Das Gebet des Kranken im Alten Testament (BWANT 99), Stuttgart 1973

von Soden, W., Akkadisches Handwörterbuch (AHw), Wiesbaden 1965ff

Spencer, K., An Analysis of Navaho Chantway Myths (MAFLS 48), Philadelphia 1957

Stamm, J. J., Das Leiden des Unschuldigen in Babylon und Israel, Zürich 1946

Struys, Th., Ziekte en genezing in het Oude Testament, Kampen 1968

Szörényi, A., Psalmen und Kult im Alten Testament, Budapest 1961

Thompson, R. C., Semitic Magic (1908), Nachdruck New York 1973

– A Dictionary of Assyrian Botany (DAB), London 1949

Thureau-Dangin, F., Rituals accadiens (Racc.), Paris 1921

Tinbergen, N., Tiere untereinander, Berlin 1955

Trautwein, D., Lernprozeß Gottesdienst, Gelnhausen 1972

de Vaux, R., Les institutions de l'Ancien Testament, Bd. I Paris ²1961; Bd. II Paris 1960

Weber, M., Das antike Judentum (Gesammelte Aufsätze zur Religionssoziologie Bd. III, 1920), Nachdruck Tübingen 1963

Weiser, A., Die Psalmen (ATD 14 und 15), Göttingen ⁶1963

Wendel, A., Das freie Laiengebet im vorexilischen Israel, Leipzig 1931

Westermann, C., Das Loben Gottes in den Psalmen, Göttingen ⁴1968

– Die Begriffe für Fragen und Suchen im Alten Testament, KuD 6 (1960) 2–30 (abgedr. in: *ders.*, Forschungen am Alten Testament. Gesammelte Studien II, TB 55, München 1974, 15–43)

– Struktur und Geschichte der Klage im Alten Testament, ZAW 66 (1954) 44–80 (abgedr. in: *ders.*, Forschung am Alten Testament. Gesammelte Studien, TB 24, München 1964, 266–305

– Der Psalter, Stuttgart 1967

– The Role of Lament in the Theology of the OT, Interp. 28 (1974) 20–38

Widengren, G., The Accadian and Hebrew Psalms of Lamentation, Stockholm 1937

Williams, L., Man and Monkey, Philadelphia 1968

Wyman, L. C. u. Kluckhohn, C., Navaho Classification of their Song Ceremonials (MAAA 50), Menasha 1938

Zimmern, H., Beiträge zur Kenntnis der babylonischen Religion (BBR), Leipzig 1901

– Zu den KAR: Ein Leitfaden der Beschwörungskunst, ZA 30 (1915/16) 204–229

Register

Bibelstellen (in Auswahl; Psalmen vollständig). A = Anmerkung

Gen				
	4,3ff	144.150	27,2ff	23A.42A.52
	12,10ff	21.23.53	27,4	41
	12,11ff	34.39A.131	27,8ff	25A.29
	12,12	49A.50	27,18	38A
	12,13	36.41	27,19	56A.57
	13,7ff	21	27,29f	25A
	13,8f	31	27,31ff	22.29.37
	14,18ff	23	27,34	36
	14,21	22.27.43	27,36	30.50
	15,8	131A	27,38	26
	16,2	39A.56A.57.141A	29,21	56A.57
	18,2	26	30,1	26.50
	18,3	34A.36.38A.52	30,14f	24.57
	18,4	36.44A	31,1	61A
	19,7f	22.31.38A.59	32,1ff	150
	19,8	44A	32,5	27
	19,17ff	135A.140	32,6	40.41A
	20,4	140	32,31	150
	20,17	137A	33,10	31.34A.41A
	21,10	41.52	33,12ff	52
	21,20	36	33,13	39A
	21,22f	23.40A.55A.61A	33,14	29.37
	21,23	44	33,15	31.49
	23,4ff	22.41.42.52	34,4	37
	23,6	43.46A	34,8	39A
	23,8	37.38A	34,9	29
	23,13	43	34,10	43
	24	27	34,11	44A
	24,2–4	54.61A	34,21ff	21.52
	24,3	30	35,30	24
	24,14	131A	38,16	26.44A
	24,17	23A.24.57	38,17	44A
	24,23	21	39,12	35
	24,31	38A.44	40,8	52.61A
	24,49ff	22.52	40,14	29.34A
	24,56	42	42,7	22
	25,21	137A	42,10f	46A
	25,22f	148	42,33	131A
	25,30	23A.41A	42,35	26
	26,16	36	42,36	48.50
	26,28	36	42,37	44A

	43,8ff	56A	Lev	1–7	149A	
	43,20ff	34A.40A		2,1ff	149.150	
	44,16ff	44A.59		4f	135A	
	44,18ff	38A.59		4,2ff	140	
	44,19ff	39A		8,6ff	149	
	44,30f	39A		11–15	140	
	44,34	41A		12–15	135A	
	47,3f	42A.56A		13,3ff	155A	
	47,15	22.61A		13,45f	140.143	
	47,18f	48.50.56		14,6f	151	
	47,29f	55A		16,1ff	150	
	49,29ff	22		17,7	146	
	50,15ff	62		19,4	148	
	50,17f	31.61A		19,26	146	
	50,18	26		19,31	146.148	
				21	149	
Ex	2,9	23A.44		24,14	35	
	3,7	131				
	3,21	34A	Num	5,11ff	135A.144	
	4,18	41.42		5,15ff	150.155A	
	5,3	31		7	150	
	5,15f	26.61A.141A		7,13f	150	
	5,16	48.49A.50		7,19f	150	
	8,4f	137A		7,25	150	
	8,8	137		8,8ff	149	
	8,24ff	44A.137A		10,29	39A.44	
	9,27	131A		10,31	36.41A	
	10,7	36.48.49		11,2	137A	
	10,17f	137A		11,4f	30.49.57	
	10,26	41A.50		11,5	46A	
	16,2ff	48		11,18	149	
	16,3	23A.49A.50.56A.57		12,9–14	136	
	17,2	49		12,10	140	
	17,4	137A		12,11ff	38A.58.152A	
	18,15f	148		ˈ12,13	137A	
	19,14f	149		14,2	49A	
	19,22	149		14,3	51.56	
	21,5	31.36		15,3ff	150	
	22,17	146		15,27ff	135A.140	
	23,15	157		16,5f	160	
	30,19ff	149		19	135A	
	30,34f	150		20,2ff	48	
	32,1	56A.57		20,3–5	48.61A	
	32,11	137A		20,14ff	39A.57	
	32,22f	38A.54		20,16	39A	
	32,23f	39A		20,17	31.37.43	
	33,7	148		21,4ff	48	
	33,13	34A		21,7	137A	
	34,20	157		21,22	44A	

10,22	148		28,15	50.54.56	
11,1	44A.61A		28,41	26.44	
11,3	36		31,4	22.41.55A	
11,12	35				
12,19	37				
14,37	148	2Sam	1,9	41A	
14,38ff	131		2,20	26	
14,45	30.31.46A		2,21f	23A	
15,24ff	54.56.131A.136		2,26	30.56A.57	
15,25	136		3,13f	31.40.44A.56A.57	
15,30f	56.136		3,28	132	
15,32	48.49A		4,8	24.39A.40A.46A	
16,5	149		7,2	39A	
16,22	54		7,29	34A	
17,32	30		9,6	38	
18–20	61A		12,15	140	
19,2	36		12,20	149	
19,3	44A		12,23ff	142A	
19,5	30		13,4	36.38A	
20,1ff	34.54.56		13,6	38A	
20,3	50.54		13,10f	21	
20,5ff	39A.42A		13,11	38A	
20,6	142		13,16	50	
20,9	131A		13,24ff	21.29.37.40	
20,12ff	44A.56		14,4ff	36.38A.56	
20,28f	142		14,5ff	39A.49A	
20,29	41A		14,9	38.46A	
21,5f	149		14,11	41A	
21,9	56A		14,32	37.49.56	
22,2	140		15,2ff	22	
22,3	56		15,3	50	
22,7f	56		15,4	30.49	
22,10	148		15,7ff	142A.157	
22,13	148		15,21	30	
22,18	141A		15,36	39A	
24,10ff	49.59		16,20	37	
25,1ff	58		17,5f	52	
25,3ff	141A		17,6	39A	
25,6f	40A		17,8	140	
25,7	44A		17,11f	25A	
25,21ff	22		19,6ff	49A.54.56	
25,24	31		19,7	159	
25,27	40		19,12f	48	
26,11	43		19,13	40A	
26,18ff	46A.59.61A		19,20f	31.58	
26,19	49.150		19,29	42A	
26,21	38.41.59		19,35ff	49A.50.52	
27,5	56		20,21	43	
28,7	148A		21,1	148	
			21,6	30.41	

Sachregister

Lightning Source UK Ltd.
Milton Keynes UK
UKHW02f2021130318

319351UK00001B/41/P